개정판

서비스 식스 시그마

안 영 진

博 英 社

지금까지 저를 이끌어주신 부모님께

머 리 말

2008년 가을 벌어진 월 스트리트의 혼란은 세계 경제를 혼돈에 휩싸이게 하였다. 원유가가 안정되자 서브 프라임의 문제로 터진 미국에서의 금융사건은 우리나라에도 큰 영향을 끼치게 되었다. 이렇게 기업을 둘러싼 외부 환경은 기업의 의지와 관계없이 엄청나게 변하고, 기업에 막대한 영향을 끼치고 있다. 미래는 점점 더 불확실해지고, 제품의 경계가 사라지고 있으며, 고객의 범위는 점차로 확대되고 있다. 환경의 규제로 새로운 기술을 개발하여야만 하고, 소비자의 권익을 보호하여야만 하게 되었다. 이런 환경 속에서 지속적으로 기업의 경쟁력을 유지한다는 것은 그리 쉽지 않다.

식스 시그마가 세상에 나온 지 거의 20년이 된다. 그 동안 식스 시그마는 개념적으로 많이 변하였다. 단순히 제품의 불량을 감소하기 위해 프로세스를 개선하는 방법이있지만, 지금은 많이 달라졌다. 적용 범위도 제조업체에서 제조업체의 서비스 부문, 그리고 서비스업체로 확대하였다. 더 나아가 의료기관 같은 비영리단체에도 적용되었고, 공공기관에도 확대되었다. 이렇게 20년이나 된 개념이 아직도 그 영역이 넓어지고, 개념이 확대되고 있는 사실은 기업들에게 식스 시그마의 힘을 보여준다고 할 수 있다.

왜 이렇게 식스 시그마는 지속될까? 물론 일부 전문가들이나 학자들은 이제 식스 시그마의 시대가 거의 끝나고, 새로운 개념이 등장할 것이라고 종종 말하곤 한다. 그런데 아직은 그렇지 않다. 식스 시그마를 새로 도입하는 기업들이 날로 증가하고 있기 때문이다. 오히려 회사에서 신입사원을 선발할 때에도 식스 시그마를 질문하는 기업들이 점차로 증가하고 있으며, 신입사원들이 회사에서 가장 먼저 접하는 직무가 식스 시그마 프로젝트인 회사들이 증가하고 있다.

이 책의 목적은 식스 시그마이다. 특히 서비스 조직에 적용되는 식스 시그마이다. 제조업체도 서비스 기능이 전부 있다. 그러므로 이 책은 서비스 기업에만 적용되는 것이 아니라 제조업체에도 적용된다고 할 수 있다. 이미 서비스 식스 시그마에 관련된 많은 이론과 사례에 대한 연구와 저서들이 책방에 나와 있다. 그러나 이 책은 다음과 같은 점에서 다른 연구와 차별화가 있다고 할 수 있다.

첫째, 서비스 식스 시그마의 개념을 이론적으로 명확하게 정립하였다. 그래서 식스 시그마를 처음으로 접하는 사람들도 서비스 식스 시그마를 이론적으로 명확하게 이해하고 실천하도록 하였다. 둘째, 서비스 식스 시그마의 기본적인 틀을 제시하였다. 그래서 단순하게 서비스 기업에서 식스 시그마를 도입하는 데 그치지 않고, 효과를 높이기 위한 효과적인 틀을 제시하였다. 이것은 도입하는 서비스 기업으로 하여금 효과를 훨씬 향상하게끔 할 것이다. 셋째, 서비스 기업에서 식스 시그마를 도입하는 데 따르는 단계를 상세하게 제시하였다. 그래서 이 단계에 의거해 손쉽게 식스 시그마를 실천에 옮기도록 하였다. 넷째, 다양한 국내외 사례들을 제시하였다. 국내와 해외에서 그 효과가 입증된 사례들을 각 장마다 상세하게 예시하여 독자의 이해를 돕고자 하였다. 다섯째, 최근 이슈가 되고 있는 주제들을 전부 다루었다. 예를 들어 제14장은 린 개념과 식스 시그마의 결합된 개념을 서비스 기업에 적용하는 장이다. 이 장은 최근 많은 기업들이 도입하고자 시도하는 새로운 개념이다. 마지막으로 제조업체에 비해 그리 강조되지는 않지만, 역시 중요한 도구인 통계적 도구에 대한 장을 만들어 독자들의 이해를 돕고자 하였다.

이 책은 궁극적으로 서비스 기업의 경쟁력 강화에 대해 중점을 두었다. 단순하게 식스 시그마를 도입하는 데 그치지 않고, 식스 시그마를 통하여 기업의 역량과 경쟁력을 강화하는 관점에서 다루었다. 그래서 제 1 장에서 글로벌 초일류 서비스 기업들의 특성을 살펴보았고, 벤치마킹할 수 있는 요소들을 기술하였다.

앞에서도 언급하였지만, 이 책은 우리나라와 해외 서비스 기업들의 많은 사례를 제시하였다. 그래서 실제로 세계의 탁월 서비스 기업들이 어떻게 식스 시그마를 도입하고 실천하고 있는지를 파악하고자 하였다. 또 다양한 저서와 논문, 그리고 우수한 서비스 기업들의 홈페이지를 참조하였다.

이 책은 총 14장으로 구성되어 있다. 제 1 장에서는 세계의 초일류 서비스 기업의 특성을 논하였다. 제 2 장에서는 식스 시그마의 필요성, 정의, 목적, 원리 등을 논하였다. 제 3 장에서는 서비스 산업의 특성을 기술하였다. 제 4 장에서는 서비스 식스 시그마의 모형을 제시하였다. 그리고 제 5 장에서 서비스 식스 시그마의 기본토대를 설명하고, 제 6 장에서는 서비스 품질에 대해 논하였다. 제 7 장부터 제 9 장까지 3개 장에서는 기본토대를 보다 상세하게 설명하였다. 제10장은 식스 시그마를 활용하는 통계적 도구들을 설명하였다. 그리고 제11장에서는 혁신 방법론인 DMAIC, 제12장에서는 식스 시그마 설계인 DFSS를 설명하였으며, 제13장에서는 도입하는 단계를 설명하였다. 그리고 마지막 장인 제14장에서는 린 식스 시그마를 상세하게 설명하였다.

이 책은 서비스 식스 시그마에 관련된 책이다. 이 책은 저자가 수년간 대학과 기업에서 강의한 자료와 또 참고문헌에 기재된 수많은 논문과 저서 그리고 전문 잡지들을 참고하여 만들어졌다. 이 책은 서비스 기업에서 식스 시그마를 도입하고자 하는 사람들에게 가장 유익하다. 또 서비스 식스 시그마를 연구하는 학자 및 학생들에게도 유익하다. 그래서 이 책은 대학 교재로, 또는 기업체 교재로 사용될 수 있다.

몇 차례의 교정을 통해 오자와 문맥을 수정하였지만, 오자와 잘못된 문맥들이 나올 수도 있다. 물론 이런 현상은 식스 시그마의 목적과 배치된다. 혹시 이런 오류들이 발생한다면 이것은 전적으로 저자의 책임이다. 앞으로 이러한 오류가 없도록 부단히 노력하여 식스 시그마 수준을 달성하도록 지속적으로 노력할 것이다.

이 책이 출판되기까지 이 책의 품질을 위해 계속 격려해 주시고, 많은 시간과 노력을 저자에게 아낌없이 할애해 주신 박영사의 안종만 회장, 이구만 부장, 그리고 마찬옥 부장께 지면을 통하여 진심으로 감사를 드린다.

또 몇 년 동안 휴가다운 휴가를 한 번도 가지 못하고 집에서 묵묵히 성원해 준 사랑하는 아내와 두 아들들에게 다시 한번 미안하고 고맙다는 말을 전한다.

2009년 2월
죽전에서
저 자

차 례

제 1 장 초일류 서비스 기업

1.1 초일류 서비스 기업의 조건 ······ 4
1.2 우수한 서비스 기업에서 얻는 교훈 ······ 9

제 2 장 식스 시그마

2.1 식스 시그마의 생성 ······ 18
2.2 식스 시그마의 원리 ······ 25
2.3 식스 시그마의 적용 ······ 26
2.4 식스 시그마의 정의 ······ 28
2.5 인간 한계에 도전 ······ 33
2.6 경영철학 ······ 34
2.7 시그마 개념 ······ 35

제 3 장 서비스와 서비스 산업

3.1 서비스 산업의 중요성 ······ 41
3.2 서비스란 무엇인가? ······ 44
3.3 서비스 산업의 분류 ······ 45
3.4 서비스업체와 제조업체의 차이 ······ 47

3.5 서비스 경영 ······ 50
3.6 서비스 산업에서의 품질의 의미 ······ 51

제 4 장 서비스 식스 시그마

4.1 서비스 식스 시그마의 적용 ······ 58
4.2 서비스 식스 시그마의 효과 ······ 64
4.3 서비스 식스 시그마의 필요성 ······ 67
4.4 한국의 서비스 식스 시그마 ······ 71
4.5 서비스 기업의 경쟁력 ······ 75
4.6 서비스 식스 시그마 정의 ······ 77
4.7 서비스 식스 시그마 목적 ······ 80
4.8 서비스 식스 시그마 추진 부서 ······ 82
4.9 애로사항 ······ 83

제 5 장 기본적인 토대

5.1 가치를 중시하는 기업의 문화 ······ 89
5.2 최고경영자의 강력한 의지와 실천 ······ 95
5.3 인간존중 ······ 99

제 6 장 서비스 품질

6.1 서비스 품질은 무엇인가? ······ 106
6.2 서비스 품질의 측정 ······ 109
6.3 서비스 품질의 특성 ······ 114

6.4 서비스 품질 개선 방법 ··· 115
6.5 접점관리 개선 ··· 118
6.6 시간 전략 ··· 119
6.7 서비스 품질코스트 ··· 122

제 7 장 고객 중심

7.1 고객에 대한 지식 ··· 128
7.2 고객의 기대 ··· 131
7.3 고객 욕구 파악 방법 ··· 133
7.4 VOC ··· 134
7.5 서비스업체에 있어서 소비자 만족과 불만 ··· 135
7.6 고객 유지 ··· 141
7.7 고객가치 ··· 147

제 8 장 인재양성

8.1 인재의 중요성 ··· 154
8.2 식스 시그마 전문가 능력 ··· 155
8.3 식스 시그마 전문가 ··· 158
8.4 챔 피 언 ··· 159
8.5 마스터 블랙벨트 ··· 166
8.6 블랙벨트 ··· 167
8.7 그린벨트 ··· 171
8.8 화이트벨트 ··· 172
8.9 교육과 훈련 ··· 172
8.10 보상과 인지시스템 ··· 179

제 9 장 프로세스 개선

9.1 서비스 프로세스의 특성 …… 186
9.2 프로세스 중심 조직 …… 194
9.3 SIPOC 모형 …… 199

제10장 식스 시그마 도구

10.1 통계의 필요성 …… 210
10.2 Pareto 도표 …… 211
10.3 MP …… 213
10.4 프로세스 도표 …… 213
10.5 특성요인도 …… 215
10.6 5왜 방법 …… 217
10.7 품질기능전개 …… 217
10.8 FMEA …… 219
10.9 Multi-vari 분석 …… 220
10.10 브레인스토밍 …… 221
10.11 실험계획 …… 223
10.12 PDCA 사이클 …… 224

제11장 경영혁신전략

11.1 DMAIC …… 230
11.2 D(정의) …… 231
11.3 M(측정) …… 238
11.4 A(분석) …… 245

11.5 I(개선) 249
11.6 C(관리) 251

제12장 DFSS

12.1 DFSS의 필요성 263
12.2 DFSS란 무엇인가? 264
12.3 DFSS의 응용 265
12.4 DMADV 266
12.5 IDDOV 268
12.6 TRIZ 270

제13장 서비스 식스 시그마 도입

13.1 전사적 또는 부분적 도입 275
13.2 서비스 식스 시그마 도입 단계 278
13.3 서비스 식스 시그마 성과 285
13.4 서비스 식스 시그마 평가 시스템 291
13.5 공급업자의 중요성 296

제14장 서비스 린 식스 시그마

14.1 린 시스템 304
14.2 서비스 린 식스 시그마 312
14.3 식스 시그마 + 린 + BPM 319

기업명 색인 ………………………………………… 323
영문 색인 ………………………………………… 328
국문 색인 ………………………………………… 331

제1장

초일류 서비스 기업

제1장 초일류 서비스 기업

지금 세계는 경제적으로 엄청난 혼란에 빠져 있다. 미국에서 서브 프라임(sub-prime) 사태로 출발한 불안은 결국 월가의 파산으로 종말이 났다. 신용이 없는 서민들에게 융자를 해줘 주택을 구입하게 해준 서브 프라임은 의도는 좋았지만 파생상품의 남발로 위기를 맞게 된 것이다. 그래서 미국의 5대 투자은행 중 3개가 위기에 처하였다. 가장 먼저 Bear Stearns가 유동성 악화로 JP Morgan Chase에 매각되었고, Lehman Brothers 회사가 파산하였고, Merrill Lynch 보험회사가 BOA(Bank of America)에 매각되었다. 그리고 최대 보험회사인 AIG도 재무적 위기에 봉착하게 되었다. 이러한 현상은 세계 전역으로 펴져 세계 경제가 위기에 봉착하게 되었다.

이러한 환경에서 우수한 서비스 기업이 된다는 것은 점차로 어려워지는 것 같다. 극심한 글로벌 경쟁 속에서 어떻게 하면 우수하고 탁월한 서비스 기업이 될 수 있을까? 이것은 모든 서비스 기업의 최고경영자들이 공통으로 가지는 희망일 것이다. 서비스 산업에 있어서의 경쟁도 그동안 국가와 국가를 가로막고 있는 보호장벽의 제거와 정보통신기술의 발달로 점점 극심해지고 있다. 소비자들은 과거 그 어느 때보다도 기업에 관한 모든 정보를 인터넷을 통해 안방에서 쉽게 획득할 수 있다. 그래서 많은 서비스 기업들의 다양한 상품 및 서비스의 특성을 과거 그 어느 때보다 훨씬 용이하게 비교할 수 있다. 이것은 점차로 기업의 입장에서 보면 서비스 기업을 경영하기가 점차로 어려워지고 있다는 것을 의미한다.

식스 시그마는 조직과 경영을 혁신하는 전략이다. 더 나아가 기업의 새로운 문화를 창조하는 개념이다. 또 업종의 유형에 관계없이 기업의 경쟁력을 향상시킨다. 서비스 기업은 물론이고, 공공조직과 비영리조직까지 변화시킨다.

제 1 장에서는 먼저 식스 시그마와 관계없이 세계 초일류 서비스 기업들이 어떤 특성을 지니고 있는지 살펴보기로 한다. 그리고 이러한 특성을 후에 식스 시그마와 연계하여 설명하도록 한다. 특히 여기에서는 다음과 같은 주제들을 다루고자 한다.

- 초일류 서비스 기업의 조건
- 우수한 서비스 기업에서 얻는 교훈

1.1 초일류 서비스 기업의 조건

초일류 서비스 기업은 어떻게 해서 초일류 서비스 기업이 되었고, 그리고 지속적으로 그 위치를 유지하고 있을까? 사실 일류 기업이 되기도 어렵다. 더구나 초일류 서비스 기업이 되기는 더욱더 어렵다. 더구나 경쟁이 점점 더 심한 기업의 환경 속에서 초일류 기업의 위치를 지속적으로 유지하는 것은 점점 더 어렵다. 이제 다음에서는 초일류 서비스 기업이 어떤 기업들이고, 이 기업들이 어떤 특성을 지니고 있는지 살펴보기로 한다.

Berry(1999)는 지속적으로 우수한 성과를 달성하는 초일류 서비스 기업의 공통적인 특성을 파악하고자 하였다. 물론 업종에 따라 차이는 있겠지만, 아마도 업종을 초월한 공통적인 요인들이 있을 것으로 생각하고, 그 요인들을 파악하고자 하였다. 그래서 미국의 우수한 14개 서비스 기업을 선정하고, 실무자들과의 면담을 통하여 자료를 수집하였다. 선정한 14개 기업의 프로필은 〈표 1-1〉과 같다.

Berry는 이 연구를 통해 초일류 서비스 기업의 아홉 가지 공통적인 요인들을 파악하였다(그림 1-1 참조).

이 아홉 가지 요인 중에서 가장 핵심적인 요인은 중앙에 있는 '가치를 추구하는 강력한 리더십' 이다. 이 '리더십' 이 모든 요소들의 근본이며, 나머지 여덟 가지 요인들은 전부 이 '리더십' 에 근거를 두고 있다. 또 이 여

표 1-1 Berry가 조사한 14개 초일류 서비스 기업

기 업 명	업 종	기업 연수	흑자 연수
Bergstorm Hotels	호텔	21년	21년
Charles Schwab Corporation	증권거래업	26년	26년
Chick-fil-A	퀵서비스 식당	52년	52년
Custom Research Inc.	마켓 리서치	23년	23년
Dana Commercial Credit	대출	18년	18년
Dial-A-Mattress	침구 소매업	21년	21년
Enterprise Rent-A-Car	차량 대여	40년	40년
Midwest Express Airlines	항공사	13년	11년
Miller SQA	사무용 가구 제조	15년	14년
Special Expeditions	탐험 여행	18년	16년
St. Paul Saints	프로 야구팀	5년	5년
Ukrop's Super Markets	음식 소매업	60년	60년
USAA	보험, 재무서비스	76년	76년
Container Store	전문 소매업	19년	19년

출처: Leonard L. Berry, 초일류 서비스 기업의 조건, 은종학 옮김, 김앤김북스, 1999, 28.

그림 1-1 초일류 서비스 기업의 성공 요인들

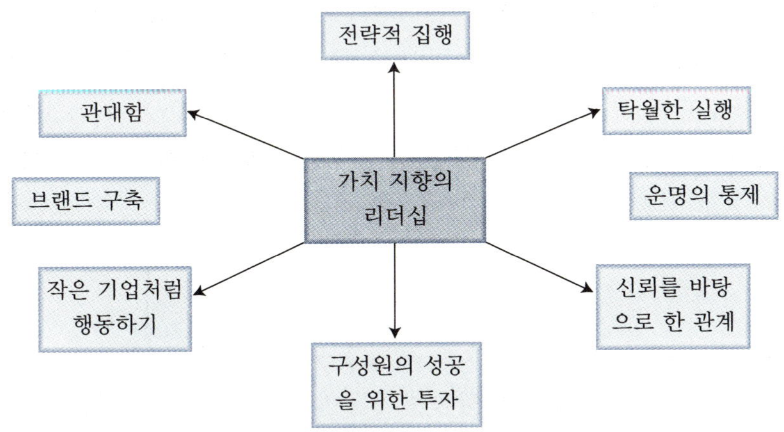

출처: Leonard L. Berry, 초일류 서비스 기업의 조건, 은종학 옮김, 김앤김북스, 1999, 41.

덟 개 요인들은 독립적으로 활동하지 않고, 상호작용을 통해 기업의 성과에 영향을 끼친다. 다음에서는 이 아홉 가지 요인들을 설명하도록 한다.

1. 가치 지향의 리더십

기업이 지니고 있는 명백한 가치는 조직의 모든 구성원들에게 상당히 중요한 의미를 부여한다. 가치(value)는 최고경영자를 비롯한 조직의 모든 구성원들에게 부여하는 어떤 공통된 의미를 말한다. 그래서 가치는 기업의 철학이며, 이상이며, 원칙이다. 가치는 눈으로 볼 수 없지만, 가치가 지니고 있는 힘은 막강하다. 가치는 기업의 모든 의사결정에 크게 영향을 끼친다. 그러므로 기업은 기업의 가치를 조직의 모든 구성원들에게 심어 줘야 한다.

그러나 기업이 구성원들에게 가치를 부여한다고 해서 조직의 모든 문제가 해결되는 것은 아니다. 조직의 구성원은 독립된 인격 개체이다. 그리고 각 구성원은 각자의 고유한 가치를 개인적으로 지니고 있다. 그리고 기업의 성과는 조직의 가치와 개인의 가치가 일치할 때 가장 크게 발생한다. 그러므로 조직은 조직과 개인의 가치를 일치시키도록 노력하여야 한다. 초일류 서비스 기업들은 기업의 전략과 전술을 이끄는 강력한 가치를 모두 지니고 있다. 비록 전략과 전술은 수시로 바뀌지만, 가치는 절대로 변하지 않는다.

가치를 추구하는 리더는 조직 내에 확고하고 명백한 가치를 주입시키고, 가치를 구성원들의 감정에 호소하고, 기업의 목표를 분명히 설명하고, 또 성공의 의미를 스스로의 말과 행동으로 동시에 전달한다. 말만 하지 않고 행동으로 실천으로 옮긴다. 그래서 신뢰를 구축한다.

2. 전략적 집중

초일류 서비스 기업들은 모두 명백한 핵심 전략을 가지고 있다. 핵심 전략은 위에서 언급한 조직의 명백한 가치에 의해 주도되며, 전술과 실행계획에 의해 수행된다. 가치와 핵심 전략은 잘 변하지 않지만, 전술과 실행계획은 수시로 변한다.

초일류 서비스 기업들의 핵심 전략은 다음과 같은 공통점을 지니고 있다. 첫째, 특정 서비스보다는 특정 시장의 요구를 수용하는 데 중점을 두고 있다. 그래서 상품 및 서비스가 아닌 시장에 의해 기업의 전략을 이끌고 있다. 즉, 상품 및 서비스보다는 고객을 중시한다. 둘째, 과거에 충족하지 못했던 고객의 수요를 찾아 서비스한다. 충족시키지 못하였던 고객의 욕구를 파악하고 지속적으로 충족시킨다. 셋째, 경쟁자와 차별화를 시도한다. 그래서 단순히 서비스를 수행하지 않고, 업무를 탁월하게 수행하여 소비자들에게 경쟁자들과 다른 차별 인식을 심어 준다. 넷째, 조직의 핵심 전략에 치중하여 우수한 서비스를 지속적으로 제공한다. 그렇게 하기 위해서는 먼저 조직의 핵심전략을 설정하여야 한다.

3. 탁월한 실행

아무리 조직의 핵심 전략이 우수해도 그 전략을 잘 실행하지 못하면 아무 소용이 없다. 특히 노동집약적인 특성이 강한 서비스 산업에서는 서비스를 수행하는 사람의 역할이 상당히 중요하다. 그래서 우수한 능력을 지닌 인재를 고용하여야 한다. 초일류 서비스 기업들은 인재를 등용하는데 절대로 서둘지 않는다. 그리고 고객의 다양한 취향에 맞춰 맞춤 서비스를 실행하고 있다. 그러나 맞춤 서비스를 실행하려면 융통성 있는 시스템이 필요하다. 왜냐하면 경직되고 폐쇄적인 시스템은 맞춤 서비스를 효과적으로 실행할 수 없기 때문이다.

4. 운명의 통제

'운명의 통제'는 기업이 스스로 그 기업의 운명을 결정한다는 의미이다. 그렇게 하기 위해서는 먼저 고객을 가장 중심에 놓아야 한다. 그리고 고객들의 인식에 가장 영향을 많이 끼치는 품질과 가치에 대해 중점을 두어야 한다. 또 많은 서비스 기업들은 성장을 중요시한다. 여기에 비해 초일류 서비스 기업들은 성장보다는 탁월함을 보다 중시한다. 물론 성장도 상당히 중요하다. 그러나 탁월성을 더 중요시하고 있다. 지금도 한국의 많은 서비스 기업들은 성장을 중요시하고 있다. 이것은 한국의 서비스 기업들이 과거 한국의 기업 행태에 영향을 많이 받기 때문이다. 그러나 이제 한국의 서비스 기업들도 성장보다는 차별화와 탁월함을 중시하여야 할 것이다. 그래야만 초일류 서비스 기업이 될 수 있다.

5. 신뢰를 바탕으로 한 관계

신뢰는 고객에 대해서는 물론이고, 조직의 구성원, 협력업체 등에 대해서도 동일하게 중요하다. 고객과의 신뢰적인 관계에 의해 기업은 수익성 향상을 도모하고, 그리고 경쟁력을 크게 강화할 수 있다. 또 신뢰에 의해 비금전적인 효과도 거둘 수 있다. 신뢰는 모든 관계의 근원이다. 신뢰가 깨지면 모든 것이 깨진다. 구성원들과의 신뢰도 상당히 중요하다. 신뢰가 무너지면 극심한 노사간의 갈등이 발생한다. 그리고 신뢰의 결여는 노사간의 갈등을 회복하는데 큰 걸림돌이 된다.

6. 구성원의 성공을 위한 투자

초일류 서비스 기업들은 구성원의 성공을 위해 많은 투자를 하고 있다. 구성원에 대한 투자는 특별한 오리엔테이션, 지속적인 학습, 그리고 주인정신의 세 가지에 의해 수행되고 있다. 그래서 직장에서의 첫 경험을 강력한 오리엔테이션을 통해 깊은 인상을 심어 주고 있다. 지속적인 학습은 기업의 핵심 가치를 강화하고, 동기를 부여해 주고, 개인의 발전을 보장해 주고, 서비스 수행을 전문화시킨다. 또 구성원들을 주인처럼 대해 주고, 주인처럼 행동하도록 하여 구성원의 주인정신을 키워 간다. 그리고 권한을 적극적으로 이양하여 스스로 의사결정을 내리도록 하고 있다. 이것은 셀프(self) 경영과도 관련이 있다.

7. 작은 기업처럼 행동하기

이것은 고객에 대하여 신속하고, 유연하고, 그리고 반사적인 행동을 즉각 실행하는 것이다. 규모의 이점은 물론 존재하지만, 이것이 오히려 고객에 대한 서비스를 위축시킬 수가 있다. 그래서 보다 강력한 팀워크와 공동체 의식, 그리고 개인적인 책임 의식을 가지고 작은 기업처럼 구성원이 행동하는 것은 고객에게 상당히 중요하다.

8. 브랜드 구축

강한 브랜드는 무형의 서비스에 대해 고객들의 신뢰성을 높인다. 그리고 제조업에서는 제품이 브랜드이지만, 서비스업에서는 기업 자체가 브랜드이다. 브랜드 이미지를 강화하는 가장 좋은 방법은 고객을 감성적으로 끌어들이는 것이다.

9. 관대함

관대함은 성공의 결과가 아니고 중요한 투입물이다. 관대함은 인간의 마음을 끌어당긴다. 그래서 고객뿐만 아니라, 구성원들의 동기부여도 향상시키게 된다. 그러나 관대함은 일시적이고 즉흥적으로 이루어지지 않고, 기업 전략의 일환으로써 이루어진다. 그래서 장기적인 목표와 확실한 계획을 가지고 투자의 일환으로써 수행된다.

1.2 우수한 서비스 기업에서 얻는 교훈

서비스 기업과 제조 기업은 동일하지 않다. 그래서 제조 기업에 적용한 모든 기법들을 서비스 기업에 적용하여 제조 기업에서 얻었던 똑같은 효과를 기대할 수는 없다. 그러면 우수한 서비스 기업의 특징으로는 무엇이 있을까? Ford, Heaton, 그리고 Brown(2001)은 Walt Disney, Marriott 호텔, Southwest 항공, Ritz Carlton 호텔과 같은 우수한 서비스 기업들을 조사하고, 그 기업들에서 얻은 교훈을 〈표 1-2〉처럼 열 가지로 제시하였다.

이들이 제시한 모든 교훈은 고객과 전부 연결되어 있다. 그리고 그들의 경험을 중시하고, 서비스 경영자의 현장에서의 임무를 중요시하고 있다.

첫째, 의사결정은 반드시 고객의 욕구와 기대에 근거를 두어야 한다. 이것은 좋지 않은 경험을 가진 고객은 다시는 그 기업과 거래를 하지 않기 때문이다. 그러므로 좋지 않은 경험을 제공한 서비스는 그 가치를 측정할 필요도 없다. 결국 서비스 품질을 결정하는 사람은 기업이 아니고 고객이

표 1-2 우수한 서비스 기업의 열 가지 교훈

1. 의사결정은 반드시 고객의 욕구와 기대에 근거를 둔다
2. 항상 모든 고객의 경험에 의하여 생각하고 행동한다
3. 고객 경험의 모든 부문을 지속적으로 개선한다
4. 고객과 효과적인 관계를 구축한 사람을 고용하고 보상한다
5. 감정을 잘 다스리도록 구성원들을 훈련한다
6. 강력한 서비스 문화를 창조하고 유지한다
7. 고객을 절대로 두 번 실망시키지 않는다
8. 고객에게 그들의 경험을 이용하도록 권한을 이양한다
9. 경영자들이 사무실이 아닌 현장에서 리드한다
10. 모든 고객을 손님처럼 대한다

출처: Robert C. Ford, Cherrill P. Heaton, and Stephen W. Brown, "Delivering Excellent Service: Lessons from the Best Firms," California Management Review, Vol. 44, No. 1, Fall 2001, 39-56.

다. 이것은 TQM(Total Quality Management)의 원리이다. 이제 품질을 결정하는 당사자는 생산자인 기업이 아니고, 소비자인 고객이다. 그러므로 기업은 항상 고객의 입장에서 생각하여야 한다. 전통적으로 대부분의 기업들은 조직의 효율성을 극대화하고자 하였다. 그래서 조직의 설계, 프로세스, 경영 계층 등 모든 것들을 조직의 관점에서 구성하였다. 이것은 고객의 욕구와 기대에 근거한 경영이 아니다. 이제는 조직이 아닌 바로 고객의 관점에서 조직을 설계하고, 프로세스를 구축하여야 한다. 그래서 고객의 경험을 좋게 하는 요소들을 파악하고, 설계하고, 구축하고, 측정하고, 정착시켜야 한다. 예를 들어, Walt Disney에서는 고객들이 가장 선호하는 핵심 요소가 청결인 것을 알았다. 그래서 청결이 Walt Disney의 최우선 과제가 되었으며, Walt Disney의 대명사가 되었다. 또 청결을 지속적으로 유지하기 위해 고객들에게도 쓰레기는 반드시 쓰레기통에 버리도록 홍보를 하고 있다. Southwest 항공과 거래하는 고객들의 가장 기본적인 욕구는 낮은 요금, 정확한 출발과 도착, 그리고 친절이었다. Southwest 항공은 이 욕구들을 정확히 충족시켰고, 고객들은 거기에 보답하였다. 이렇게 모든 비즈니스의 출발은 항상 고객으로부터 출발한다.

둘째, 항상 모든 고객의 경험에 의하여 생각하고 행동한다. 여기에서

는 고객이 제공받는 서비스, 서비스를 받는 장소, 그리고 프로세스를 항상 고객의 경험에 의하여 생각하고 행동하는 것을 말한다. 식당의 예를 들어 보자. 식당에서는 맛있는 음식만으로는 불충분하다. 이것은 고객의 주문에서 제공에 이르기까지 모든 과정도 고객의 경험을 형성하는데 상당히 중요하기 때문이다. 이것은 Jan Carlzon(1987)이 말한 모든 MOT(moments of truth)에서의 경험을 말한다. 우수한 서비스 기업은 서비스를 고객에게 제공하는 모든 프로세스에서 고객의 경험을 상당히 중요시한다. 그리고 장소에도 많은 신경을 쓴다. 이것은 고객뿐만 아니라 구성원들의 의욕도 불러일으킨다.

셋째, 고객 경험의 모든 부문을 지속적으로 개선한다. 고객이 기업과 거래하는 모든 부문에 있어서의 서비스를 지속적으로 개선하여야 한다. FedEx는 화물의 신속한 이동뿐만 아니라 이동하는 경로에 대한 정보를 실시간으로 고객에게 제공하고 있다. 특히 우수한 서비스 기업은 다음 두 가지를 강조하고 있다. 고객으로부터 시작하고 고객의 기대치를 충족시킨다. 또 고객의 모든 경험 부문을 개선의 대상으로 삼고 있다. 그래서 고객에게 영향을 끼치는 모든 프로세스를 개선의 대상으로 여기고 있다.

넷째, 고객과 효과적인 관계를 구축한 사람을 고용하고 보상한다. 대개 대부분의 서비스에 있어서 생산과 소비가 동시에 발생한다. 그러므로 고객과 접촉하는 사람들의 태도와 가치관이 상당히 중요하다. 그리고 고객과 접촉하는 직원들은 자기들의 직무기술뿐만 아니라, 고객을 잘 접하는 능력도 보유하고 있어야 한다.

다섯째, 감정을 잘 다스리도록 구성원들을 훈련시킨다. 구성원들도 감정을 가진 인간이다. 그래서 화가 날 때도 있고, 기분이 우울할 때도 있다. 그래서 이런 감정 때문에 항상 고객에게 웃으면서 대하기가 어렵다. 이것은 사실이다. 그러나 자기의 감정을 밖으로 내어 고객을 대하여서는 안 된다. 즉, 고객을 접하는 모든 직원들은 자기의 감정을 숨기고 항상 친절하게 대하여야 한다. 왜냐하면 직원의 태도와 고객의 태도 사이에는 상관관계가 존재하기 때문이다. Zeithaml과 Bitner(1996)는 "고객의 태도는 접촉하는 직원의 태도에 크게 영향을 받는다"고 하였다. Walt Disney에서는 구성원들에게 항상 무대 위에서 일하는 것처럼 행동하라고 교육을 시킨다. 그래서 자기의 모든 감정을 숨기고 관객들이 보는 무대의 배우처럼 행동하라고 교육시키고 있다. 그런데 구성원들은 항상 행복할 수가 없다. 그래서 구성원들에게 "항상 행복하라고 하지 않고, 행복한 것처럼 행동하라"고 교육시킨다.

여섯째, 조직 내에 강력한 서비스 문화를 창조하고 유지한다. 문화가 정립되어야 관습이 들어 고객에게 항상 친절하게 된다. 그래서 어떤 돌발 상태에서도 친절하게 고객들을 대할 수 있다.

일곱째, 고객을 절대로 두 번 실망시키지 않는다. 물론 기업의 시스템을 아무리 개선해도 완전할 수는 없다. 또 고객의 기대치도 수시로 변한다. 그러나 두 번 실망한 고객이 그 기업을 또다시 찾아올 확률은 상당히 낮다. 대개 사람들은 첫 번째 실수는 용서하는 경향이 있다. 그러나 동일한 잘못을 두 번 되풀이하면 용서하지 않는 경향이 강하다.

여덟째, 고객에게 그들의 경험을 이용하도록 권한을 이양한다. 우수한 서비스 기업들은 고객을 단순히 있게 하지 않고, 서비스 프로세스에 참여하도록 하고 있다. 이것은 다음과 같은 효과를 가져온다. 첫째, 고객이 하는 일을 기업이 하지 않아도 된다. 둘째, 참여 정도가 높은 고객일수록 만족도가 올라간다. 이것은 자기가 한 일에는 잘 불평을 하지 않기 때문이다. 셋째, 참여한 고객이 단골고객이 되기 쉽다. 이것은 회사에서 자기를 인정해주기 때문이라고 고객이 믿기 때문이다. 하나의 예로, Southwest 항공에서는 새로운 직원을 선발할 때 고객을 심사위원으로 선정한다. 이것은 고객에게 큰 반응을 불러일으켜 회사의 단골고객이 된다.

아홉째, 경영자들이 사무실이 아닌 현장에서 리드한다. 사무실에서만 회의하고, 지시를 내리는 경영자는 자격이 없다. 서비스업체에서는 고객과 접촉하는 현장이 가장 중요한 업무 장소이다. 그러므로 경영자는 수시로 현장에 가서 고객과 직접 접촉하고 그들의 행동과 욕구를 파악하여야 한다.

열 번째는 모든 고객을 손님처럼 대하는 것이다. Walt Disney에서는 고객(customer)이란 말을 사용하는 대신 손님(guest)이란 용어를 사용하고 있다. 이것은 고객을 손님으로 대하는 자세에서 비롯되었다. 한국의 롯데백화점에서도 고객이라는 말 대신 손님이라는 용어를 사용한다.

참고문헌

Berry, Leonard L., 초일류 서비스 기업의 조건, 은종학 옮김, 김앤김북스, 1999.

Carlzon, Jan, Moments of Truth, New York, NY: Ballinger, 1987.

Ford, Robert C., Cherrill P. Heaton, and Stephen W. Brown, "Delivering Excellent Service: Lessons From the Best Firms," California Management Review, Vol. 44, No. 1, Fall 2001, 39-56.

Patton, Mark E., Dancing Service: 서비스 경영론, 이하나 옮김, 현학사, 2002.

Zeithaml, V. A. and M. J. Bitner, Services Marketing, New York, NY: McGraw-Hill, 1996.

제 2 장

식스 시그마

제 2 장 식스 시그마

이제는 글로벌 경쟁시대이다. 그래서 경쟁력 중심의 적자 생존 시대가 도래하였다. 급변하는 기업의 환경에 대응하고 적응하기 위해서는 경영혁신에 의해 기업의 체질을 개선하고 지속적으로 개혁을 하여야 한다.

서비스업체도 예외는 아니다. 여기에 식스 시그마의 중요성이 존재한다. 서비스 식스 시그마는 순수한 서비스업체뿐만 아니라, 제조업체에서도 중요하다. 왜냐하면 제품의 품질이 완벽하기 위해서는 전통적인 생산부서뿐만 아니라, 마케팅, 영업, 구매, 회계와 같은 서비스를 제공하는 부서의 수준도 완벽하여야 하기 때문이다. 그러므로 서비스 식스 시그마는 서비스업체뿐만 아니라 제조업체에 있어서도 상당히 중요하다.

식스 시그마는 품질만 향상하는 품질 기법이 아니다. 또 관련된 자료를 활용하여 프로세스의 변동을 제거하거나 감소하는 기법만도 아니다. 식스 시그마는 기업의 수익성을 향상시키는 경영혁신전략이다. 식스 시그마는 기업의 문화를 바꾸는 철학이다. 식스 시그마는 기업의 하는 일을 바꾸는 새로운 경영 개념이다. 식스 시그마는 사람의 마인드를 바꾸는 개념이다. 그래서 궁극적으로 고객만족 향상과 수익성 향상을 통해 기업의 경쟁력을 강화하는 강력한 개념이다. 더구나 식스 시그마는 이미 수많은 조직에서 그 효과가 입증된 방법론이다.

제 2 장에서는 식스 시그마에 대해 논하기로 한다. 그래서 서비스 식스 시그마를 논하기 전에 식스 시그마의 기본적인 개념과 이론들을 이해하고자 한다. 특히 여기에서는 다음과 같은 주제들을 다루고자 한다.

- 식스 시그마의 생성
- 식스 시그마의 원리

- 식스 시그마의 적용
- 식스 시그마의 정의
- 인간 한계에 도전
- 경영 철학
- 시그마 개념

2.1 식스 시그마의 생성

삼성전자 LCD 사업부는 2001년 TFT-LCD 평균 가격이 전년보다 평균 40% 이상 폭락하는 상황에서도 손실을 입지 않았다. 그러나 경쟁업체인 대만 등은 수천억 원의 손실을 입었다. 왜 그랬을까? 그것은 바로 식스 시그마 때문이다.

1970-1980년대 일본과의 경쟁에서 점차 뒤지기 시작한 미국은 경쟁력을 강화하기 위하여 국가적인 차원에서 품질 강화에 주력하였다. 품질에 대한 관심은 기업은 물론이고, 국가적으로 지대하였다.

미국의 반도체 회사인 Motorola는 일본의 제품이 Motorola 제품에 비해 가격은 저렴한데 품질은 우수하다는 사실을 인식하였다. 그래서 경영 위기를 의식한 Motorola는 기업의 경쟁력을 강화하기 위하여 품질에 주력하기로 결정하였다.

물론 식스 시그마가 갑자기 완전한 백지 상태에서 발생한 것은 아니다. 식스 시그마를 이끄는 기본적인 원리는 이전의 품질 석학인 Deming이나 Juran과 같은 품질 선구자들의 경영 및 품질 철학에서 나왔다. Deming은 일찍부터 TQM(Total Quality Management)의 가장 기본적인 원리를 1950년대부터 역설하였다. Juran도 품질에 있어서 경영자의 책임이 중요하다는 말을 몇십 년 전부터 주장하여 왔다. 그러나 미국의 경영자들은 이들의 말에 귀를 기울이지 않았다. 그들은 오직 생산성 향상과 기업 확장에 모든 힘을 쏟고 있었다. 그러나 환경의 변화와 고객의 기호 변화로 변화가 생기게 되었다. 이렇게 식스 시그마는 무결점 운동 또는 TQC(Total Quality Control)와 같은 품질의 기본적인 원리들을 계승하고 있다.

식스 시그마는 1979년 Motorola의 Art Sundry에 의해서 태동되었다. 어느 날 Motorola의 한 회의에서 Sundry는 "Motorola의 진짜 문제는 다른 무엇보다도 Motorola 제품의 열악한 품질"이라고 말하였다. 이 말은 당시 Motorola 직원들에게는 상당히 의외였고, 충격적이었다. 왜냐하면 Motorola는 당시 품질이 상당히 우수한 미국의 기업으로 간주되었기 때문이었다. Motorola의 직원들은 처음에는 이 말을 부정하려고 하였지만, 곧 Sundry의 말에 관심을 가지게 되었다. 이 후 Motorola에서는 품질에 대해 많은 관심을 가지고, 품질에 대해 많은 연구를 하였다.

당시 Motorola가 가장 먼저 추구한 것은 과거의 잘못된 고정관념에 도전하는 것이었다. '품질의 향상은 높은 비용을 수반한다'는 과거의 고정관념은 당시 Motorola를 포함한 모든 기업들에게 폭넓게 내재되어 있었다. 그래서 당시 대부분의 기업들은 총비용을 극소화시키는 가장 경제적인 적정 품질 수준을 추구하고 있었다. 이것은 품질의 향상을 저해하였고, 어느 정도 불량이 발생하는 것을 당연히 여기는 잘못된 고정관념을 가지게 하였다. 그러나 Motorola에서는 이 고정관념에 도전하기 시작하였다. 연구가 거듭될수록 Motorola에서는 이 관념이 옳지 않다는 사실을 확인하게 되었다. 이 관념이 틀리는 것은 물론이고, 오히려 반대의 결과가 나오게 되었다. 즉, 품질이 좋아지면 좋아질수록 비용이 더 많이 드는 것은 고사하고, 오히려 비용이 더 적게 든다는 것이다. 이것은 정말로 획기적인 결과로써, 과거의 고정관념을 송두리째 엎어버리는 예상 밖의 결과이었다. 그래서 이제 Motorola에서는 품질을 가장 좋게 하는 것이 비용을 가장 적게 한다는 품질에 대한 새로운 관념을 갖게 되었다(Harry와 Schroeder, 2000).

1981년 Motorola의 Robert W. Galvin 회장은 5년에 걸쳐 10%가 아닌 열 배의 개선을 달성하라고 명령을 내렸다. 10% 정도의 목표는 현재 일을 조금 더 잘하면 되지만, 열 배의 목표는 그렇게 하여서는 달성할 수가 없었다. 그래서 Motorola의 임원들은 회장의 명령을 달성하기 위해 노력하였다.

이때 William Smith라는 기사가 현장에서 수집한 제품의 데이터를 이용하여 생산 중에 발생하는 제품의 수리횟수와 그 제품의 수명과의 관계를 연구하고 있었다. 4년 후인 1985년 Smith는 "생산 도중에 수리를 많이 한 제품일수록 소비자에게 판매된 후에도 더욱더 많은 문제들을 발생시킨다"는 사실을 발견하였다. 즉, 생산 중에 아무런 문제가 없었던 제품들이 소비자가 사용하는 동안에도 거의 문제가 발생하지 않는다는 것이다. 다시 말하면, 처음부터 잘 조립된 제품이 고객이 사용할 때 고장이 거의 발생하지 않는다는 것이다. 이렇게 Smith는 처음으로 데이터를 이용해 결점 없이 만들어진 제품이 수명기간 동안 고장이 훨씬 덜 발생한다는 것을 실증적으로 증명하였다.

이런 결과로 Motorola는 품질을 향상시키기 위해서는 사후가 아닌 사전에 미리 예측하고 개선하는 방법이 중요하다는 사실을 깨닫게 되었다. 이것이 바로 식스 시그마의 근본적 원리인 '고품질과 저비용의 관계' 이다. 그리고 Motorola는 어떤 분야이든지 그 분야에서 세계 최고인 기업은 제품의 제조과정에서 수리나 다시 작업하는 일이 별로 없는 제품을 생산한다는 사실을 알았다. 이는 식스 시그마의 주요한 개념 가운데 하나인 '숨은 공장(hidden factory)' 과 '누적수율(rolled throughput yield)' 등에 대한 아이디어를 제공했다고 할 수 있다. Motorola의 경영층은 Smith의 보고서를 인정하였다. 그러나 이 결론을 구체적으로 실천하기에는 많은 어려움이 따랐다. 그러나 Galvin 회장의 전폭적인 지원 아래 Smith의 발견을 실행에 옮기기 위한 행동들이 뒤따랐다.

그 이후 Harry 등이 주축이 되어 Motorola의 Chicago 본사의 식스 시그마 연구센터에서 식스 시그마를 달성하기 위한 구체적인 전략과 방법론이 개발되었다. 그러나 세계 52곳에 산재해 있는 Motorola 직원들에게 품질부서가 식스 시그마 개념을 전파하기에는 너무나도 힘들었다. 그래서 소수의 유능한 사람들을 선정하여, 이들에게 식스 시그마 방법론을 집중적으로 교육시키고 훈련시켰다.

이렇게 식스 시그마는 Motorola에서 기업의 경쟁력을 강화하고 또 경쟁력을 향상시키는 노력을 체계화하고 조직화하는 수단으로 추진되었다. 그리고 1988년 Motorola는 식스 시그마의 힘으로 첫 번째로 MBNQA(Malcolm Baldrige National Quality Award)를 수상하는 영예를 안았다. 그리고 1989년 IBM의 임원진들이 식스 시그마를 배우기 위해 Motorola를 방문하였다. 그리고 1년 후인 1990년 미국 Minnesota주의 Rochester시에 있는 IBM의 ABSD(Application Business Systems Division)가 MBNQA를 수상하였다.

GE(General Electric)에서는 식스 시그마를 도입하였을 뿐만 아니라, 식스 시그마가 기업의 DNA를 바꾸었다고 공공연히 말하고 있다. 그래서 이제 식스 시그마는 GE의 문화와 생활 양식이 되었으며, 제품의 개발부터 판매에 이르는 모든 프로세스에 깊숙이 침투되어 있다. 다음에서 GE의 식스 시그마에 대한 사례를 제시하도록 한다.

미국에서는 많은 기업들이 이미 식스 시그마를 도입하고 있거나 또는 도입할 계획에 있다. 그리고 식스 시그마를 도입한 기업들의 시장 가치 및 수익성이 상당히 증가하고 있다. 우리나라에서도 이미 많은 기업들이 식스 시그마를 도입하고 있다.

사례 General Electric의 식스 시그마

세계에서 가장 존경받는 기업 1위(Fortune), 세계 최고의 e-비즈니스 기업(InternetWeek), 미국 내 최고 가치 창출 기업 1위(Wall Street Journal), 세계 100대 상장기업 시가 총액 1위(Financial Times). 이 모든 것은 전부 GE(www.ge.com)에 대한 세계적인 평가이다.

GE는 1900년 Wall Street Journal 초우량 기업 12개 기업 중 현재도 12개 초우량 기업에 속한 유일한 기업이다. 또 1896년 최초의 Dow Jones 산업지수에 포함된 기업들 중 지금까지 남아 있는 유일한 기업이다. 1878년 Thomas A. Edison에 의해서 설립된 Edison 종합전기회사는 1892년 Thomson-Houston 전기회사와 합병하여 오늘날의 GE가 되었다. GE의 경쟁력은 지금도 식스 시그마에 의해 계속되고 있다.

Jack Welch 회장은 식스 시그마를 GE가 지금까지 해 왔던 모든 것 중에서 가장 중요한 시도라고 강조하였다. 그 동안 GE의 영업수익률은 수십 년간 10% 수준을 맴돌았다(그러나 사실 Welch 회장은 GE의 시장가치를 1981

년의 120억 달러에서 1988년 2,800억 달러로 높였다).

GE에서는 1995년 10월에 품질 프로그램에 관한 한 냉소주의자였던 Welch 회장이 식스 시그마를 기업의 가장 중요한 경영도구로 도입한다고 선언하였다. Welch는 품질 프로그램이 구호만 요란하고 실제적으로 효과는 적은 것으로 생각하였다. 그러나 1994년 오랜 친구인 GE의 전 부회장이자 당시 AlliedSignal의 최고경영자인 Bossidy로부터 식스 시그마의 성과에 대해 듣고 난 뒤, Welch의 마음이 변했다. Welch는 기존의 품질 기법들과는 달리 AlliedSignal이 식스 시그마를 활용하여 원가 절감을 통한 수익성 향상, 사이클타임 단축, 그리고 제품 품질 향상을 통한 결함 감소를 동시에 달성하고 있음을 알게 되었다. AlliedSignal은 품질보다 순이익의 증가에 더 치중함으로써, 결국 더 낮은 비용으로 더 우수한 품질의 제품을 생산하고 있었다.

여기에 영향을 받은 Welch는 식스 시그마 도입을 강력하게 추진하기로 하였다. 그래서 Welch는 신용카드 서비스에서부터 항공기 엔진 제조 공장 및 NBC-TV에 이르기까지 GE의 전 사업부로 하여금 식스 시그마를 달성하도록 지시했다. 이 때 GE는 평균적으로 약 3-4 시그마 수준에 있었으며, 폐품, 재작업, 거래오류, 그리고 비능률과 생산성의 감소 등으로 인해 매년 70-100억 달러의 천문학적인 비용이 발생하고 있었다. 이제 GE는 평균 35,000 DPMO(defects per million opportunities)의 기업을 사실상 완벽에 가까운 백만 개당 3.4개의 결함 수준의 기업으로 전환시켜야 하였다.

1996년 1월 초 미국 Connecticut주 Fairfield시에 있는 GE 본사 강당에 모인 4백여 임원들은 상당히 긴장된 표정으로 Welch 회장의 중대한 발표를 기다리고 있었다. 잠시 후, 연단에 오른 Welch 회장은 GE에서 이제 식스 시그마를 도입한다고 선언하였다. 식스 시그마가 가장 먼저 도입된 부서는 GE Medical System 사업부이었다. 여기에서의 높은 성과로 식스 시그마는 GE 전체로 확대되었다. 1996년 GE의 연례회의에서 Welch는 식스 시그마 ―GE 품질 2000 ―는 개인에게 가장 큰 최대의 보상이 될 것이며, 결국 우리 기업 역사상 가장 수익성 높은 과업이 될 것이라고 선언하였다. Welch는 여기에서 『GE 품질 2000: 계획된 꿈(GE Quality 2000: a Dream with a Plan)』을 선포했다. Welch는 GE가 2000년까지 식스 시그마 수준의 품질을 달성할 것이라고 선언하며, 주주들에게 식스 시그마는 현재의 불량률을 만 배 — 즉, 5년간 계속해서 매년 84%씩 — 감소시키는, 그야말로 지속적 개선이라는 개념 자체를 넘어서는 엄청난 과업을 요구할 것이라고 설명했다.

이것은 사실상 무결점의 제품과 서비스, 그리고 거래를 의미한다. 또 2백 명의 마스터 블랙벨트와 8백 명의 블랙벨트를 양성하기 위해 2억 달러를 투입하였고, 2만 명의 엔지니어들에게 '식스 시그마를 위한 설계(Design For Six Sigma)' — 회사가 모든 제품 및 서비스에 식스 시그마 품질을 설계하고 구축할 수 있도록 하는 방법론 — 훈련을 받도록 했다. 그리고 블랙벨트는 반드시 전임제로 일하도록 하였다. 그래서 블랙벨트가 얼마나 중요하고, 또 식스 시그마가 GE에서 가장 우선순위가 높은 과업임을 천명하였다. GE는 DFSS가 요구하는 엄격한 통계적 프로세스 없이는 제품 및 서비스가 결코 고객이 요구하는 품질기준을 충족시킬 수 없음을 인식하였다. 1997년에도 4천 명에 가까운 블랙벨트와 마스터 블랙벨트, 그리고 6만 명 이상의 그린벨트들을 양성하는 데 2억 5천만 달러를 투입했다.

또 GE는 초기에 MAIC(measure-analyze-improve-control) 이용에 중점을 두었고, 모든 프로젝트는 반드시 회계부서의 공식적인 평가를 받고, 또 후에 감사를 받도록 규정하였다. 그래서 GE의 식스 시그마 성과는 신뢰성이 아주 높은, 어떻게 보면 과소평가한 성과로 볼 수 있다.

1997년 3월 12일 Welch는 전 세계 GE의 모든 경영자들에게 e-메일을 보내 GE에서 임원이 되고 싶은 사람은 1998년 1월 1일까지 블랙벨트나 그린벨트 훈련을 시작하여 1998년 7월 1일까지 훈련을 마쳐야 한다고 선언했다. 그 메시지 전까지만 해도 대다수의 구성원들은 Welch가 2000년까지 식스 시그마를 달성한다는 말을 단지 또 하나의 그저 지나가는 구호 정도로 여기고 있었다. 회사 내에서 아무리 사소한 진급이라도 어떤 형태의 식스 시그마 방법에 대한 교육을 받아야 한다고 발표하자 교육 신청자들 수가 극적으로 늘어났다. 또 보너스의 40%를 식스 시그마 성과와 교육과 연계하도록 하였다. Welch의 결정은 마침내 말단 사원들에게까지 영향을 끼치고 있었다.

지금도 New York시의 GE 훈련센터에서 많은 블랙벨트들과 마스터 블랙벨트들이 격렬한 토론으로 시간을 보내고, 훈련을 받고 있다. 여기에서는 매년 만 명 이상의 GE 구성원들이 식스 시그마에 대해서 배우고 있다.

또 1997년에 GE는 식스 시그마 운동을 다음처럼 세 가지 일에 집중하기로 하였다. 이 세 가지는 CQ, GB, 그리고 DFSS이다. CQ(Commercial Quality)는 사무간접부문에 적용하는 transactional 품질의 향상이고, 그린벨트를 적극적으로 양성하며, 설계에 식스 시그마를 적용하는 것이다. 이러한 세 가지 집중은 식스 시그마의 성과를 한 단계 높이는 데 크게 기여하였다.

1998년에 GE의 식스 시그마는 고객 중심으로 방향을 돌렸다. 이 때까지 GE의 초점은 조직 내부의 성과를 향상하는 것이었다. 그러나 이때부터 고객과 연관된 성과를 향상시키는 데 주력하였다. 또 앞에서 언급한 사무간접부문의 성과를 향상하기 위하여 이 부문의 프로젝트를 집중적으로 실시하였다. 1998년에 GE는 5억 달러를 투입하여 놀랄 만한 성과를 거두었다. 제조과정상의 불량률이 4 시그마 수준인 1백만 개당 6천2백 개에서 5 시그마 수준인 233개로 향상되었고, 품질실패비용은 38억 달러 감소, 그리고 매출액 이익률은 9.3%로 미국 제조업체들의 평균(약 5%)보다 2배가 높아졌다. 또 영업수익도 13.6%에서 16.7%로 향상되었고, 운전자본회전율은 5.8%에서 9.2%로 높아졌다. 금액으로는 식스 시그마로 인해 1997년 GE의 영업수익이 3억 달러를 상회했고, 1998년에는 영업수익이 배가되어 6억 달러를 넘어섰다. 그리고 1999년에는 20억 달러, 2000년에는 24억 달러를 절감하였다.

1999년에는 e-비즈니스와 식스 시그마를 연계하였다. 그래서 DFSS를 이용하여 기업의 주요 프로세스를 전산화하였다.

2000년에는 식스 시그마를 보다 고객에 대해 초점을 맞추었고, 식스 시그마를 GE의 기업문화에 동화하려고 하였다. 그래서 식스 시그마의 성과를 고객들이 직접 피부로 느끼도록 하였고, 프로세스 개선에 고객이 직접 참여토록 하였다. 그래서 GE의 블랙벨트들이 고객사를 방문하여 직접 고객사의 프로세스 개선에 참여하였다.

2001년에 Jack Welch가 은퇴하고, 새로운 CEO인 Jeff Immelt가 들어왔다. 최고경영자의 이전에 따른 조직의 해이함과 공백을 막기 위해 Immelt는 취임하자마자 식스 시그마를 보다 강력히 실천하고자 하였다. 그래서 블랙벨트에 대한 교육 및 자재를 표준화시키고, 또 인증 기준도 표준화하였다.

GE는 이제 식스 시그마 혁명 14년째에 접어들고 있으며, 이 프로그램이 GE 전체에 뿌리를 내리고 있음은 의심할 여지가 없다. 1999년 연례 주주총회 연설에서 금세기에 가장 성공한 경영자이며 최고의 비전을 가진 경영자 중의 한 사람인 Welch는 다시 한 번 GE에서 식스 시그마의 역할을 강조했다. "식스 시그마는 프로세스를 완벽에 가깝도록 하고 ……그 완벽을 유지하는 것입니다. 실제로 모든 식스 시그마 프로젝트들의 공통적 목표는 편차를 제거하는 것입니다."

물론 Welch 회장은 이미 오래 전부터 아시아와 정면으로 부딪히는 분야의 사업과 경쟁력이 없는 사업군을 포기하고, 기술력과 경쟁력이 있는 사업군과 서비스 분야에 집중 투자하였다. 그러나 오늘날의 GE를 만든 가장 큰 원동력은 식스 시그마라고 모든 사람들은 말한다.

2.2 식스 시그마의 원리

이미 2.1에서도 설명하였지만, 과거에는 품질을 향상시키려면 비용이 더 들어간다고 하였다. 식스 시그마는 과거의 이러한 견해를 완전히 부정하

그림 2-1 불량품의 증가와 비용의 관계

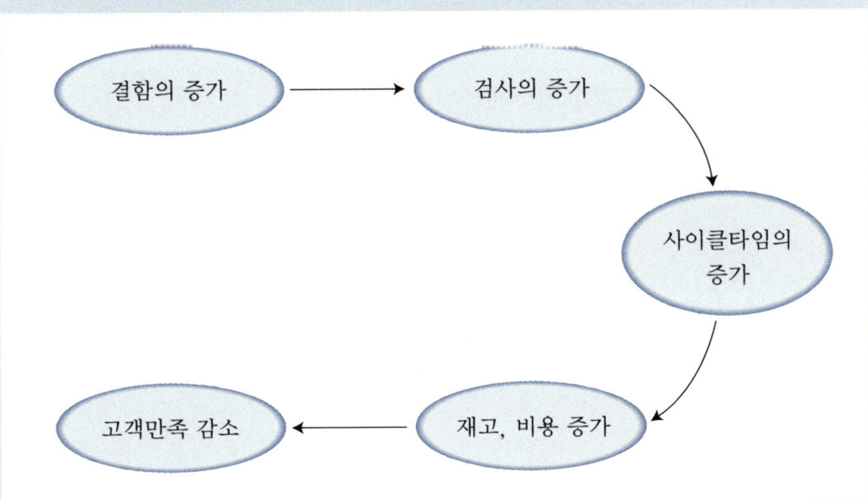

였다. 식스 시그마의 원리는 품질과 비용의 관계에서 출발한다. 1985년 Motorola의 연구에서는 처음부터 제품을 잘 만들어야 하고, 품질이 좋지 않으면 비용이 올라간다는 교훈을 주었다.

이렇게 식스 시그마에 대한 Motorola의 개념은 불량품이 수율, 신뢰성, 사이클타임, 재고, 그리고 생산계획 등에 영향을 끼친다는 사실에 기인한다. 그래서 식스 시그마의 원리는 품질이 향상되면 비용이 낮아진다는 것이다. 불량품은 소비자와 생산자 모두에게 비용을 발생시킨다. 즉, 결함의 증가는 검사를 증가시키고, 검사의 증가는 사이클타임을 증가시킨다. 다시 사이클타임의 증가는 재고와 비용을 증가시키고, 이것은 고객의 불만을 증가시킨다. 〈그림 2-1〉에서 볼 수 있듯이, 이러한 일련의 과정은 품질이 좋지 않으면 비용이 올라간다는 사실을 말해 주고 있다.

Taguchi(1986)는 '사회손실'이라는 용어를 사용해 불량은 소비자뿐만 아니라 사회에까지 해를 끼친다고 주장하였다. 사회손실은 비용의 의미를 상당히 확대한 개념으로 볼 수 있다. 하지만 Taguchi의 '사회손실'은 최근 PL(Product Liability) 등 품질에 대한 기업의 사회적 책임이 증가하는 추세에 비추어 타당성이 충분히 있다고 본다. 그래서 불량품은 개인, 기업, 사회, 그리고 국가에까지 손해를 끼치게 된다.

2.3 식스 시그마의 적용

식스 시그마는 제조업체인 Motorola에서 나왔지만, 서비스업체를 포함한 어떤 유형의 조직에도 전부 적용된다. 또 규모에 관계없이 대기업이나 중소기업에 전부 적용된다. 오히려 규모의 특성상 대기업에 비해 중소기업에서 식스 시그마가 더 효과적일 수도 있다. 이것은 제조업체의 거대한 조직 규모에 비해 중소기업은 조직의 유연성이 높고, 중간 계층의 반발도 작기 때문이다. 물론 제조업체에 비해 여러 가지 다른 특성을 서비스업체는 가지고 있다. 많은 사람들은 이런 특성 때문에 식스 시그마의 적용이 서비스업체에 어렵다고 말하는 데 비해 역으로 말하는 사람들도 있다.

Pande 등(2000)은 보이지 않는 프로세스, 막대한 비용이 들지 않는 신속한 프로세스 변경, 구체적인 자료의 부족, 그리고 이론의 결핍 등과 같은 특성으로 인해 서비스업체에서 식스 시그마가 더 효과적이라고 하였다. 보이지 않는 프로세스는 서비스의 대표적인 특성인데 식스 시그마로 인해 프로세스를 재정립하는 기회를 제공한다. 구체적인 자료의 부족도 하나의 기회를 제공한다. 또 Pande 등은 계속해서 서비스업체에서 식스 시그마를 잘 적용하기 위해서는 프로세스를 파악하고, 문제점을 재정립하고, 모호함을 제거하기 위해 실제 자료를 이용하고, 그리고 통계를 지나치게 강조하지 말라고 하였다.

식스 시그마를 적용해 엄청난 성과를 거둔 GE의 가장 대표적 사업부서 하나가 바로 GE Capital이다. 그리고 GE Capital에서 거둔 성과는 상당하였다. 또 식스 시그마는 생산과 엔지니어링뿐만 아니라 마케팅, 재무, 구매, 인력자원, 연구개발 등 기업의 모든 기능에도 전부 적용된다.

최근에는 식스 시그마를 기업의 이중 장부를 막는 방법으로도 사용될 수 있다는 논문이 나왔다(Senturk 등, 2006). 이들은 DMAIC 방법을 사용하여 기업의 부정적인 재정 관습을 막을 수 있다고 하였다.

이제 식스 시그마는 산업계에 대한 적용 범위뿐 아니라 기업 내에서도 다양한 용도로 시용되고 있다. 컨설팅업체인 Six Sigma Qualtec(2002)은 식스 시그마의 다양한 용도를 다음처럼 언급하였다.

- 경영 그리고 인프라 지원시스템(Management and Infrastructure Support System)
- 프로세스 경영과 최적화(Process Management and Optimization)
- 식스 시그마 설계(Design for Six Sigma)
- 사무간접부문 식스 시그마(Transactional Six Sigma)
- 식스 시그마와 CRM(Six Sigma and CRM)
- 린, BSC, EVA와의 연계(Integrating Six Sigma with Lean, Balanced Score Card, and EVA)
- 식스 시그마 리더십(Leadership Principles for Six Sigma)

- 소프트웨어 지원시스템(Software Support System)

2.4 식스 시그마의 정의

그리스 문자인 시그마(sigma)는 주어진 품질 특성에 대한 평균을 중심으로 프로세스의 산포를 의미한다(그림 2-2 참조). 그래서 주어진 프로세스가 완벽한 프로세스와 어느 정도 차이가 발생하는지를 측정하는 통계적인 용어이다. 일반적으로 식스 시그마는 문제 해결을 위해 통계적인 도구를 사용하여 프로세스의 변동을 감소하는 방법이다.

여기에서는 식스 시그마가 다양한 사람 또는 조직에 의해 어떻게 정의되고 있는지 살펴보기로 한다.

- McFadden(1993)
  품질경영의 전반적인 기반을 제공하는 고객지향적인 접근방법.

그림 2-2 시그마

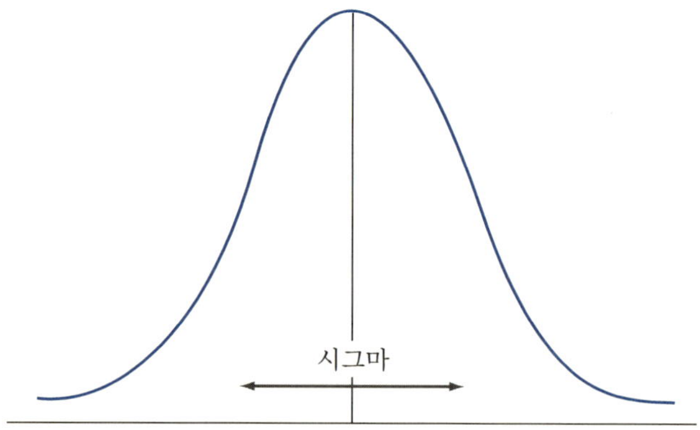

- Snee(1999)와 Fontenot(1994)

  무결점을 달성하고자 하는 프로세스 능력과 백만 개 중에서 단지 3.4 개의 불량 제품과 서비스를 생산하는 능력, 즉 초일류의 공정 능력을 측정하는 통계적 단위.

- Yashico 외 (1998)

  임시변통적 해결방법이 아닌 프로세스 자체를 개선하는 방법.

- Blakeslee(1999)

  기업에서 발생하는 문제의 근원을 분석하고 그 문제들을 해결하기 위해 데이터에 의존하고, 높은 성과를 제공하는 기법.

- Yilmaz와 Chatterjee(2000)

  고도의 로바스트 품질을 창출하는 생산 프로세스.

- Pande 외(2000)

  기업의 성공을 달성하고, 유지하고, 극대화하는 종합적이고 유연한 시스템.

- Harry와 Schroeder(2000)

  자원의 낭비를 극소화하는 동시에 고객 만족을 증대시키는 방법으로 일상적인 기업활동을 설계하고 관리하여 수익성을 엄청나게 향상시키는 비즈니스 프로세스.

- Ehrlich(2002)

  수익성을 향상하기 위하여 프로세스 품질과 생산성을 지속적으로 개선하는 체계적이고 데이터에 의거한 방법.

- GE(General Electric)

  거의 완벽한 제품과 서비스를 개발하고 공급하도록 해 주는 고도로 정립된 프로세스, 그래서 식스 시그마는 프로세스에 있는 결점을 측정하여 제거함으로써 완벽한 프로세스를 지향하고자 하는 것.

- 삼 성

세계 최고 수준의 경영품질을 갖추는 것. 경영활동은 프로세스를 관리하는 활동이고, 경영품질 활동은 프로세스의 수준을 향상시키는 활동이고, 식스 시그마 활동은 프로세스의 수준을 식스 시그마 수준으로 향상시키기 위해 하는 활동(손욱, 2002).

- Six Sigma Qualtec(2002)

기업과 품질 문제해결, 의사결정, 그리고 기업의 전반적인 성과를 향상시키는 개인 및 기업의 능력을 효과적으로 개발하는 기업의 전사적인 전략.

- stx엔진(2008)

"최고 가치의 식스 시그마 기업 만들기"를 기본 모토로 경영 전 부분이 고객감동 사고, 최고의 인재육성, 혁신과 변화 중심의 경영시스템을 2-3년 내 완성하고, 경영의 효율과 효과를 극대화하기 위한 핵심과제를 해결하여 진정한 재무성과 창출과 고부가 가치중심의 경영 최적화를 실현하는 종합 경영혁신 프로그램.

- 포스코(2008)

PI를 통해 구축된 인프라를 바탕으로 과학적, 통계적으로 문제를 해결해 나가는 혁신활동이다. PI가 '변화의 큰 틀'을 완성하고 하드웨어적인 변화를 이끌었다면, 식스 시그마는 이를 소프트웨어, 휴먼웨어 차원의 변화로 한 단계 끌어 올리는 혁신활동이다.

이렇게 식스 시그마는 통계적인 기법, 프로세스 혁신, 시스템 혁신, 과학적인 방법, 경영혁신, 경영철학, 경영전략 등으로 다양하게 정의되고 있다. 일부는 전략, 시스템처럼 넓은 관점에서 보고 있으며, 일부는 기법처럼 상당히 좁은 관점에서 보고 있다. 그러나 식스 시그마가 기업의 경쟁력을 향상시킨다는 점에서는 이견이 없다. 또 식스 시그마는 오직 품질만 향상시키는 프로그램으로 인식해서는 안 된다는 것이다. 식스 시그마는 분명히 경영혁신 프로그램이다.

위에서 본 것처럼 식스 시그마에 대한 정의는 상당히 다양하다. 여기에서는 식스 시그마를 다음처럼 정의하고자 한다.

식스 시그마는 과학적인 방법을 사용하여
프로세스를 개선함으로써
수익성을 극적으로 향상시키고
고객 만족을 극대화하는 경영 철학이며
동시에 경영혁신 전략이다.
그리고 동시에 낭비를 제거하여
자원을 가장 효율적으로 사용한다.

이렇게 볼 때, 식스 시그마의 주요한 속성은 다음과 같다.

- 프로세스를 개선한다
- 수익성을 극적으로 향상시킨다
- 고객만족을 극대화한다
- 경영철학이다
- 낭비를 제거한다
- 과학적인 도구를 제공한다
- 경영혁신 전략이다

식스 시그마는 과학적인 방법과 정확한 데이터 관리로 문제의 원천을 파악해 원가를 절감하고 고객만족을 향상시킨다. 식스 시그마는 경영자의 경험이나 직관이 아닌 객관적이고 구체적인 데이터를 이용한다. 식스 시그마는 고객의 욕구를 충족시킨다. 그래서 고객의 소리에 항상 귀를 기울이고 그들의 진정한 욕구 및 잠재적인 욕구를 파악하고자 한다. 또 식스 시그마는 최대의 수익성을 창출하는 프로젝트를 선정함으로써 모든 활동을 수익과 연계시킨다. 이렇게 식스 시그마는 다른 품질기법들과는 달리 품질 자체를 위해 품질을 추구하지 않고, 고객과 기업의 가치를 증가시키는 경우에 한하여 품질을 향상한다.

식스 시그마 이전의 많은 품질 기법들은 제조와 설계상의 결함들을 간파하고 수정하는 데 주로 초점을 두었다. 그러나 식스 시그마는 처음부터 결함과 오류가 발생하지 않도록 프로세스를 재창조하는 방법이다.

식스 시그마는 이론이 아닌 활동에 중점을 둔다. 그래서 George(2003)는 식스 시그마는 단순히 프로세스를 개선하는 방법이 아니고, 보다 다른 차원에서 보아야 한다고 강조하였다.

1. 식스 시그마는 고객, 주주, 사업의 가치를 향상시키고, 지속적으로비즈니스 리더십과 최상의 성과를 달성하기 위한 경영시스템이다.
2. 식스 시그마는 모든 프로세스의 능력을 측정하는 것이다.
3. 식스 시그마는 거의 완벽에 가까운 개선 목표이다.

Yashico 등(1998)은 체크리스트의 공유화, 전략수립과 전략실행의 일체화, '올바른 전략수립' 요건의 일체화 등 세 가지를 식스 시그마의 효과로 들고 있다. Harry와 Schroeder(2000)는 식스 시그마의 효과로 수익성 향상, 생산능력 증대, 직원 수 감소, 그리고 자본지출의 감소를 들었다. 또 식스 시그마는 품질코스트를 극적으로 감소시킨다.

그런데 식스 시그마는 해결책을 이미 알고 있는 문제에 대해서는 적용할 필요가 없다. 식스 시그마는 해결책을 모르는 문제들에 대해 적용하여야 한다. 그래서 해결책을 이미 알고 있는 문제는 프로젝트 담당 경영자에 의해 해결하고, 식스 시그마는 해결책을 모르는 문제에 대해 식스 시그마 전문가가 해결하여야 한다. 식스 시그마 전문가에 대해서는 제8장을 참고하기 바란다.

2.5 인간 한계에 도전

인간의 한계에 도전하는 것은 스포츠에만 있는 것은 아니다. 식스 시그마는 무결점을 추구함으로써 인간의 한계에 도전하는 것이다. 즉, 우리가 수행하는 모든 업무에서 프로세스를 지속적으로 개선하여 낭비를 감소하고 완벽한 프로세스를 만들 때까지 노력하는 것이다. 인간의 한계에 도전하는 그 어떠한 것도 쉬운 것은 하나도 없다. 식스 시그마도 마찬가지이다. 이것은 현실적으로 쉽지는 않지만, 그렇다고 불가능하지도 않다. 인간은 도전하기를 좋아한다. 그리고 도전은 인간에게 새로운 창의력을 요구하고, 동기를 부여한다. 도전은 아름다우며, 도전은 인간 문명을 발전시킨다.

또 식스 시그마는 일을 무조건 열심히 하는 것 대신 일을 보다 현명하게 하는 것을 중요시한다. 무조건 일을 열심히 하는 것은 효율과 능률을 전부 떨어뜨린다. 그러나 현명하게 일을 하는 것을 능률과 효율을 동시에 증가시킨다. 여기에서 '현명하게 일을 한다'는 것은 기업과 고객의 가치를 향상하는 업무를 실행한다는 것을 의미한다. 또 업무를 과학적으로 개선한다는 것을 말한다.

물론 식스 시그마에서 말하는 무결점은 Crosby가 1979년에 주창한 '무결점운동'의 '무결점'과는 개념적으로 다르다. '무결점운동'에서의 '무결점'의 개념은 '제품의 무결점'에 중점을 두지만, 식스 시그마에서는 '프로세스의 무결점'에 초점을 둔다. 즉, 프로세스를 개선하여 불량품이 발생하지 않게 하는 개념으로써 결과보다는 결과를 이끄는 과정을 보다 중시한다. 여기에 비해 무결점 운동은 결과에 초점을 둔다. 이 점이 바로 식스 시그마와 무결점운동의 차이이다.

물론 무결점운동은 생각은 좋았지만 몇 가지 실행상의 문제로 실패하였다. 그러나 식스 시그마는 완벽한 실행도구로 무결점의 목표를 달성할 수 있다. 이것이 식스 시그마의 강점이다.

2.6 경영철학

식스 시그마는 단순한 하나의 기법이 아니고 철학으로 보아야 한다. 즉, 식스 시그마는 품질에 대한 기업문화와 새로운 사고를 요구하는 경영철학이다. 식스 시그마가 철학이라고 하는 말은 조직원들의 고정관념과 조직의 문화에 대해 다시 생각하여야 한다는 의미이다. 그래서 식스 시그마의 목적을 실현하기 위해서는 어느 정도 시간을 요구한다. 왜냐하면 조직의 모든 구성원들이 식스 시그마의 중요성을 인지하여야 하고, 또 일정한 교육과 훈련을 받아야 하기 때문이다. 그래서 품질을 향상하고자 하는 가치관을 모든 구성원들이 서로 공유할 때에만 품질의 향상이 훨씬 가속화된다. 이렇게 품질문화는 품질향상의 주요한 전제조건이다. 그러므로 식스 시그마를 도입하고자 하는 경영자는 먼저 기업에 품질문화를 정착시켜야 한다.

식스 시그마를 도입하고 몇 년도 되지 않았는데, 식스 시그마는 더 이상 우리 조직에서 효과가 없다고 말하는 기업을 많이 보았다. 이런 기업들은 식스 시그마를 철학으로 보지 않고, 하나의 기법으로 보는 경향이 많다. 조금 해 보고 성급하게 결과를 판단하고 있다. 이러한 행동은 잘못된 것이다. 식스 시그마가 조직에서 정착하려면 시간이 필요하다. 이것은 구성원들의 가치관과 행동이 변화하여야 하기 때문이다. 사람이 변화하기 위해서는 시간이 요구된다. 성급하게 도입하고 성급하게 끝내는 것은 단지 남이 하니까 한 번 해 보는 것 이외에는 아무 의미가 없다. 오히려 이것은 안 하는 것이 낫다. 왜냐하면 즉흥적인 시도는 구성원들의 사기를 떨어뜨릴 뿐 아니라, 혁신에 대한 부정적인 시각을 지니게 하기 때문이다. 그래서 차후에 조직에서 추구하는 혁신 활동에 구성원들이 냉소적이 되기 쉽다.

LG전자는 식스 시그마를 경영철학으로 보고 있다. LG전자는 식스 시그마는 무조건 열심히 하는 것이 아니라, 스마트하게 효율적으로 하는 것으로 규정하고 있다. 이 의미에 대해서는 앞에서 이미 설명하였다. 그리고 100ppm과 비교하여 식스 시그마를 설명하고 있다. 즉, 100ppm은 잡초의 줄기를 자르는 것이고, 식스 시그마는 잡초의 뿌리를 뽑는 것이라는 것이다. 또 식스 시그마는 현장 중심의 톱다운(top-down) 경영이며, 조직의 공통적인 언어라는 철학을 가지고 있다. 이렇게 해서 식스 시그마는 LG전자의 기업문화로 정착되어 가고 있다.

2.7 시그마 개념

시그마는 원래 고대 알파벳 24개 글자 중 18번째 글자의 이름으로 문자로 쓸 때에는 'σ'로 표기한다. 그리스 문자 'σ'는 통계학에서는 표준편차를 말하며, 산포를 표시하는 여러 측정치 중의 하나이다. 표준편차는 모집단 내에 있어서 변동의 정도를 말해 준다. 그래서 식스 시그마는 정규분포에서 평균을 중심으로 양품의 수를 여섯 배의 표준편차 이내에 생산할 수 있는 공정능력을 말한다. 즉, 식스 시그마는 생산되는 제품 백만 개당 결함을 0.002개 이하로 생산할 수 있는 공정능력을 말한다. 이렇게 식스 시그마에서 시그마는 공정의 능력을 정량화한 값이다.

그런데 왜 시그마라는 개념을 사용하게 되었을까? 1980년대 초 복잡성이나 특성에 상관없이 다양한 제품들의 품질을 보편적으로 측정하는 통계적인 측정치가 필요하게 되었다. 이러한 필요성에 의해 창안된 개념이 시그마이다. 그래서 시그마는 결점의 발생가능성을 제공해 주며, 모든 경영 활동을 객관적인 통계수치로 나타낸다. 따라서 제품이나 업종 및 프로세스가 다르더라도 시그마를 이용하여 각 업종의 경쟁력을 비교할 수 있다. 그리고 고객만족의 달성 정도와 방향 및 위치 등을 정확히 알 수 있게 해 준다. 이렇게 시그마는 제품과 서비스 프로세스의 적합성을 측정하는 탁월한 척도이다(Harry, 1998).

제품의 유형에 관계없이 시그마 값이 높아질수록 품질이 우수하고, 반대로 시그마 값이 낮아질수록 좋지 않은 품질을 나타낸다. 또 시그마가 한 단계씩 향상될 때마다 결함의 수는 정비례로 감소되지 않고 기하급수적으로 감소된다. 이렇게 시그마의 값이 올라가게 되면, 제품의 신뢰성이 급속도로 향상되고, 테스트와 검사의 필요성이 급격하게 감소된다. 이것은 다시 비용과 사이클타임을 감소시켜 고객만족도를 크게 증가시킨다.

여기서 하나 주의할 점은 식스 시그마가 제품 또는 서비스 전체가 아닌 제품이나 서비스에 내재된 개개 주요품질특성인 CTQ(critical-to-quality)에 적용하는 성과 목표라는 것이다.

참고문헌

손욱, 능률협회컨설팅 6 시그마 패스티발, 2002.

Blakeslee Jr., Jerome A., "Implementing the Six Sigma Solution," Quality Progress, ASQ, July 1999, 77-85.

Crosby, Philip B., Quality is Free, McGraw-Hill, 1979.

Deniz Senturk, Christina LaComb, Radu Neagu and Murat Doganksoy, "Detect Financial Problems with Six Sigma," Quality Progress, ASQ, April 2006, 41-47.

Ehrlich, Betsi Harris, Transactional Six Sigma and Lean Servicing: Leveraging Manufacturing Concepts to Achieve World-Class Service, St. Lucie Press, 2002.

Fontenot, Gwen, Ravi Behara, and Alicia Gresham, "Six Sigma in Customer Satisfaction," Quality Progress, ASQ, December 1994, 73-76.

George, Michael L., Lean Six Sigma for Service: How to Use Lean Speed and Six Sigma Quality to Improve Services and Transactions, McGraw-Hill, 2003.

Harry, Mikel J., "Six Sigma: A Breakthrough Strategy for Profitability," Quality Progress, ASQ, May 1998, 60-64.

Harry, Michael and Richard Schroeder, 6 시그마 기업혁명, 안영진 옮김, 김영사, 2000.

Matthews, Darin L. and Kinda L. Stanley, Effective Supply Management Performance, ISM, 2008.

McFadden, Fred R., "Six-Sigma Quality Programs," Quality Progress, ASQ, June 1993, 37-42.

Pande, Peter S., Robert P. Neuman, and Ronald R. Cavanagh, The Six Sigma Way: How GE, Motorola, and Other Top Companies Are Honing Their Performance, McGraw-Hill, 2000.

Six Sigma Qualtec, 능률협회컨설팅 6 시그마 패스티발, 2002.

Snee, Ronald D., "Why Should Statisticians Pay attention to Six Sigma?" Quality Progress, ASQ, September 1999, 100-103.

Snee, Ronald D. and Roger W. Hoerl, Leading Six Sigma: A Step-by-step Guide

Based on Experience with GE and Other Six Sigma Companies, Prentice Hall, 2003.

Taguchi, Genichi, Introduction to Quality Engineering: Designing Quality Into Products and Processes, White Plains, NY: Kraus International, 1986.

Yashico Aoki 외, 6 시그마 도입전략, 한국능률협회 6시그마 추진센터 옮김, 21세기 북스, 1998.

Yilmaz, Mustafa R. and Sangit Chatterjee, "Six Sigma Beyond Manufacturing ? A Concept for Robust Management," Quality Management Journal, Vol. 7, No. 3, 2000, 67-78.

www.posco.co.kr

www.stxengine.co.kr

제3장

서비스와 서비스 산업

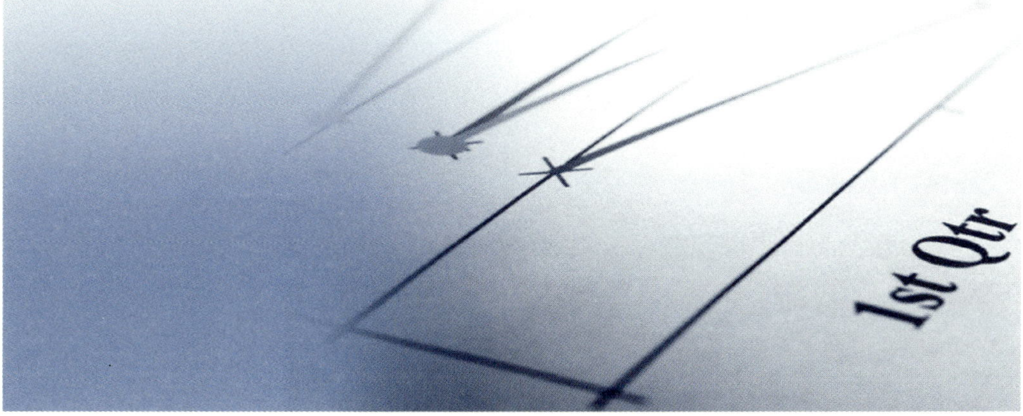

제 3 장 서비스와 서비스 산업

최근 서비스 및 서비스 산업이 국가 경제에서 차지하는 비중이 점차로 증가하고 있다. 이것은 경제의 발전, 국민소득의 증가, 제조업체 생산성 증가 등 다양한 이유로 인하여 발생한다. 미국에서 지난 반 세기 동안 가장 많이 성장한 부문이 바로 서비스 산업이다. 50년 전에 미국 경제와 고용에 있어서 서비스 부문이 차지하는 비율이 약 60% 정도 되었다. 그러나 지금은 정부를 포함하여 약 80%정도 된다. 우리나라도 예외는 아니다. 그래서 우리나라도 점차로 서비스 산업이 국가 경제에서 차지하는 비중이 높아지고 있다. 그래서 서비스에 대한 관심도 점차로 증가하고 있다. 그러므로 제 3장에서는 서비스와 서비스 산업에 대해 논하기로 한다. 특히 여기에서는 다음과 같은 주제들을 다루고자 한다.

- 서비스 산업의 중요성
- 서비스란 무엇인가?
- 서비스 산업의 분류
- 서비스업체와 제조업체의 차이
- 서비스 경영
- 서비스 산업에서의 품질의 의미

3.1 서비스 산업의 중요성

소득 수준이 높아질수록 국가 경제에서 서비스 산업의 비중도 증가한다. 미국에서는 이미 1970년대 초 전체 노동력의 65% 이상이 서비스 산업에 종사하였고, 1990년대 말에는 그 수치가 80%까지 증가하였다. 그리고 캐나다, 프랑스, 영국, 호주 등 선진 10개국도 이미 GDP의 70% 이상을 서비스에서 창출하고 있다. 또 제조업체에 있어서도 제품의 가격은 생산에 종사하는 사람들에 대한 인건비보다도 지원부서에 종사하는 사람들의 인건비가 차지하는 비중이 더 높다. 이것은 제조업체 내에서의 지원부서 및 간접사무 부문의 비중이 점차로 높아져 가고 있는 사실을 반영하고 있다. 실제로 Edgeman과 Bigio(2004)는 미국 노동력 중에서 순수하게 제조 분야에 종사하는 사람들은 미국 전체 노동력의 2% 밖에 되지 않는다고 하였다. 미국에서 제조업체는 약 20%가 되고, 제조업체에서 순수하게 제조 분야는 10%가 된다. 그래서 단순하게 식스 시그마를 제조 분야에만 국한한다고 하는 것은 비합리적이라고 하였다.

우리나라에서는 서비스 산업의 진전이 선진국들에 비해 대체적으로 저조한 편이다. 국민 소득 수준이 높아질수록 서비스 산업이 국가 경제에서 차지하는 비중이 급격히 증가하는 선진국의 추세에 비해 우리나라에서는 지난 20년 동안 서비스 산업의 제자리 걸음이 두드러지게 나타나고 있다. 우리나라에서 서비스 산업이 국가 경제에서 차지하는 비중이 GDP 비중으로 1990년의 44.5%에서 2000년도에는 51.1%로 증가하였다. 그러나 1980년도에는 서비스 산업의 비중이 52.2%이었다. 서비스 산업이 차지하는 대출 비중은 1990년도의 18.8%에서 2000년도에는 23.5%로 약간 증가하였다. 서비스 산업에 종사하는 고용에 있어서는 선진 8개국은 그 비중이 70%를 상회하고 있는 데 비해 우리나라에서는 2000년 현재 61.1%를 차지하고 있다.

이런 현상은 기업으로 하여금 사업구조에 있어서 많은 변화를 야기하게 되었다. 먼저 GE의 사업 구조조정을 보자. GE는 서서히 GE의 사업부 구조를 제조업에서 서비스업으로 재편하였다. 이것은 GE의 경영자들이 서비스 산업의 중요성을 간파하였기 때문이다. 즉, GE는 대대적인 구조조정을 통해 GE의 핵심사업의 틀을 다시 짰다. 이 틀의 가장 중요한 요소는 바로 금융 및 서비스 사업을 확대하는 것이었다. 그래서 기존 제조부문과 협력하여 시너지 효과를 구하고자 하였으며, 이 틀은 성공하였다. 이제 GE의 매출액에 있어서 각 시대별로 서비스업이 차지하는 비중을 살펴보기로 하자. 그러면 확실하게 GE의 움직임을 알 수 있을 것이다. 서비스업이 GE 총 매출액 중에서 차지하는 비율이 1980년에는 15%, 1990년에는 45%, 1995년에는 55%, 2000년에는 다시 75%로 증가하였다. IBM도 마찬가지이다. 과거 제조업체로 출발하였던 IBM이 지금은 제조업체라고 볼 수 없게 되었다. 지금 IBM 수익의 절반은 제조가 아닌 서비스 부문에서 창출되고 있다.

이런 이유 이외에 최근 산업의 이동을 보면 과거의 제조업 중심에서 탈제조업으로 변하고 있는 사실을 볼 수 있다. 그래서 Goel, Gupta, Jain, 그리고 Tyagi(2004)는 글로벌 경제의 변화와 글로벌 경제에서 서비스가 차지하고 있는 현상을 〈그림 3-1〉처럼 표시하였다. 〈그림 3-1〉에 의하면, 글로벌 경제는 농업 중심에서 제조 중심으로, 다시 제조에서 정보, 그리고 지금 정보 중심에서 지식 중심으로 변화하고 있다. 그래서 서비스 부문이 차지하는 비중이 날로 높아지고 있다. 물론 이러한 변화 및 서비스가 차지하는 비중은 국가마다 기간에 있어 차이가 있다. 그러나 대세적인 추세는 국가에 관계없이 동일하게 이루어진다고 할 수 있다.

어찌 되었든 국가 경제에서 서비스 산업이 차지하는 비중이 점차로 높아가고, 반대로 제조 산업의 비중이 점차로 낮아지고 있다. 그러나 이것은 제조 산업의 중요성이 낮아진다는 의미는 아니다. 이것은 생산기술과 경영

그림 3-1 글로벌 경제와 서비스 비중

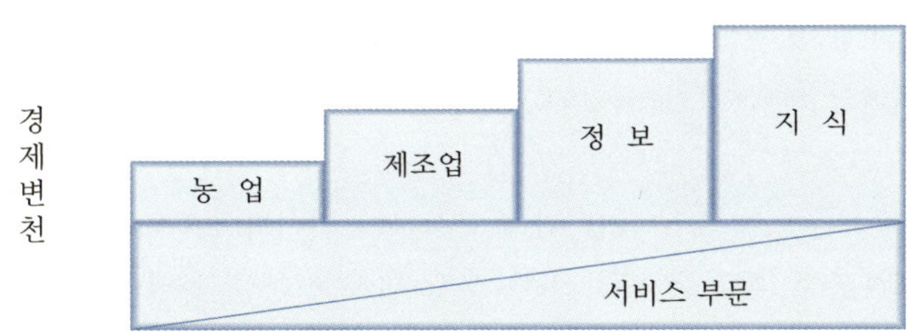

출처: Parveen S. Goel, Praveen Gupta, Rajeev Jain, and Rajesh K. Tyagi. Six Sigma for Transactions and Service, McGraw-Hill, 2004, 4.

의 발달로 인해 동일한 양의 제품을 생산하는 데 과거에 비해 훨씬 적은 노동력이 요구되기 때문이다. 즉, 과거에 비해 생산성이 급격하게 향상되었기 때문에, 이전보다 훨씬 적은 노동력으로 더 많은 양을 생산할 수 있기 때문이다.

3.2 서비스란 무엇인가?

서비스는 제조업체에서 창출하는 재화와 상당히 다른 특성들이 많다. 이것은 제조와 달리 서비스 산업이 서비스 산업에 속한 고유의 특성을 지니고 있기 때문이다. 이 점을 먼저 이해하는 것이 서비스와 서비스 산업을 이해하는데 상당히 중요하다. Olson, Wyckoff, 그리고 Sasser(1978)는 서비스의 특성을 다음처럼 네 가지로 설명하였다. 첫째, 서비스업체에서 제공하는 많은 서비스들은 하드웨어처럼 유형이 아닌 무형의 형태를 지니고 있다. 둘째, 서비스업체에서 제공하는 많은 서비스들은 보관이 어려워 빠른 시간 내에 소멸한다. 셋째, 서비스업체에서 제공하는 많은 서비스들은 가끔 이질적인 산출물을 만들어낸다. 넷째, 서비스업체에서 제공하는 많은 서비스들은 가끔 소비와 생산이 동시에 발생한다.

그러면 서비스는 무엇인가? 서비스는 '다른 사람을 위해 수행하는 일'이라고 Juran(2002)은 말하였다. Patton(2002)은 서비스는 단순히 고객에게 제품을 판매 또는 고객의 주문을 받는 행위가 아니고, 고객을 위해 봉사하는 것이라고 하였다. Berry(1999)는 서비스는 어떤 행위에 대한 실천이라고 하였다.

서비스는 이렇게 고객을 위해 봉사하는 것이다. 그러므로 고객에게 짜증을 낸다든지, 관심을 갖지 아니 하는 것은 진정한 의미의 서비스가 아니다. 그래서 서비스는 고객의 욕구를 충족시켜 주고, 고객을 기쁘게 하는 행위이다. 그러므로 서비스 업체에서의 서비스 행위는 부수적인 활동이 아니라 바로 주된 사업이다. 그래서 서비스 기업이 성공하기 위해서는 서비스를 제공하는 사람의 정성과 능력, 그리고 기술과 지식이 상당히 중요하다.

서비스를 받는 대상은 개인 또는 기관이고, 이들은 그들의 욕구를 충족시키기 위하여 서비스를 구매한다. 그런데 서비스는 서비스 자체를 주요 업무활동으로 하는 기업의 서비스도 있고, 제조업체의 총무, 경리, 고객서비스, 마케팅, 물류, 구매, 그리고 인사와 같은 서비스도 있다.

3.3 서비스 산업의 분류

서비스 산업은 사람에 따라 다양하게 구분되고 있다. 서비스 산업의 분류는 상당히 다양하다. 그러므로 여기에서는 이 다양한 분류를 소개하고자 한다.

많은 경제학자들은 경제적인 관점에서 서비스 산업을 다음처럼 4개의 부문으로 구분하고 있다(Patton, 2002). 교통/통신/공익사업, 무역, 금융/보험/부동산, 그리고 상업/사적/비영리적 등 4개 부문이다.

또 어떤 사람들은 서비스 산업을 언론, 전문 서비스(의사, 변호사, 회계사 등), 교육, 개인 서비스(미장원, 세탁소, 놀이공원 등), 금융, 유통, 식·음료 및 숙박업소, 운송, 공공서비스(전화, 가스, 전기 등), 그리고 정부 등으로 구분하기도 한다.

한국은행은 서비스 산업을 도·소매 및 음식숙박업, 운수창고 및 통신업, 금융·보험·부동산 및 사업서비스업, 그리고 사회 및 개인서비스업 등의 4가지로 구분한다.

NAICS(North American Industry Classification System)은 미국 경제를 10개의 산업으로 구분하고 있다(Goel, Gupta, Jain, Tyagi, 2004). 이 중의 하나가 서비스이다. 이 10개의 분류는 다음과 같다. 농업, 건설, 금융·보험·부동산, 정부, 제조, 광산, 소매무역, 서비스, 운송·공공 유틸리티, 그리고 도매무역 등이다. 2002년도 미국 GDP(Gross Domestic Product)에서 각 분류가 차지하고 있는 비중은 다음과 같다. 농업(1.4%), 건설(4.7%), 금융·보험·

부동산(20.9%), 정부(12.9%), 제조(18.5%), 광산(1.5%), 소매무역(9.3%), 서비스(22.1%), 운송 · 공공 유틸리티(8.0%), 그리고 도매무역(6.8%) 등이다. 그러므로 서비스가 가장 비중이 높고, 다음으로 금융 · 보험 · 부동산, 제조, 정부 순으로 이어진다. 고용 측면에서 보면, 비중이 가장 큰 부문이 서비스이고, 가장 작은 부문이 광산이다. 그런데 자세히 보면 10개 중 6개가 서비스와 상당히 밀접한 부문인 것을 알 수 있다. 정부와 농업을 제외하고, 또 제조와 광산은 제조 중심인 것을 알 수 있다. 이렇게 보면 서비스 관련 부문이 미국 경제에서 차지하는 비중이 얼마나 중요한 지를 알 수 있다.

그러나 여기에서는 위에서의 다양한 분류를 참고하고, 또 각 서비스 산업이 고객에게 제공하는 서비스의 특성에 의해 서비스 산업을 다음처럼 자세하게 분류한다.

- 유통 (백화점, 할인점, 재래시장, 편의점 등)
- 음식숙박업 (호텔, 여관, 식당, 주점 등)
- 교육 및 연구 (학교, 연구소, 컨설팅, 학원, 유치원 등)
- 의료 (병원, 약국, 한의원, 물리 치료, 동물 병원 등)
- 금융보험 (은행, 보험, 증권, 상호신용금고 등)
- 교통 (항공, 버스, 선박, 택시 등)
- 창고 및 운송 (창고, 트럭, 퀵서비스 등)
- 통신 (전화, 이동통신 등)
- 언론 (방송국, 신문사, 잡지 등)
- 여가 및 스포츠 (극장, 놀이공원, 대공원, 골프, 헬스, 운동 등)
- 종교 (교회, 성당, 사찰 등)
- 전문 서비스 (변호사, 회계사, 세무사, 변리사, 중개인 등)
- 일반 서비스 (관광, 이발소, 이사, 미장원, 목욕탕 등)
- 공공 서비스 (고속도로, 기차, 지하철, 전기, 가스, 수도 등)
- 정부 및 자치단체 (구청, 경찰서, 세무서, 우체국, 동사무소 등)

3.4 서비스업체와 제조업체의 차이

서비스업체는 제조업체와 프로세스, 제공하는 제품, 설계, 실험, 테크놀로지 등에서 판이하게 차이가 난다. 서비스업체는 대개 서비스를 사용자에게 직접 판매한다. 이것이 제조업체와 상당히 다른 점이다. 그래서 서비스업체는 고객과 접촉을 많이 하게 되며, 거래도 상당히 많다.

일찍이 Sasser, Olsen, 그리고 Wyckoff(1978)는 제조업체와 서비스업체의 차이점을 다음처럼 4가지로 설명하였다. 첫째, 하드웨어처럼 대부분의 서비스는 유형이 아니다. 둘째, 대부분의 서비스는 즉시 소멸되기 때문에 보관할 수가 없다. 셋째, 서비스는 가끔 이질적인 산출물을 만든다. 넷째, 서비스에서는 가끔 생산과 소비가 동시에 발생한다.

Patton(2005)은 서비스업체는 고객관계를 중요시한다고 하였다. 여기에 비해 제조업체는 조직의 막대한 에너지와 노력 그리고 지식을 제품의 품질을 최적화하는데 주로 사용한다고 하였다. 즉, 제조업체는 제품의 품질을, 서비스업체는 고객과의 관계를 중요시한다고 하였다. 이런 점에서 고객과 접촉하는 구성원들의 행동과 언어 및 복장이 서비스업체에서는 상당히 중요하다.

일반적으로 고객과 서비스 시스템과의 접촉이 많으면 많을수록 시스템을 관리하기가 더욱더 어려워진다. 왜냐하면 서비스의 품질과 생산량이 통제할 수 없는 고객에 의해서 영향을 많이 받기 때문이다. 이렇게 서비스 시스템과 고객의 접촉 정도는 시스템을 관리하는 데 있어서 상당히 중요하다. 왜냐하면 시스템과 고객의 접촉 정도가 시스템에 있어서의 대부분 의사결정과정에 영향을 많이 주기 때문이다. 이러한 영향은 첫째, 고객과의 접촉이 많으면 많을수록 시스템을 운영하는 데 있어서 불확실성이 증가한다. 둘째, 고객과의 접촉이 많으면 많을수록 고객의 수요를 충족하는 데 어려움이 많아진다. 셋째, 고객과의 접촉이 많으면 많을수록 고객을 상대하는 구성원들의 태도가 중요시된다. 넷째, 고객과의 접촉이 많으면 많을수록 시간에 대한 개념이 중요시된다.

이렇게 서비스업체에 있어서 고객과의 접촉에 의해서 발생하는 변동은 일상적인 현실이다. 그러므로 서비스 기업은 이 변동을 인지하고 효과적으로 대처하여야 한다. 그러면 어떻게 대처하여야 할까? 우선 두 가지 방법을 생각할 수 있다. 하나는 변동 자체를 제거하는 것이고, 또 하나는 변동을 감소하는 것이다. 그런데 사실 변동을 전부 제거할 수는 없다. 그리고 이것은 최선의 방법도 아니다. 그러면 먼저 고객과의 접촉에 의해 야기되는 변동에는 어떤 변동들이 있는지 살펴보자.

Frei(2006)는 고객과의 접촉에 의해 발생하는 변동에는 도착 변동, 청구 변동, 능력 변동, 노력 변동, 그리고 주관적 선호 변동 등처럼 다섯 가지 변동이 있다고 하였다. 도착 변동(arrival variability)은 모든 고객이 서비스 기업에게 편리한 시간에 도착하지 않음으로써 발생하는 변동이다. 도착 변동을 감소하기 위해 서비스 기업에서는 전통적으로 사용하는 방법은 예약제도이다. 그러나 예약제도는 모든 상황이 아닌 특수한 상황에서만 가능하다는 한계점을 지니고 있다. 응급실, 콜센터(call center), 소매점 등에서 고객은 그들의 욕구를 늦출 수가 없다. 청구 변동(request variability)은 고객이 서비스를 주문할 때 일상적인 절차를 따르지 않을 때 발생하는 변동이다. 예를 들어, 갑자기 메뉴에 없는 음식을 주문할 때 발생한다. 능력 변동(capability variability)은 고객의 능력이 동일하지 않음으로 발생하는 변동이다. 지식, 기술, 육체적 힘 등에 있어서 사람들은 능력에 차이가 있다. 예를 들어, 병원에 온 환자가 자기 병의 징후를 말하는 능력은 의사의 진단 및 치료에 크게 영향을 끼칠 수가 있다. 노력 변동(effort variability)은 고객이 서비스 프로세스에 반드시 참여하여야 하는 경우에 그 사람의 노력 여하에 따라 발생하는 변동이다. 예를 들어, 쇼핑센터에서 고객이 카트를 어디에 두고 가는가 하는 노력 여하에 따라 발생하는 변동이다. 주관적 선호 변동(subjective preference variability)은 각각의 서비스에 대한 고객의 주관적인 선호도에 따라 발생하는 변동이다. 그러므로 서비스 기업은 이 다섯 가지 변동을 명확하게 인지하고 있어야 변동에 대해 현명하게 대처할 수 있다.

고객과의 직접 접촉은 위에서 살펴본 것처럼 어려운 점도 있지만, 제조업에 비해 고객으로부터 신속하게 피드백을 받을 수 있다는 장점도 지니고 있다. 그러므로 서비스업은 이런 장점을 최대한도로 이용하여야 한다.

또 제조업체를 경영하는 것과 서비스업체를 경영하는 것에도 상당한 차이가 있다. 그래서 서비스업에서 성공을 거둔 기업이 준비 없이 제조업체에 들어가 경쟁하는 것은 큰 위험이 될 수 있다. 물론 제조업에서 성공한 기업이 또 서비스업체에서 성공한다는 것도 보장할 수 없다. 이것은 각 업체의 특성과 기본적인 모형이 다르기 때문이다.

소프트웨어의 경우를 들어보기로 한다. Nambisan(2001)에 의하면, 1995년부터 1999년까지 제조업에 들어간 소프트웨어 회사의 87%가 실패하였다고 한다. 이것은 이 기업들이 자금력이 부족하거나 기술이 없어서 실패한 것이 아니라, 보다 근본적인 이유 때문에 실패하였다고 하였다. 즉, 제조업체와 서비스업체의 비즈니스 모델이 다르기 때문이라고 하였다. 그리고 소프트웨어 서비스업체와 소프트웨어 제조업체의 비즈니스 모델의 차이점을 다음처럼 다섯 가지로 구분하여 설명하였다.

1. 제조업체에는 지적소유권이 매우 중요하지만, 서비스업체에 있어서는 그리 중요하지 않다. 그래서 제조업체는 특허를 받거나 또는 지속적으로 성능을 향상시켜야 한다.
2. 제조업체에 있어서는 이미 시장에 나와 있는 기존 제품을 대체, 보완 또는 지원하는 제품의 개발이 매우 중요하지만, 서비스업체에 있어서는 그리 중요하지 않다.
3. 제조업체에서는 제품 개발에 고정비용이 중요하여 판매를 많이 할수록 좋지만, 서비스업체에 있어서는 변동비용이 중요하여 판매수량에 비용이 그리 영향을 받지 않는다.
4. 제조업체에 있어서는 지식의 추상화가 매우 중요하지만, 서비스업체에 있어서는 지식의 추상화보다는 의뢰인의 특성을 이해하는 것이 보다 중요하다.
5. 제조업체는 고객과 장기적인 관계를 유지하는 것이 매우 중요하지만, 서비스업체에 있어서는 프로젝트 단위로 관계를 갖기 때문에 장기적인 관계가 그리 중요하지 않다.

3.5 서비스 경영

서비스업체와 제조업체는 서로 차이점이 많다. 그래서 서비스업체를 경영하는 것은 제조업체를 경영하는 것과 상당히 다르다. 특히 서비스 경영에서는 고객과 접촉하는 장소에서의 고객에 대한 서비스가 상당히 중요하다. 바로 이 서비스에 의해 고객은 기업을 평가하기 때문이다.

서비스 경영이라는 말이 나온 것은 최근의 일이다. 1970년대까지만 하더라도 서비스 경영이라는 용어가 사용되지 않았다. 이것은 서비스업은 제조업과 달리 서비스를 측정하고 평가하기가 힘들어 경영이라는 것 자체가 어렵다고 많은 경영자들이 생각하였기 때문이다. 그러나 1980년대에 이르러 서비스 경영에 관한 의식이 발생하기 시작하였다.

그래서 Patton(2002)은 서비스 경영의 세 가지 원리를 다음처럼 말하였다. 첫째, 최전선에서의 질 높은 서비스는 최고 경영 정신에 있는 서비스 개념으로 시작해야 한다. 둘째, 서비스를 관리하기 위해 그것을 평가하는 것은 필수적이다. 평가할 수 없는 것은 관리할 수 없다. 셋째, 경영 그 자체가 서비스이다.

서비스는 반드시 측정되고 평가 받아야 한다. 서비스 6 시그마의 DMAIC는 서비스업체의 성과를 측정하는 도구를 제공한다.

원래 서비스 조직은 제조업체와 판이하게 다르다. 또 서비스 기업들간에도 조직의 형태가 상당히 다를 수 있다. 그러나 Juran(2002)은 서비스 조직의 공통된 특성은 다음과 같다고 하였다.

1. 제조업체처럼 품질전문가가 잘 존재하지 않는다.
2. 매일 품질을 체크하고 보고하지 않는다.
3. 전 시간을 품질에 전념하는 품질담당 고위 임원이 잘 존재하지 않는다.
4. 품질을 개선하기 위한 지속적인 협조가 잘 존재하지 않는다.

그리고 서비스업체의 문화는 제조업체의 문화와 상당히 다르다. 그래서 서비스업체의 문화는 제조업체에 비해 보다 비과학적이고 감성적이다.

그래서 프로세스를 중요시하지도 않고, 자료도 수집하려고 하지도 않는다. 이러한 점은 서비스업체에 있어서 식스 시그마의 적용을 어렵게 한다.

그러나 사실 제조업체보다는 서비스업체에 있어서 부가가치를 창출하지 않는 요소들이 너무나도 많다. 이것은 서비스업체에 있어서 눈에 보이지 않는 요소들이 너무나도 많기 때문이다. 그래서 관심도 없고 관리하려고 하지도 않는다. 물론 서비스 조직의 경영자의 눈으로 볼 때에는 그렇지 않을지 모르지만, 고객의 눈으로 볼 때에는 엄청난 낭비가 존재한다. 그래서 보통 서비스를 제공하는 총비용의 약 50%는 부가가치를 창출하지 않는 요소로 보고 있다. 이런 점에서 볼 때 식스 시그마가 가져올 효과는 제조업체에 비해서 서비스업체가 훨씬 더 크다고 할 수 있다.

3.6 서비스 산업에서의 품질의 의미

그럼 먼저 서비스업에서 품질은 어떤 의미를 지니고 있는가? 이미 앞에서 설명하였듯이 제조업체에서의 품질은 제품의 변동에 많은 관심을 가진다. 그래서 변동의 폭을 감소하여 품질을 향상시킨다.

서비스업체에서의 품질은 사실 제조업체에서의 품질의 의미보다 더 확대된 의미를 지녀야 한다. 서비스업체에서의 품질은 단순히 표준과의 적합성뿐만 아니라, 시시각각 변하는 고객의 감정을 만족시키는 창의적인 요소까지 포함하여야 한다. 즉, 고객의 경험에 의해 품질이 결정되므로 고객에게 좋은 인상을 심어 주도록 품질을 해석하도록 하여야 한다. 여기에서 창의적이라는 말은 고객의 불평을 오히려 하나의 기회로 전환시키는 발상을 말한다.

Disney World에서는 재미있는 놀이기구 앞의 고객들이 오랫동안 기다려야 하는 불평을 감소하기 위하여 Disney 캐릭터를 보내 다양한 쇼를 연출하고 있다. 투자회사인 Charles Schwab에서는 정보를 기다리는 고객들에게 주식시세, 기업분석, 재무현황에 관한 다양한 정보를 제공해준다. 이렇게 함으로써 Disney World와 Charles Schwab은 고객들이 불평할 수 있을 수도 있는 시간을 감소하며 또는 오히려 더 흥미를 유발함으로써 고객들이 즐거운 경험을 가질 수 있도록 하고 있다. 이렇게 볼 때, 서비스업체에서의 품질은 표준을 만족시키고, 적절한 서비스를 제공하고, 또 고객들이 경험을 통해 만족을 느낄 수 있도록 창의적이 되어야 한다.

참고문헌

Berry, Leonard L., 초일류 서비스 기업의 조건, 은종학 옮김, 김앤김북스, 1999.

Edgeman, Rick L. and David I. Bigio, "Six Sigma in Metaphor: Heresy or Holy Writ," Quality Progress, ASQ, January 2004, 25-29.

Frei, Frances X., "Breaking the trade-off between efficiency and service," Harvard Business Review, November 2006, 93-101.

Goel, Parveen S., Praveen Gupta, Rajeev Jain, and Rajesh K. Tyagi. Six Sigma for Transactions and Service, McGraw-Hill, 2004.

Juran, Joseph M., Quality Control in Service Industries, 2002.

Nambisan, Satish, "Why Service Business are not Product Business," MIT Sloan Management Review, Summer 2001, 72-80.

Olson, R. Paul, D. Darly Wyckoff, and Earl Sasser, Management of Service Operations, Allyn and Bacon, 1978.

Patton, Fred, "Does Six Sigma Work in Service Industries?" Quality Progress, ASQ, September 2005, 55-60

Patton, Mark E., Dancing Service: 서비스 경영론, 이하나 옮김, 현학사, 2002.

제 4 장

서비스 식스 시그마

제 4 장　서비스 식스 시그마

식스 시그마는 서비스업체의 경쟁력을 강화하는 중요한 개념이며 전략이다. 식스 시그마가 제조업체에서 발생하였기 때문에 서비스업체에는 적용이 되지 않을 것이라는 생각은 잘못된 생각이다. 이미 제 2 장에서 설명하였듯이, 식스 시그마는 이미 많은 서비스업체에서 그 효과가 실증적으로 입증되었다. 가장 대표적인 예는 GE Capital이다. GE에서 가장 많은 성과를 거둔 기업은 GE Capital로 알려져 있다. 1998년에는 American Express와 JP Morgan Chase가 식스 시그마를 도입하였다. 이 이외에도 호텔, 은행, 보험회사 등에서 업무 프로세스를 향상하기 위하여 식스 시그마가 광범위하게 적용되고 있다. 특히 최근에는 병원과 공공기관에서 식스 시그마를 적극적으로 도입하고 있다. 이것은 식스 시그마가 서비스업체에서 얼마나 중요한지를 증명해 주는 좋은 예이다.

제 4 장에서는 서비스 식스 시그마의 개념에 대해 설명하기로 한다. 특히 여기에서는 다음과 같은 주제들을 다루고자 한다.

- 서비스 식스 시그마의 적용
- 서비스 식스 시그마의 효과
- 서비스 식스 시그마의 필요성
- 한국의 서비스 식스 시그마
- 서비스 기업의 경쟁력
- 서비스 식스 시그마의 정의
- 서비스 식스 시그마의 목적
- 서비스 식스 시그마 추진 부서
- 애로 사항

4.1 서비스 식스 시그마의 적용

4.1.1 서비스 산업의 시그마 수준

서비스 산업의 시그마 수준은 제조산업에 비해 상대적으로 상당히 낮은 편이다. 대개 서비스 산업의 시그마 수준은 2-3 시그마 정도로 알려져 있다. 안영진(2004)의 연구에 의하면, 서비스업체의 평균 시그마 수준은 제조업체 수준보다 약 1.5-2 시그마 정도 떨어져 있는 것으로 나타났다. 또 제조업체의 서비스 부서의 시그마 수준도 2-3.5 시그마 정도로 알려져 있다. 이렇게 서비스 부문에 대한 품질 수준은 개선할 영역이 상당히 많다고 할 수 있다.

또 Pande 등(2000)에 의하면 서비스 사이클 타임에서 약 10% 정도만 서비스 가치를 향상시키고 있다고 하였다. 즉, 서비스 프로세스의 상당한 부분이 부가가치를 창출하지 않는 낭비 요소라는 것이다. George(2003)는 서비스업체에 있어서 고객의 부가가치를 창출하지 않는 활동이 총 서비스 비용의 약 50% 정도 차지하고 있다고 하였다. 이렇게 제조업체에 비해 서비스업체에서 부가가치를 창출하지 않는 활동에 투자를 많이 하여 낭비가 훨씬 많이 발생하고 있다. 그러므로 서비스의 품질, 속도 등을 개선하면 엄청난 성과를 달성할 수 있다.

서비스업체의 중요성은 GNP에서 서비스업체가 차지하는 비중을 보면 알 수가 있다. 하나의 예로 GE에서는 Edison 시절부터 제조업에 봉사해 왔다. 그러나 오늘날 서비스 업종은 GE의 큰 부분이 되었다. 1990년과 2000년 사이에 GE의 총수입 중 제조분야가 차지하는 비중은 56%에서 32.2%로 축소되었으며, 금융서비스 분야의 비중은 26%에서 45.8%로 신장되었다. 이렇게 이제 수익창출의 비중이 제조업에서 서비스업으로 이전되고 있다.

주요한 품질 개념은 대개 제조업체에서 나왔다. Shewhart의 공정관리도, Crosby의 무결점운동, 식스 시그마 이 모든 개념들이 전부 제조업체에서 발생했다. 그리고 제조업체에 주로 적용되어 왔다. 서비스 품질을 인식하고 개선하고자 하는 최초의 시도는 1959년 Lazzaro에 의해서 이루어졌다. Lazzaro는 사무실에서 직무의 단순화를 통해 서비스 품질을 개선하고자 하였다.

4.1.2 제조업체의 서비스 부문 적용

식스 시그마를 도입하여 성공을 거둔 제조업체들은 많이 있다. 그러나 이런 기업들도 식스 시그마를 주로 현장과 제조 분야에 적용하였지, 서비스 분야에는 적용을 잘 하지 아니하였다. 한국에 있어서도 마찬가지이다. 식스 시그마를 도입하여 성공을 거둔 많은 제조업체들에 있어서 서비스 부서에 식스 시그마를 적용한 기업들은 많이 없다. 그러므로 기업이 정말로 식스 시그마 기업이 되기 위해서 반드시 제조 부문뿐만 아니라 서비스 부문에도 식스 시그마를 도입하여야 한다. 이렇게 식스 시그마는 제조에만 적용되는 혁신전략이 아니고, 제조업체의 서비스 부문에도 동일하게 적용될 수 있다.

먼저 제조업체의 서비스 부문에 식스 시그마를 적용한 회사들의 예이다. 서비스 부문에 식스 시그마를 처음으로 적용한 회사는 GE(General Electric)이다. GE Plastics(현 SAVIC)에서는 자원의 1/3을 서비스 분야를 개선하기 위해 투자하고 있다. 이렇게 GE는 제조업 회사의 서비스 분야에 식스 시그마를 적용하였다. Fontenot 등(1994)은 식스 시그마를 기업의 고객만족 부문에 적용한 Texas Instruments의 사례를 들었다. 그리고 제조 부문보다는 고객만족에 있어서의 식스 시그마 적용이 훨씬 어렵다고 하였다. 이것은 고객만족에 끼치는 요소들이 다양하기 때문이라고 하였다. Lockheed Martin사는 서비스 분야에서만 지난 몇 년 동안 천여 개가 넘는 식스 시그마 프로젝트를 수행하여 부채를 감소하였고, 미사일의 가격을 절반으로 낮추었다(George, 2003). LG 화학에서는 2001년에 식스 시그마 활동을 기업의 전 사업 부문으로 확장하였다. 그래서 먼저 DFSS(Design for Six Sigma) 부문의 프로그램 모듈을 개발, 연구개발 활동에 적용하였고, 또 관리 및 영업부문이 중심이 되는 비제조 부문에도 식스 시그마를 적용하였다. 삼성전자와 삼성전기에서도 식스 시그마를 제조부문뿐 아니라, 연구개발과 업무지원 부문 등으로 확대하였다.

그런데 비제조 분야에서도 가장 적용이 어려운 부문이 판매와 마케팅 부문이다. 이 부문에 식스 시그마를 적용하기가 어렵다고 하는 이유는 판매와 마케팅을 정형화되고 표준화된 프로세스에 맞추기가 어렵다고 생각하기 때문이다. 여기에 대해 Pestorius(2007)는 다음처럼 네 가지 이유를 들었다. 첫째는 설비(facilities)이다. 제조업체는 통제가 가능한 변수로 구성된 물리적인 설비를 가지고 있지만, 판매와 마케팅은 그렇지 않다. 둘째, 백그라운드(background)의 차이이다. 근본적으로 판매와 마케팅 전문가들은 문제를 해결하는 통계적인 기법에 익숙하지 않다. 셋째, 그 동안 매출액의 신장으로 프로세스 개선 기법을 판매와 마케팅부문에 도입할 근거가 없었다. 넷째, 문화의 차이이다. 판매와 마케팅은 근본적으로 독립성을 강조하며 정형화된 프로세스를 좋아하지 않는다.

또 판매와 마케팅은 창의력을 중시하는데 식스 시그마는 그렇지 않다고 보기 때문이다. 그러나 문제에 대해서 Pestorius(2007)는 식스 시그마 역시 창의를 중시하는 개념이라고 항변한다. 왜냐하면 식스 시그마는 본래 문제를 해결하기 위해 창의적인 사고를 중시하기 때문이다. 식스 시그마는 결과를 중시하는 개념이고, 창의력은 바로 결과를 나오게 하는 원동력이다. 마지막으로 생각하여야 할 중요한 요소는 인간적인 요소이다. 제조업체에서는 프로세스에 사람의 개입이 그리 많지 않다. 그러나 서비스 부문에 있어서는 그렇지 않다. 서비스 프로세스에 통제하고 예측하기 어려운 인간, 특히 고객의 개입은 프로세스 산출물의 품질에 절대적인 영향을 끼치게 된다.

사실 판매와 마케팅 부문에는 자료가 엄청나게 많다. 또 지속적으로 고객의 욕구를 파악하고 만족시키기 위하여 일련의 의사결정 프로세스를 지니고 있다. 고객과 시장을 정의하고, 분류하고, 인터뷰나 설문지를 통하여 고객의 욕구를 파악하고, 고객의 욕구를 만족하기 위한 제품과 서비스를 개발하고, 그리고 고객에게 판매한다.

4.1.3 서비스업체 적용

서비스 분야에는 서비스를 주 업종으로 하는 서비스업체가 있고, 또 제조업체에서 제조를 지원하는 서비스 부서가 있다. 식스 시그마는 이 두 분야 모두에 적용될 수 있고, 또 적용되어야 한다. Pande 등(2002)은 식스 시그마는 정밀 제조 분야 같은 분야에서 기대하였던 고수준의 품질과 정밀성을 서비스 분야에서도 가능하게 해 줄 수 있는 강력한 도구라고 하였다. Yilmaz와 Chatterjee(2000)는 식스 시그마를 유통, 보험, 은행, 또는 병원 등 모든 서비스 분야에 적용할 수 있다고 하였다. 그리고 제조업체에서 사용하는 모든 식스 시그마 도구들도 서비스업체에 사용될 수 있다고 하였다. 예를 들어, 재무 프로세스를 설계하는 데 품질기능전개를 이용할 수 있다고 하였다. 〈표 4-1〉은 각 부문에서 식스 시그마를 이용하여 측정할 수 있는 항목들이다.

이 중에서도 식스 시그마는 금융기관에서 많이 적용되고 있다. 이것은 금융기관에서의 업무가 비교적 반복적이고 표준화가 잘 되어 있기 때문이다.

다음에서는 보다 구체적으로 식스 시그마를 적용한 서비스 산업의 예를 들어 보겠다.

표 4-1 서비스업체에서의 식스 시그마 적용

분 야	측정 항목
유 통	• 경쟁자와 비교한 자사 제품별 가격의 편차 • 이메일 또는 전화 등을 통한 고객의 접근가능성 • 고객 서비스 충족도
보 험	• 보상 평균 사이클타임 • 항의 클레임의 숫자
은 행	• 각 거래에 대한 평균 처리시간 • 프로세스 오류의 숫자 • ATM 고장 횟수 및 고장 시간
건 강	• 환자의 만족도 • 환자의 병세 호전도

금 융

GE Capital은 식스 시그마에 6백만 달러를 투자하였고, 5만 8천여 명의 구성원들이 2만 8천여 개의 프로젝트를 완수하였다. 그리고 GE는 21세기 전략으로 서비스 비즈니스를 확대하고, 식스 시그마를 지속적으로 도입하기로 하였다.

IT

Boer 등(2007)은 IT 산업에도 식스 시그마가 효과적이라고 하였다. 그리고 식스 시그마를 ITIL과 결합한 새로운 방법론을 제시하였다. ITIL(the Information Technology Infrastructure Library)은 서비스 경영에서 무엇을 해야 하는지를 정의하고, 식스 시그마는 프로세스를 어떻게 개선하는지를 정의한다고 하였다. 즉, ITIL은 조직의 IT 부서가 IT 인프라를 기반으로 제공하는 모든 서비스 활동에 대한 하나의 공통적인 프레임워크를 제공한다고 하였다.

ITIL 프레임워크는 다음처럼 다섯 개의 요소들로 구성된다. 그리고 각각의 요소는 다른 요소들과 상호작용을 하며, 일부 중복되기도 한다. 비즈니스 관점(Business Perspective), 애플리케이션 관리(Application Management), IT 서비스 제공(Services Delivery), IT 서비스 지원(Services Support), 그리고 IT 인프라 관리(IT Infrastructure Management)이다.

병 원

Barry와 Smith(2005)는 병원에서 적용되는 식스 시그마 가이드라인을 제시하였다. 즉 병원에서 응용할 수 있도록 식스 시그마를 자세하게 소개하고, 현장 데이터를 이용하여 환자의 안전과 서비스를 향상시키는 세부적인 방법론과 도구들을 구체적으로 제시하였다.

물 류

Goldsby와 Martichenko(2005)는 식스 시그마와 린의 통합된 개념을 물류에 적용하였다. 이들은 Goldsmart Products사의 사례를 들어 식스 시그마와 린의 통합된 개념이 물류관리의 성과를 높이는데 효과적이라고 하였다.

Supply Chain Management

Martin(2006)은 SCM(Supply Chain Management)에서 발생하는 다양한 문제들을 근본적으로 해결하기 위하여 식스 시그마를 활용한 10단계 개선 프로세스를 제안하였다. 또 2년 후에 Martin(2008)은 공급사슬 환경 하에서 기대할 수 있는 식스 시그마 효과를 연구하였다. 그래서 식스 시그마가 공급사슬에서의 글로벌 경쟁력을 향상시킨다고 하였으며, 공급사슬에서 정보공유에 대해서도 설명하고 있다. 또 Matthews와 Stanley(2008)는 supply management 프로세스를 개선하기 위하여 식스 시그마를 도입한 BOA(Bank of America)를 소개하였다. BOA는 궁극적으로 공급업자의 성과를 훨씬 효과적으로 관리할 수 있게 되었다.

이렇게 최근 5년간 식스 시그마는 금융기관, 유통, 병원, 보험, 신용카드 회사 등에 활발하게 도입되고 있다.

2009년 현재 식스 시그마를 도입한 외국의 주요 서비스 회사는 다음과 같다.

- 호텔: Starwood, Marriott 호텔
- 금융: GE Capital, Citigroup, Bank One, Bank of America, J. P. Morgan Chase, CNH Capital, Capital One
- 카드: American Express
- 보험: Cigna, Merrill Lynch, AIG, Allstate Insurance, Bankers Life and Insurance, Americo Life
- 유통: Sears and Roebuck, Home Depot, Wal-Mart
- 우편: United States Postal Service, FedEx
- 병원: Mt. Carmel Hospital, Quest Diagnostics Incorporated, Southside Hospital in NY, United Health Group
- 공공기관: Indiana주 Fort Wayne 시청, Virginia주
- 인터넷 서점: Amazon

- 학교: Miami 대학교

4.2 서비스 식스 시그마의 효과

식스 시그마는 다양한 혜택을 서비스 기업에게 제공한다. 수익성의 창출은 기본적인 성과이다. 또 사이클 타임을 감소시키고, 투자회수율을 향상시킨다. 또 불량과 오류를 감소시키고, 제거시킨다. 그리고 프로세스를 개선하며, 고객만족을 향상시킨다. 무형의 성과로는 구성원들에게 과거에는 보지 못했던 문제를 볼 수 있는 능력을 제공한다는 점이다. 전에는 무엇이 문제인지도 몰랐기 때문에 문제를 해결할 수가 없었다. 그러나 식스 시그마는 무엇이 문제인지를 알게 해 준다. 한 기업은 식스 시그마를 도입한 초기에 15개 팀에서 한 달에 겨우 20개의 문제를 제시하였지만, 1년 후에는 한 달에 150개의 문제를 제기하였다. 또 SK텔레콤은 2006년 4차 식스 시그마 추진으로 63.6%의 불량률 개선을 통해 865억 원의 재무 효과를 달성하였다.

특히 효과에 있어서는 서비스업체가 더 중요하다고 할 수 있다. 왜냐하면 제조업체에 비해 서비스업체의 품질 수준이 훨씬 떨어지기 때문이다. 이렇게 식스 시그마는 서서히 서비스업체와 제조업체의 서비스 부서에 적용되고 있다.

그러나 식스 시그마가 소기의 성과를 내기 위해서는 프로젝트를 잘 선정하고, 능력 있는 전문가가 있어야 하며, 최고경영자의 확실한 리더십과 열정이 뒷받침되어야 한다. 또 성공하기 위한 인프라가 조직 내에 구축되어야 한다.

사례 미국 시청에서의 식스 시그마

기업가였던 Richard Graham이 1999년 가을 미국 Indiana주 Fort Wayne시의 시장으로 당선되면서 Fort Wayne시는 상당한 변혁을 겪게 되었다. Graham 시장은 안전한 도시, 실업자 없는 도시, 우수한 서비스 제공이라는 e-비전을 제시하였다. 그리고 e는 단순히 전자상거래만 의미하지 않고 시의 탁월한 서비스를 의미한다고 하였다.

비전을 달성하기 위해 시장은 품질의 개념을 시에 도입하고자 하였다. 그러나 과거에 품질의 개념을 전혀 접하지 못한 시에 품질의 개념을 접목시키는 것은 그리 쉬운 일이 아니었다. 그러나 2000년 2월 Graham 시장은 식스 시그마를 도입하겠다고 선언하였다. 그러나 많은 시청 공무원들은 식스 시그마가 무엇인지 알고 있지 못하였다. 또 데이터를 사용하지도 않았고, 프로세스 흐름, 고객 욕구, 변동 같은 용어에 대해서도 아는 것이 너무 없었다.

그러나 2000년부터 다음과 같은 변화가 일어났다. 첫째, 식스 시그마를 총괄적으로 지휘할 운영위원회를 설립하였다. 운영위원회는 훈련할 블랙벨트의 수, 프로젝트 유형 등을 결정하였다. 둘째, 모든 관리자급을 대상으로 2일간 식스 시그마에 대해 교육시켰다. 이 교육에서는 식스 시그마의 필요성, 각자의 임무에 대해 설명하였다. 셋째, 품질향상부서를 만들고, Michele Hill을 책임자로 임명하였다. Hill은 시의 첫 번째 블랙벨트가 되었다(아니 미국 시행정부의 첫 번째 블랙벨트이다). 넷째, 다른 직원들을 대상으로 2차 식스 시그마 교육을 실시하였다. 다섯째, 그린벨트 교육을 실시하였다. 여섯째, 운영위원회에서 프로젝트를 선정하고, 프로젝트의 팀 리더를 임명하였다.

프로젝트는 다음과 같은 기준에 의거하여 선정되었다.

- 각 부서에서 가장 귀찮은 문제
- 현재 목표 달성에 가장 중요한 요소
- 시민들의 불만
- 경비를 가장 많이 절감하는 요소
- 미래의 경비를 감소시키는 요소
- 부서와 부서간에 서로 상이한 요소

그리고 시민들에게 끼치는 영향에 의해 각 프로젝트가 평가되었다. 특히 운영위원회는 내부 문제보다는 시민들의 불만을 해소하는 프로젝트에 중점을 더 두었다. 그러나 앞에서도 언급하였듯이, 이런 개념을 너무 모르는 탓으로 첫 해에는 세 번에 걸친 블랙벨트 교육으로 만족하여야 했다. 그러나 물론 블랙벨트는 훈련의 일환으로 프로젝트를 완수하여야만 했다.

2년째에는 블랙벨트의 활동을 돕고, 보다 식스 시그마 활동을 확장하기 위하여 그린벨트 교육을 실시하였다. 그러나 시의 특성상 Fort Wayne시의 블랙벨트와 그린벨트는 기업체와는 달리 전부 전임제로 일하지 아니하였다. 그래서 블랙벨트는 20%, 그린벨트는 10-20%의 시간만 프로젝트에 할애하였다. 그러나 미래에는 1-2명의 블랙벨트로 하여금 전임제로 일할 수 있도록 계획을 세우고 있다.

식스 시그마를 도입한 지 3년 동안 Fort Wayne시는 21명의 블랙벨트와 40명의 그린벨트를 양성하였다. 그리고 60개의 프로젝트를 실행하여 3백만 달러의 경비를 절약하였고, 다음과 같은 효과를 달성하였다.

- 소방서에서는 프로세스의 변동과 애로활동을 감소하여 매년 23%의 재검사율을 향상시켰고, 재검사 기간을 과거의 100일 이상에서 34일로 감소하였다
- 길거리 구덩이 작업시간이 과거에는 77%가 24시간 이내 완성되었는데, 식스 시그마 프로젝트로 이제는 98%로 향상되었다
- 공원 나무 가지 치기에 대한 불평이 33% 감소하였다

지난 3년간 식스 시그마를 실시하고 Fort Wayne시는 다음과 같은 교훈을 얻었다. 첫째, 공공기관에서 식스 시그마를 처음 도입할 때의 학습효과는 비교적 느린 편이다. 둘째, 시청 직원의 행동을 변화하는 것은 시간이 걸린다. 셋째, 단순한 기법을 적용함으로써 상당한 성과를 거둘 수 있다. 넷째, 칭찬과 인정은 동기를 부여하는 상당히 중요한 자극제이다. 다섯째, 일선에서 일하는 직원과 노조 대표를 프로젝트에 포함시키는 것이 상당히 중요하다.

출처: Michael L. George, Lean Six Sigma for Service: How to Use Lean Speed and Six Sigma Quality to Improve Services and Transactions, McGraw-Hill, 2003, 133-141.

4.3 서비스 식스 시그마의 필요성

제3장에서 이미 설명하였듯이, 제조업체는 제품의 품질에 그리고 서비스업체는 고객과의 관계에 중점을 둔다고 하였다(Patton, 2005). 이렇게 되면 역으로 제조업체는 고객에 대한 서비스 품질을 등한시하고, 서비스업체는 서비스를 고객에게 제공하는 과정을 등한시하게 된다. 이런 점에서 식스 시그마가 필요하다고 할 수 있다.

또 서비스 산업은 개선할 여지가 제조업체에 비해 훨씬 많다고 하였다. 그래서 고객의 가치를 창출하지 않는 활동들을 파악하고 개선하여 서비스 품질과 서비스 시간을 감소하여야 한다. 예로, 고객의 기다리는 시간을 감소하기 위한 은행, 극심한 경쟁 때문에 급감하는 환자의 수에 대처하기 위한 병원, 시민의 삶의 질을 향상하기 위한 지방자치단체, 점차로 경쟁력이 떨어져 등록 학생 수가 감소하고 있는 대학교, 예산을 보다 효과적으로 사용하기 위한 정부, 그리고 사무간접부문 비용을 감소하기 위한 제조업체는 전부 서비스 식스 시그마를 필요로 한다. 이런 점에서 식스 시그마는 서비스의 유형에 관계없이 이 목적을 달성하기 위한 상당히 핵심적인 전략이라 할 수 있다. 사실 식스 시그마는 기업의 규모, 업종, 부서에 관계 없이 상당히 효과적인 경영혁신이다. 이것은 이미 많은 사례 등을 통해 입증되고 있다.

Pande 등(2000)은 서비스업체에 있어서 식스 시그마는 다음과 같은 이유로 상당히 중요하다고 하였다.

1. 서비스 산업에서는 제조업체에 비해 눈으로 볼 수 없는 프로세스가 많다. 그래서 일부 서비스 경영자들은 프로세스가 없다고까지 말한다. 그러나 프로세스가 없는 서비스업체는 하나도 없다. 그러므로 서비스업체에서는 프로세스를 개선할 여지가 훨씬 더 많다.
2. 제조 프로세스에 비해 서비스 프로세스는 큰 자본의 지출 없이 비교적 쉽게 그리고 지속적으로 변경할 수 있다.
3. 프로세스의 각 부문을 비교적 상세하게 측정하는 것이 쉽지는 않지만 그 동안 소홀히 하였던 서비스 프로세스의 중복과 비능률에 대한

자료를 수집하여 개선할 수 있다.

4. 대부분의 연구는 제조업체에서 발생하였다. 그래서 서비스업체에 대한 연구가 필요하다.

최근에는 린 개념과 식스 시그마를 통합한 린 식스 시그마 개념이 나왔다. 일본의 Toyota 자동차에서 나온 린(lean)은 기업의 체질을 간소화하여 기업의 유연성을 극대화하는 용어이다. 그래서 린은 프로세스의 속도를 향상시키고, 프로세스를 지연시키는 흐름을 분석하고, 부가가치를 창출하지 않는 활동을 제거하여 낭비를 감소하는 데 중점을 둔다. 그래서 린 시스템의 목적은 프로세스에 존재하는 낭비를 감소하여 프로세스의 속도를 크게 향상시키는 것이다. 그래서 프로세스의 변동을 감소하는 식스 시그마의 강점과 프로세스의 속도를 향상하는 린 시스템의 강점을 결합한 새로운 경영혁신 개념이다. 이미 린 식스 시그마를 서비스업체에 적용한 사례들이 많이 발표되고 있다. 린 식스 시그마는 제14장에서 자세히 설명하도록 한다.

그러나 식스 시그마를 도입하는 서비스 기업은 기업의 특성에 맞도록 식스 시그마를 도입하도록 하여야 한다. 무조건 다른 기업에서 행한 것처럼 식스 시그마를 도입하면 실패할 확률이 높다. 그래서 제13장에서 언급할 식스 시그마 도입에 대한 설명은 하나의 가이드라인처럼 생각하는 것이 좋다.

철도청은 공공부문의 혁신과 기업의 경쟁력을 강화하기 위하여 고객만족 경영을 도입하였다. 그리고 더 나아가 고객만족 경영을 완성하기 위한 전략으로 식스 시그마를 도입하였다(정종환, 2002). 철도청은 접점 개선을 위주로 한 고객만족 경영으로는 기업 경쟁력 향상에 한계가 있음을 깨달았다. 그래서 경영의 성과를 계량적으로 향상하고, 또 완벽한 프로세스 혁신을 통해 총체적인 고객만족을 실현하고자 하였다. 더 구체적으로 철도청에서는 획기적인 고객서비스 수준 향상, 고객만족도 향상, 직원 의식의 변화, 청내 분위기 변화, 그리고 철도청에 대한 이미지 향상을 위하여 식스 시그마를 도입하였다.

삼성화재는 식스 시그마를 도입하기 이전에 PM(Process Management)을 실시하였다. 그러나 PM으로는 재무적 성과 같은 성과관리를 잘할 수 없었으며, 전략과의 연계성도 취약하였다. 또 과학적이지 못하여 효과에 대한 검증이 취약하였다. 그러나 식스 시그마는 이런 문제점을 제거해 주었으며, 통계적인 분석에 의해 과학적인 해결책을 제시하였다. 또 CTQ(critical-to-quality)를 통해 문제를 정량화하게 되었고, 문제에 대한 우선순위를 결정할 수 있었다. 이렇게 삼성화재에 있어서 식스 시그마는 정교하고, 과학적이고, 전략과 연계성이 높고, 문제를 정량화시키고, 그리고 성과에 대한 검증을 할 수 있는 방법을 제공하였다.

국민카드는 고객만족을 축으로 하는 경영의 효과를 극대화하고, 서비스 품질 수준 향상과 업무 프로세스 개선을 통해 총체적 고객만족을 달성하기 위하여 2000년 8월에 식스 시그마를 도입하였다.

미국의 Bank One 은행은 속도, 서비스 품질, 그리고 비용을 동시에 개선하기 위해 식스 시그마와 린 시스템을 통합한 린 식스 시그마(Lean Six Sigma)를 도입하였다.

시티은행 서울지점은 고객 만족도와 시장점유율을 향상시키고, 이익의 감소를 만회하기 위하여 1997년 식스 시그마를 추진하였다. 특히 시티은행은 Motorola 와 GE의 식스 시그마를 벤치마킹하였으며, 모든 경영의 문제점을 수치로 계량화하고 이를 체계적으로 개선하는 데 매력을 느껴 식스 시그마를 도입하였다.

삼성 네트웍스도 경쟁에서 이기기 위하여 식스 시그마를 도입하였다. 삼성 네트웍스는 2002년 식스 시그마를 다음과 같은 이유로 도입하였다. 첫째, 고객은 계속 쉬지 않고 더 많은 것을 요구하고 있다. 둘째, 우리보다 경쟁 기업은 더 많은 노력을 기울이고 있다. 셋째, 구성원들은 더 많은 것을 원하고 있다. 넷째, 세계 시장도 우리에게 더 많은 것을 요구하고 있다. 이렇게 삼성 네트웍스에서는 급속히 변하는 환경에 대처하고 경쟁역량을 강화하기 위하여 식스 시그마를 도입하였다.

신한은행은 조흥은행과의 통합 후 외형적 규모에 맞는 질적 경쟁력 확보를 위하여 새로운 문화 및 혁신 엔진으로서 식스 시그마를 2006년에 도입하였다. 즉, 통합 이후에 새로운 조직문화와 지속적으로 질적인 성장을 하기 위한 혁신 동력이 필요하였고, 또 과학적으로 '일하는 방식' 을 정립하여 조직 경쟁력을 강화하고자 하였다.

사례 KT의 식스 시그마 웨이브

KT는 민영화 이후 정체 상태에 빠져있는 규모 위주의 경영방식을 극복하고 내부역량 강화를 통한 경영효율성 향상을 위해 2003년에 'Six Sigma 경영혁신 운동'을 전개해 왔다(머니투데이, 2004). 그리고 각 웨이브 때마다 추진하는 목적이 바뀌었다(표 4-2참조). KT에서는 웨이브(wave)를 어떤 큰 바위라도 뚫어 내는 '쉼 없이 몰아치는 파도'와 같이 지속적으로 혁신을 수행해 나가겠다는 의지로 보고 있다(www.kt.com).

표 4-2 KT의 웨이브와 추진 목적

웨 이 브	추진 목적
1차 웨이브	공기업 시절에 익숙해 있는 업무방식(현실 안주, 무사안일, 주인 의식 결여 등)을 근절하기 위한 변화와 혁신을 하기 위해 추진
2차 웨이브	수행 범위를 현장의 단위 조직까지 확대
3차 웨이브	전 임직원이 직접 식스 시그마 과제를 수행하여 기관의 혁신을 선도하는 계기를 마련하고자 추진
4차 웨이브	19명의 KT 1호 MBB(Master Black Belt)를 배출하여 자립화를 위한 기반을 마련. 또 연구개발 분야의 연구과제에 식스 시그마 방법론을 적용
5차 웨이브	핵심분야별 cross-functional 과제 추진을 보다 활성화시켰으며, 기관 자율의 혁신목표 전개 및 이를 달성하기 위한 과제를 발굴하여 수행하는 사업전략 플래닝 방법론 적용
6차 웨이브	외부 컨설턴트 의존 일변도에서 벗어나 자립화 추진에 성공하였고, 수행범위를 Up stream으로 확장하여 협력사 단계부터 식스 시그마를 추진할 수 있도록 지원. 특히 KT 본사 인근 지역에 위치하고 있는 분당서울대학교 병원과의 양해각서(MOU) 체결을 통해 분당 서울대학교가 식스 시그마를 도입하고 또 성공적인 추진을 위해 전폭적 지원을 함

이렇게 KT에서는 시기에 따라 식스 시그마를 추진하는 목적이 바뀌었다.

4.4 한국의 서비스 식스 시그마

식스 시그마가 한국에는 1996년에 도입되었다. 한국에서는 삼성SDI(과거 삼성전관) 수원 사업장과 LG전자 가전사업부가 최초로 식스 시그마를 도입하였다. 서비스업체로는 시티은행 서울지점이 1997년도에 미국 본사의 권유에 의해 식스 시그마를 도입한 것이 우리나라에서는 처음이다. 1999년도에 이르러 동양화재, LG투자증권, LG캐피탈, LG텔레콤 등이 식스 시그마를 도입하였다. 그리고 2000년도를 기점으로 식스 시그마가 철도청과 같은 공공기관에도 서서히 보급되기 시작하였다. 2003년도에는 정보통신부가 정부 부처 최초로, 그리고 중앙일보가 언론업계 최초로 식스 시그마를 도입하였다. 그래서 지금은 한국의 많은 서비스업체들이 식스 시그마를 도입하고 있다.

2009년 현재 식스 시그마를 도입한 주요 서비스 기업은 다음과 같다. 괄호 안의 숫자는 식스 시그마를 도입한 해이다.

- 보험: 동양화재(1999), 교보생명(2001), 동부화재(2002), 삼성생명(2003), 삼성화재(2003), 현대해상, LG화재
- 금융: 시티은행(1997), 농협중앙회(2000), 하나은행(2001), 서울은행(2002), 국민은행(2003), 신한은행(2006), 외환은행, 부산은행
- 카드: 삼성카드(2002), 국민카드, 신한카드
- 증권: LG투자증권(1999), 삼성증권(2004), 대우증권, 우리투자증권
- 캐피탈: LG캐피탈(1999), 삼성캐피탈(2002), 현대캐피탈(2004)
- 통신: LG텔레콤(1999), KT(2003), DACOM(2003), KTF(2004), SK텔레콤(2004), 하나로통신, 삼성네트웍스
- 놀이공원: 삼성에버랜드(2000)
- 소프트웨어: 삼성SDS(2003), LG CNS
- 의료기관: 세브란스병원, 삼성의료원, 현대아산병원, 분당서울대병원, 경희의료원
- 유통: GS리테일

- 종합상사: 삼성물산(2003)
- 홈쇼핑: CJ홈쇼핑(2002)
- 포털 사이트: KTH
- 음식점: Mr.Pizza
- 연구소: 삼성종합기술원(2001)
- 언론: 중앙일보(2003)
- 광고: 제일기획(2004)

또 2009년 현재 식스 시그마를 도입한 주요 공공기관 및 공기업은 다음과 같다. 괄호 안의 숫자는 식스 시그마를 도입한 해이다.

- 한국철도공사(2000)
- 서울도시철도공사(2002)
- 정보통신부(2003)
- 한국우정사업본부(2003)
- 동서발전(2003)
- 대검찰청(2004)
- 특허청(2005)
- 충남도청
- 한국전력공사
- 에너지관리공단
- 한국마사회
- 한국철도시설공단

특히 대검찰청에서 식스 시그마를 한다고 하는 사실은 그 자체로 놀라운 사건이다. 이것은 일단 그 결과를 떠나서 가장 경직된 조직에 큰 바람을 불러 일으켰다고 볼 수 있다. 검사들의 경직된 사고에 큰 변화가 일 것으로 기대되고 있다. 식스 시그마가 대검찰청에서까지 도입되고 있다는 사실은 식스 시그마의 힘을 보여 주는 또 하나의 사례이다. 잠시 후 대검찰청에 대한 사례를 소개한다.

사례 Citi Bank의 식스 시그마

국내 서비스업체 중 가장 먼저 식스 시그마를 도입한 회사는 Citi Bank 서울지점이다. Citi Bank 서울지점은 1997년 미국 본사의 방침에 따라 식스 시그마를 도입하였다. 당시 Citi Bank 미국 본사는 영업과 주식시장에서는 좋은 성과를 보였지만, 선행지수와 고객만족 측면에서는 그렇지 못하였다. 그래서 소매금융 등 일부 부문에서 시장점유율이 떨어졌고, 상품과 서비스 개발의 지연으로 수익성이 악화되었다. 고객만족 지수도 그리 좋지 않아 약 30%의 고객이 다른 은행을 선택할 가능성도 예측되었다. 이 문제를 해결하기 위하여 Citi Bank는 Motorola와 GE를 벤치마킹하였고, 이 회사들이 모든 문제점들을 수치로 계량화하고 이를 체계적으로 개선하는 데 상당한 매력을 느꼈다. 그 결과 식스 시그마를 도입하기로 하였다.

먼저 Citi Bank는 고객만족과 품질향상을 위한 기업의 목표를 세웠다. 우선 2000년까지 소요시간과 프로세스 결함을 10분의 1 수준으로 감소하기로 했다. Citi Bank는 본사는 물론 전 세계 4천 개 지점에 이 목표를 달성할 수 있는 해결책을 강구하도록 지시하였다. Citi Bank는 각 지점에 지시를 내림과 동시에 다음처럼 여섯 개의 방안을 구축하였다. 첫째, 강력한 리더십을 통하여 직원 교육을 강화하고, 식스 시그마에 대한 관심을 고조하기로 하였다. 둘째, 사이클 타임을 감소하기 위해 인프라 및 품질 전문가를 양성하기로 하였다. 셋째, 품질을 이해하고, 결함을 감소하는 방법을 전파하기 위해 교육과 훈련을 강화하였다. 넷째, 사이클 타임과 피드백 타임을 측정하였다. 다섯째, 프로세스를 개선하기로 하였다. 그리고 마지막으로 고객만족을 통하여 이익을 향상하기로 하였다.

이 지시를 받은 Citi Bank 서울지점은 고민하였다. 그래서 먼저 고객의 욕구를 정확하게 파악하기로 하였다. 그래서 고객에게 은행 선정기준과 서비스의 품질을 질문하였다. 그 결과 고객이 Citi Bank로 전화했을 때 담당자와 제대로 연결되지 않는 통화실패 사례가 지나치게 많다는 사실을 알게 되었다. 그래서 Citi Bank 서울지점은 담당자들이 모여 원인을 분석하였다. 먼저 시간대별 통화실패건수를 분석했다. 그래서 오전 9시30분부터 11시까지 통화실패건수가 가장 많은 사실을 파악하였다. 이를 감소하기 위해 전화가 많은 시간대에 조사부서인력을 온라인팀에 투입했다. 또 직원들 스스로 간결한 응대로 통화시간을 줄이기 위해 노력했다. 또 고객에게 정보를 신속하게 제공하도록 전산시스템을 개선했다.

1998년 1월 Citi Bank 서울지점에 걸려온 고객전화 4천3백75건 중 실패전화는 3백50건으로, 2.91시그마 수준이었다. 1년 동안 개선한 결과 통화실패는 총통화 4천7백51건 중 1백3건으로 감소했다. 시그마 수준을 2.91에서 3.52로 높였다. 또 고객이 창구에서 대기하는 시간도 절반 가량 단축했다.

사례 대검찰청 식스 시그마

대검찰청은 내부적으로 업무 부담이 과중하고, 경직된 문화를 가지고 있으며, 외부적으로는 수십 년 간 이어져 온 사법제도에 대한 개혁과 검·경 수사권 조정 논의로 변화의 필요성을 크게 느끼고 있었다. 그런데 대검찰청은 급격히 변하는 시대적 변화에 둔감하고, 혁신에 대한 방법론도 없었으며, 실천적 혁신을 리드할 리더십이 미흡하였다.

이런 와중에 대검찰청은 식스 시그마를 도입하여 위기에 대처하고자 하였다. 그래서 과거의 연구 중심의 방법론을 성과 중심의 방법론으로 대체하고자 하였다. 먼저 포스코의 지원을 받아 식스 시그마에 대한 기본적인 교육을 받았다. 그리고 2004년 11월 15일에 식스 시그마 활동을 시작하였다. 그래서 과제를 도출하고, 과제 리더를 선출하고, 교육을 하고 과제를 실행하였다. 그래서 처음에는 6개의 과제를 시행하였다. 대검찰청은 이들 과제를 통하여 대기실 호출 방법, 민원 전화 응대 시스템, 그리고 통지 방법을 개선하였다.

식스 시그마는 대검찰청에게 다음과 같은 교훈을 제공하였다. 첫째, 프로세스 중심적인 사고력을 제공하였다. 과거에는 최종 산출물에만 관심을 두었는데, 이제는 결과에 영향을 끼치는 프로세스에 관심을 두게 되었다. 둘째, 고객의 관점에서 문제를 보게 되었다. 과거에는 검찰 내부 시각으로 문제를 보았다. 그러나 지금은 고객의 입장에서 문제를 보게 되었다. 셋째, 프로젝트를 통하여 문제를 해결하게 되었다. 과거에는 단순하게 일시적으로 일상적인 업무를 개선하였다. 그러나 지금은 시급한 문제를 공식적인 프로젝트를 통하여 해결하게 되었다. 넷째, 로드맵 관리를 하게 되었다. 과거에는 만기에 집중적으로 보고서를 작성하였다. 그러나 지금은 단계별로 진도를 관리하게 되었다. 다섯째, 인재를 양성하게 되었다. 과거에는 방법론을 교육하지 않고 오직 결과만 요구하였다. 그러나 지금은 방법론을 교육시켜 능력 있는 인재들을 키우게 되었다. 여섯째, 벽이 없는 조직을 만들었다. 과거에는 검사와 일반직 간에 높은 벽이 있었다. 그러나 지금은 팀 활동을 통하여 높은 벽이 조금 사라졌다.

4.5 서비스 기업의 경쟁력

식스 시그마는 당연히 서비스 기업의 경쟁력을 향상시키고자 하는 것이다. 그런데 서비스 기업은 제조 기업과는 다른 특성을 가지고 있다. 이미 제1절에서 자세하게 설명하였지만, Berry(1999)는 초일류 서비스 기업의 아홉 가지 공통적인 요인들을 파악하였다. 이 아홉 가지 성공 요인들은 가치 지향의 리더십, 전략적 집행, 탁월한 실행, 운명의 통제, 신뢰를 바탕으로 한 관계, 구성원의 성공을 위한 투자, 작은 기업처럼 행동하기, 브랜드 구축, 그리고 관대함이었다.

그리고 서비스 기업은 제조업체와는 다른 특성을 가지고 있다. 특히 서비스 기업은 고객과의 접촉이 많으며, 노동집약적이고, 프로세스 자체가 산출물이라는 점이다. 그래서 서비스 기업의 경쟁적 요소는 프로세스, 접점관리, 그리고 설비 등 3가지로 크게 구분할 수 있다. 그리고 Berry의 연구와 결부시켜 생각할 때, 또 다음과 같은 요소들이 서비스 기업의 경쟁력에 상당히 중요한 기반이 된다고 볼 수 있다. 즉, 집중적인 전략 및 최고경영자의 리더십, 기업의 문화, 우수한 구성원, 기업의 신뢰성 등이다. 우수한 구성원은 접점관리에 영향을 끼친다. 기업의 문화와 최고경영자의 리더십은 하나의 주춧돌의 작용을 한다. 그리고 기업의 신뢰성은 모든 요인들의 결과로 창출된다.

그림 4-1 서비스 식스 시그마 모형

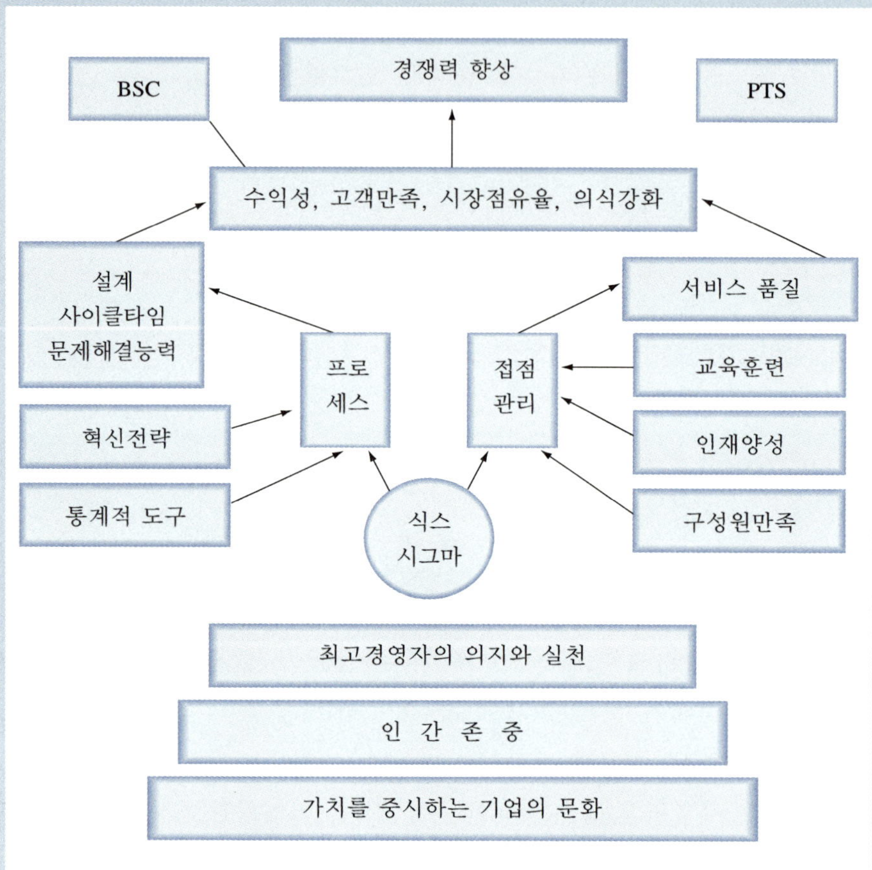

식스 시그마는 서비스 기업의 경쟁력을 강화시킨다. 이것은 〈그림 4-1〉의 서비스 식스 시그마 모형을 통해 설명될 수 있다.

서비스 식스 시그마가 목적을 효과적으로 달성하기 위해서는 먼저 밑바탕에 가치를 중시하는 기업의 문화가 정립되어야 한다. 기업의 문화가 정립되지 않은 채 식스 시그마를 무조건 수용하는 것은 식스 시그마의 효과를 완전하게 달성하지 못한다. 그리고 또 최고경영자의 강력한 의지와 실천이 필요하다. 이것은 서비스 식스 시그마의 선택 사항이 아니라, 필수 사항이다. 최고경영자가 스스로 나서서 식스 시그마의 중요성을 역설하고, 말이 아닌 행동으로 관심을 보여 줘야 한다.

식스 시그마는 서비스 기업의 프로세스와 접점관리를 개선한다. 이 두 가지 요소는 설비와 함께 서비스 기업의 경쟁력을 향상시키는 중요한 요소이다. 프로세스는 혁신전략인 DMAIC와 다양한 통계적 도구를 이용하여 개선된다. 접점관리는 인재양성과 인간존중에 바탕을 둔 교육과 훈련에 의해 달성된다. 이렇게 해서 서비스 식스 시그마는 사이클 타임을 감소하고, 설계능력을 향상시키고, 구성원 만족을 향상시키고, 새로운 가치관을 형성하고, 과학적인 문제해결 방법을 향상시킨다. 그래서 고객만족, 수익성 향상, 시장점유율을 향상시킨다. 이것은 BSC를 통해 평가되며, 궁극적으로 기업의 경쟁력을 극적으로 향상시킨다.

4.6 서비스 식스 시그마 정의

우리는 앞에서 서비스 기업의 경쟁력에 대해 자세하게 살펴보았다. 서비스 기업의 경쟁력은 궁극적으로 수익성을 향상시키고, 고객을 만족시키는 것이다. 그러므로 서비스 품질을 개선하여 기업의 경쟁력을 강화하기 위해서 서비스 기업은 다음처럼 두 가지 요인에 초점을 두어야 한다. 즉, 프로세스와 고객과의 접점이다. 서비스 식스 시그마는 이 두 가지 요소를 전부 개선하고자 한다.

제 2 장에서 이미 식스 시그마의 정의에 대해 설명하였다. 추가적으로 미국의 Financial Times에서는 식스 시그마를 다음처럼 정의하였다 (Tomkins, 1997). "식스 시그마는 모든 제품과 프로세스, 그리고 거래에서 결점을 거의 제거하는 프로그램이다." 여기에서 결점을 거의 제거한다는 것은 백 만개당 3.4개를 의미한다.

이제 여기에서는 우리나라 주요 서비스 기업에서 정의하는 식스 시그마에 대해 알아보기로 하자.

- 삼성에버랜드(2008)
  고객의 관점에서 기업 활동 및 프로세스의 문제점을 찾아 내고, 객관적 데이터와 통계 자료를 활용하여 개선 작업을 끊임없이 펼쳐나가 조직의 일하는 체질과 기업문화를 변화시켜 조직의 비전 달성을 가능하게 하는 강력한 추진 수단(www.samsungeverland.com).

- KTF(2008)
  단순한 고객만족을 넘어, 감동 그 이상의 가치를 고객에게 제공하고, 국내 1위를 넘어 세계 초일류 기업으로 도약하기 위한 혁신 DNA로서 극한 수준의 목표를 설정하고 달성해 나아가는 KTF의 경영철학이나 혁신 프로그램(www.ktf.com).

- SKT(2008)
  대표적인 프로세스 개선 tool로써 프로세스에 대한 분석을 통해서 회사의 원가절감, 고객만족 등과 같은 전략 수행 관련 과제를 선정하고, 개별 과제에 대한 프로세스 개선을 실행하여 기업 운영의 효율성을 체계적으로 관리(www.sktelecom.com).

여기에서는 서비스 식스 시그마를 다음처럼 정의한다.

수익성을 향상하기 위하여 서비스를 고객에게 제공하는
프로세스의 능력을 향상시키고,
고객과의 접점에서의 서비스 품질을 향상시켜,
기업의 수익성과 고객만족을 동시에 향상시키는
자료에 의한 기업의 경영혁신 전략이다.

여기에서 프로세스 능력의 향상은 문제의 근본적인 원인을 발굴하여 제거하거나 개선하여 달성한다. 그러나 서비스 식스 시그마를 단순히 하나의 방법론으로 보면 안 된다. 서비스 식스 시그마는 단순히 품질을 개선하는 하나의 방법론이기 보다는 일하는 방법을 바꾸는 하나의 철학이라고 보아야 한다. 그래서 일본의 다이아몬드 식스 시그마 연구회(2002)에서도 "식스 시그마는 단순한 방법론이 아니고 하나의 사고방식"이라고 하였다.

이 정의에 있는 용어를 구체적으로 설명하면 다음과 같다.

- 프로세스: 투입물을 산출물로 전환시키는 연속적이고 측정할 수 있는 과업들
- 능력: 무결점을 창출하는 능력
- 고객접점: 고객과 기업이 접촉하는 점
- 자료에 의한: 통계적으로 수집하고 분석한 구체적인 자료에 의한 의사결정
- 경영혁신전략: 식스 시그마 목적을 달성하는 구체적인 도구
- 전략: 최고경영자의 확고한 의지와 참여 아래 전사적으로 시행됨

서비스 식스 시그마는 우선 고객 중심적이어야 한다. 품질은 이제 기업이 결정하는 것이 아니고, 고객이 결정한다. 고객이 만족하여야 서비스 품질이 무조건 좋은 것이다. 그래서 경영자는 지속적으로 고객의 욕구를 파악하고, 고객의 욕구를 CTQ로 전환하여 서비스 품질의 특성을 개선하도록 하여야 한다.

서비스 식스 시그마는 제조 식스 시그마와 달리 고객과의 접촉이 상당히 중요하다. 유형재화와 재작업이 가능한 제조업체와는 달리 서비스업체에서는 재작업이 가능하지 않아 처음에 서비스를 잘 수행하여야 한다. 그래서 고객에 대해 신속하게 반응하고, 고객을 만족시키기 위해 정확한 지식을 구비하여야 하며, 대하는 구성원이 올바른 예의를 갖추어야 한다.

또 서비스 식스 시그마는 프로세스를 개선하는 것이다. 그래서 프로세스의 변동의 폭을 무결점의 서비스를 창출할 때까지 지속적으로 감소하는 것이다. 서비스 식스 시그마는 프로세스의 산출물은 프로세스의 투입물의 결과라는 사실을 확실하게 하고 있다. 즉, 기업의 수익성, 생산성, 고객만족, 시장점유율과 같은 산출물은 프로세스의 변동에 의해 결정된다는 것이다. 이렇게 식스 시그마는 프로세스적 관점에서 접근하고 있다. Shewhart

는 통계적인 기법을 사용하여 변동(variation)을 감소하고자 하였다. 특히 우연적인 변동과 조직적인 변동을 처음으로 구분하였다. Shewhart는 조직적인 변동을 감소하고자 하였지만, 식스 시그마는 조직적인 변동은 물론이고, 우연적인 변동까지 감소하고자 한다. 이것이 식스 시그마의 또 다른 특성이며 강점이다.

4.7 서비스 식스 시그마 목적

서비스 식스 시그마의 가장 궁극적인 목적은 수익성 향상이다. BOA(Bank of America)는 식스 시그마를 도입한 지 3년 후에 수 억 달러의 수익을 향상시켰다. 마찬가지로 서비스 품질의 향상은 수익성을 달성하기 위한 부산물이지 목적은 아니다. 수익성을 향상하기 위해서는 당연히 서비스를 제공하는 모든 프로세스를 총괄적으로 파악하고, 기업의 가치와 고객의 만족에 영향을 끼치는 품질특성인 CTQ(critical-to-quality)를 파악하고, 프로세스의 편차를 지속적으로 감소하여야 한다. 프로세스 편차의 감소는 사이클 타임의 감소를 가져온다.

그런데 여기에서 한 가지 지적하고 가야할 점이 있다. 식스 시그마는 프로세스의 변동을 감소하거나 제거하여 균일한 서비스 품질을 제공하는데 효과가 있다고 하였다. 즉, 식스 시그마는 반복적인 활동에 상당히 효과적이라 할 수 있다. 그러나 최근 고객 욕구의 다양화로 인하여 균일화된 서비스를 요구하지 않는 서비스의 수가 나날이 증가하고 있다. 즉 프로세스의 변동을 감소하는 것이 중요한 것이 아니라, 오히려 변동을 증가시키는 서비스가 증가한다는 것이다. 가장 대표적인 예로 Ritz-Carlton 호텔을 들 수 있다. 이 호텔에서는 직원들에게 아주 강력한 권한을 부여하여 엄청난 성과를 달성하고 있다. 정형화된 프로세스가 아닌 자율권을 준 결과이다. 즉 제5장에서 설명하는 통제요소를 효과적으로 관리하고 있기 때문이다.

앞에서도 언급하였듯이, 서비스 식스 시그마는 프로세스를 개선하여 산출물의 가치를 향상시킨다. 사실 가치에는 여러 뜻이 있는데 여기에서 가치는 비용과 품질의 비율이다. 그러므로 서비스 식스 시그마는 산출물에 영향을 끼치는 핵심적인 요인들을 파악하고 개선하여야 한다.

그리고 서비스 식스 시그마의 목적은 추상적으로 설정하지 말고, 반드시 재무적인 수치로 설정하여야 한다. 그렇지 않으면 목적이 불분명하여 목적을 달성하기가 쉽지 않다.

식스 시그마는 조직에서 파악하기 힘든 결점을 파악해 준다는 것이다. 그래서 과거에는 눈에 보이지 않았던 문제점을 볼 수 있게 해 주는 능력을 제공해 준다. 이런 현상은 특히 서비스업체에서 많이 볼 수 있다. 이것은 다음에 설명하는 서비스 프로세스의 특성에서도 알 수 있듯이, 서비스업체에서는 프로세스를 정의하고 개선하기가 상당히 어렵기 때문이다.

삼성화재도 식스 시그마를 처음으로 도입할 때 많은 애로사항이 있었다. 식스 시그마는 제조에서 적용되는 기법이기 때문에 보험회사에서는 적용하지 못한다는 종업원들의 의식이 중요한 문제이었다. 이런 의식에 대한 변화는 식스 시그마를 도입하는 서비스업체에게 아마 공통적으로 발생하는 문제일 것이다. '우리는 안 된다'는 의식에 대한 변화가 반드시 수반되어야 한다.

또 서비스 식스 시그마의 목적을 달성하기 위해서는 기존의 관념에 도전하는 정신을 가져야 한다. 그래서 과거의 모든 기존 관념을 부정하고 새로운 자세로 문제들을 대하여야 한다. 그러나 이것은 그리 쉽지 않은 일이다. 왜냐하면 인간은 변화를 좋아하지 않기 때문이다. 그래서 구성원들의 행동을 변화시킬 수 있을 때까지 지속적으로 변화를 추구하여야 한다. 식스 시그마는 이렇게 지속적인 개선을 하는 개념이다. 식스 시그마가 처음에 도입되었을 때에는 단순히 제품의 품질혁신에 치중하였다. 그러나 GE가 식스 시그마를 도입할 때부터 식스 시그마는 경영혁신의 도구로 바뀌었다.

또 식스 시그마는 조직의 모든 구성원들에게 자신감을 불어 넣어 준다. 시티은행 서울지점에서는 식스 시그마를 도입한 이후 직원들의 의식이 크게 바뀌었다. 그리고 불량률이 매달 명확한 수치로 집계되는 만큼 직원 스스로 이를 개선하기 위한 노력을 게을리할 수 없기 때문에 자발적으로 품질을 관리하게 된다.

여기에서 한 가지 주의하여야 할 점은 식스 시그마를 통해 기업의 수익성을 향상시키는데, 식스 시그마 수준은 기업의 장기적인 목표라는 점이다. 여기에서 다시 한 번 품질의 정의를 음미하여 볼 필요가 있다. 품질은 기업과 고객의 가치부여를 동시에 달성하는 것이다. 고객이 원하지도 않는 품질수준을 많은 비용을 들여 달성하고자 하는 것은 의미가 없다. 그러므로 기업은 고객과 기업의 욕구를 동시에 만족시키는 중단기 목표를 세우고, 식스 시그마는 장기적인 목표로 설정하는 것이 바람직하다. 그러나 식스 시그마의 높은 품질 수준은 비용을 감소시키므로 기업은 식스 시그마 목표를 달성하도록 최선의 노력을 하여야 한다.

4.8 서비스 식스 시그마 추진 부서

식스 시그마는 경영혁신 전략이다. 그래서 일부 부서에서 식스 시그마를 단편적으로 추진하는 것은 효과가 떨어진다. 왜냐하면 이것은 식스 시그마의 의미를 축소하기 때문이다. 그래서 식스 시그마는 기획부서에 의해서 전사적으로 추진하는 것이 가장 바람직하다. 과거의 품질 기법들이 그리 큰 효과를 가져오지 못한 이유 중 하나는 바로 일부 부서에 의해 추진되었기 때문이다. 그래서 일부 부서에서는 효과가 있었지만, 회사 전반에 걸쳐서는 그리 큰 효과가 없었다. 식스 시그마는 모든 부서들을 통합시키고 공동의 목표와 가치를 창출하여야 한다. 그래야 기업 전체 차원에서 효과가 있다. Hoerl(1998)도 Scott사의 사례를 들어 식스 시그마는 품질부서에서 하는 것이 아니라 조직 전체가 수행한다고 하였다. 또 GE에서의 식스 시그마도 품질운동이 아닌 경영혁신 운동이었다. 그러므로 식스 시그마를 도입하는 회사에서는 일부 부서가 아닌 전체 조직 차원에서 식스 시그마를 추진하도록 하여야 한다.

그러나 조직 전체 차원에서 식스 시그마를 실행하여야 한다고 하는 것은 말은 쉽지만 행동은 쉽지 않다. 일반적으로 대부분의 조직은 인적자원이 부족한 것이 현실이다. 식스 시그마를 실행하려면 관련된 사람들에게 교육과 훈련을 필수이다. 그러나 현장에 있는 사람들을 현장에서 빼내 교육시키는 것은 상당히 어렵다. 그러므로 조직은 식스 시그마의 높은 성과를 확신하지 않는 한 전사적으로 도입하는 것이 상당히 어렵다.

4.9 애로사항

식스 시그마는 원래 제조업체인 Motorola에서 나왔다. 그래서 많은 사람들은 식스 시그마가 서비스업체에는 적용하기가 힘들다고 말한다. 왜냐하면 제조업체와 서비스업체는 그 특성상 서로 다른 점이 너무 많다고 생각하기 때문이다. 이것은 일면 타당성이 있다. 우선 서비스업체에서는 프로세스적인 관점에서 업무를 생각하지 않는다. 또 자료에 의해서 의사결정을 내리지도 않으며, 측정도 잘하지 않는다. 가장 어려운 점은 서비스업체에서는 대개 측정시스템이 잘 설정되어 있지 않다는 점이다. 이것은 프로세스 자체가 비가시적인 경우가 많기 때문이다. 불량 제품에 대한 재작업은 비교적 비용을 산출하기가 쉽지만, 회계보고서의 여러 번 반복되는 결재는 그 비용을 산출하기가 어렵다. 또 이런 과정이 비용을 산출한다고 가정하지도 않는다. 또 제조업체는 잘 설정된 측정시스템으로 분석할 자료를 비교적 손쉽게 수집할 수 있다. 그러나 서비스업체에서는 그렇지 않다.

실제로 서비스 기업의 구성원들은 우리 기업에게는 식스 시그마가 잘 적용되지 않는다고 강변한다. 서비스는 무형재화이므로 측정하기도 힘들고, 기준을 정하기도 상당히 어렵다고 말한다. 그래서 그냥 지금처럼 경영을 하여도 큰 문제는 없을 것이라고 말한다. 그러나 이것은 잘못된 생각이다. 제조 기업에 비해 서비스 기업의 실패코스트는 이루 말할 수 없이 크다. 이것은 서비스 기업에서 개선할 부문이 크다는 것을 암묵적으로 보여주고 있다. 그리고 세계의 많은 초일류 기업들은 모든 것을 계량적으로 측정하고, 평가하고 있다.

서비스 기업을 방문하여 식스 시그마를 도입하였을 때의 애로사항이 무엇이냐고 질문하였다. 다음은 이 질문에 대한 서비스 기업들의 답변이다.

- 프로세스를 눈으로 볼 수 없어 통제하기가 어렵다
- 성과가 시간이 한참 지난 후에 발생한다
- 불량의 기준을 정하기가 무척 어렵다
- 표준 업무 프로세스가 없거나 있어도 실시하기 어렵다
- 직원들의 의식을 바꾸기가 무척 어렵다
- 태도에 대한 성과를 평가하기가 쉽지 않다
- 현상을 계량화하기가 어렵다
- 비협조적인 거부감이 강하다
- 전문 지식이 부족하다
- 우리 기업은 다르다
- 우리 기업과는 무관하다
- 서비스는 측정할 수 없다
- 데이터 측정이 어렵다
- 우리는 프로세스가 없다
- 지금까지 데이터 없이도 잘해 왔다
- 평가가 필요 없다고 생각하며 또 불가능하다고 생각하기도 한다
- 몇 일 동안 하던 일을 멈추고 식스 시그마 교육을 시키기가 어렵다

이런 문제들은 설득과 교육, 그리고 다양한 프로그램 등을 도입하여 해결하도록 하여야 한다. 그리고 특히 거부감은 식스 시그마의 차별성을 강조하여 식스 시그마의 강점을 구성원들이 이해하도록 하여 해결하여야 한다.

실제로 GE는 미수금에 대한 프로젝트를 수행하여 연간 3백만 달러의 비용을 절감시켰다.

참고문헌

머니투데이, “KT 식스 시그마 활동으로 410억 재무적 성과,” 2004. 03. 28.

안영진, “한국에서의 6 시그마: 성공과 실패,” 한국생산관리학회지 제14권 제 3호, 한국생산관리학회, 2004, 101-120.

정종환, “공공부문의 6 시그마 경영을 통한 경쟁력 제고 방안,” 6 시그마 패스티벌, 2002, 79-92.

한국능률협회, “2002 한국산업의 6 시그마 경영품질,” 6 시그마경영품질, 한국능률협회, 2002.

다이아몬드 6시그마 연구회, 기업회생」의 비밀: 6시그마(영업 · 서비스 편), 권재진과 이병희 옮김, 새로운 사람들, 2002.

Barry, Robert and Amy C. Smith, The Manager' s Guide to Six Sigma in Healthcare: Practical Tips and Tools for Improvement, ASQ Quality Press, 2005.

Berry, Leonard L., 초일류 서비스 기업의 조건, 은종학 옮김, 김앤김북스, 1999.

Boer, Sven den, Rajeev Andharia, Melvin Harteveld, Linh C. Ho, Patrick L. Musto, and Silvia Prickel. Six Sigma for IT Management(6시그마와 IT 서비스), 황경태 등 옮김, ITMG, 2007.

Fontenot, Gwen, Ravi Behara, and Alicia Gresham, “Six Sigma in Customer Satisfaction,” Quality Progress, ASQ, December 1994, 73-76.

George, Michael L., Lean Six Sigma for Service: How to Use Lean Speed and Six Sigma Quality to Improve Services and Transactions, McGraw-Hill, 2003.

George, Michael L., Lean Six Sigma(린 6시그마), AT 커니 코리아 옮김, McGraw-Hill Korea, 2007.

Goldsby, Thomas J. and Robert Martichenko, Lean Six Sigma Logistics: Strategic Development to Operational Success(린 6시그마 로지스틱스), 동북아물류혁신클러스터 옮김, 범한, 2005.

Hoerl, Roger W., “Six Sigma and the Future of the Quality Profession,” Quality Progress, ASQ, June 1998, 35-42.

Lazzaro, Victor, Ed., Systems and Procedures: A Handbook for Business and Industry, Prentice Hall, Englewood Cliffs, NJ, 1959, 129.

Martin, James William, Lean Six Sigma for Supply Chain Management, McGraw-Hill International, 2006.

Martin, James William, Operational Excellence: Using Lean Six Sigma to Translate Customer Value through Global Supply Chains, Auerback Publications, 2008.

Matthews, Darin L. and Kinda L. Stanley, Effective Supply Management Performance, ISM, 2008.

Pande, Peter S., Robert P. Neuman, and Ronald R. Cavanagh, The Six Sigma Way: How GE, Motorola, and Other Top Companies Are Honing Their Performance, McGraw-Hill, 2000.

Pande, Peter S., Robert P. Neuman, and Ronald R. Cavannagh, The Six Sigma Way Team Field Book, 심현택과 김창덕 옮김, 물푸레, 2002.

Patton, Fred, "Does Six Sigma Work in Service Industries?" Quality Progress, ASQ, September 2005, 55-60.

Pestorius, Michael J., Applying Six Sigma to Sales and Marketing, Quality Progress, ASQ, January 2007, 19-24.

Tomkins, Richard, "GE Beats Expected 13% Rise," Financial Times, Oct. 10, 1997, 22.

Yilmaz, Mustafa R. and Sangit Chatterjee, "Six Sigma Beyond Manufacturing - A Concept for Robust Management," Quality Management Journal, Vol. 7, No. 3, 2000, 67-78.

www.kt.com

www.ktf.com

www.samsungeverland.com

www.sktelecom.com

제 5 장

기본적인 토대

제 5 장 기본적인 토대

서비스 조직에서 식스 시그마가 성공적으로 운영되기 위해서는 기본적으로 다음처럼 세 가지 토대가 이루어져야 한다. 즉, 가치를 중시하는 기업의 문화, 최고경영자의 의지와 실천, 그리고 인간존중이다. 이것은 상당히 중요한 요소로써 서비스 기업이 반드시 지녀야 할 요소들이다. 이 세 가지 요소들이 서비스 기업에서 식스 시그마가 성공적으로 운영되기 위한 기본적인 토대를 구축한다. 기본적인 토대라는 것은 이 세 가지 요소가 조직 내에서 체질화되고 제도화되어 자연스럽게 조직 내에 구축되어야 한다는 의미이다. 그러므로 식스 시그마를 도입하고자 하는 서비스 조직은 무조건 식스 시그마를 도입할 것이 아니라, 조직 내에서 위의 세 가지 요소들이 어떻게 이루어지고 있는지 먼저 살펴보아야 한다.

그래서 제5장에서는 이 세 가지 토대에 대하여 설명하고자 한다. 즉 다음과 같은 주제들을 다루고자 한다.

- 가치를 중시하는 기업의 문화
- 최고경영자의 강력한 의지와 실천
- 인간 존중

5.1 가치를 중시하는 기업의 문화

서비스 식스 시그마가 성공하기 위해서는 가치와 고객을 중시하는 기업의 문화가 정립되어야 한다. 기업문화는 조직의 모든 구성원들이 공통적으로 지니고 있는 가치관과 신념, 그리고 행동규범을 말한다. 기업문화의 정립은 기업의 목표를 달성하는 데 상당히 중요하다. 서비스 산업은 결국 사람에게 서비스를 제공하는 것이다. 그러므로 서비스를 고객에게 제공하는 사람들이 확실한 가치관과 능력을 지녀야 한다. 이렇게 하기 위해서는 가치와 고객을 강조하는 기업 문화가 조성되어야 한다. Larry Bossidy와 Ram Charan(2004)은 식스 시그마는 지속적인 변화를 추구하는 철저한 현실 인식하에서 출발하므로, 행위의 획기적인 변화, 즉 기업의 문화가 변하여야 한다고 하였다.

가치는 최고경영자를 비롯한 조직의 모든 구성원들에게 부여하는 어떤 공통된 의미인 동시에, 기업의 철학이며, 이상이며, 원칙이다. Collins와 Porras(1994)는 기업의 핵심 가치를 조직의 가장 근본적인 또 영원한 신념이라고 하였다. 그리고 더 나아가 핵심 가치와 기업의 재무적인 이익을 혼동하여서는 안 된다고 하였다. 또 핵심 가치는 환경의 변화에 따라 자주 변해서도 안 된다고 하였다.

그래서 공통의 가치가 기업 조직의 밑바탕에 확고하게 깔려 있어야 한다. 그래야 구성원은 이 가치에 의해 최선의 의사결정을 할 수가 있다. 왜냐하면 바로 이 가치가 의사결정에 있어서 우선순위의 기준을 제공하기 때문이다. 그래서 가치는 우리가 무엇을 가장 먼저 하여야 하고, 또 무엇을 하지 말아야 하는가를 기본적으로 결정해 준다. 그래서 기업은 확고한 가치를 공개적으로 확실하게 표명하여야 한다. 물론 기업의 가치를 명백하게 표시할 수 없는 경우도 많다. 그래서 모든 조직원들이 기업의 가치를 확실하게 인지하고, 이해하고, 실천에 옮기도록 하여야 한다. 확고한 가치가 없이 무조건 기업의 규율에 의존하는 조직은 가치관의 상실로 성공할 수 없다. 성공할 수 없을 뿐 아니라, 인간의 가치관을 상실하게 한다. 그래서 기업은 가치관에 의존하는 규율을 실행하도록 하여야 한다.

앞에서도 언급하였지만, Berry(1999)는 초일류 서비스 기업들의 조건을 연구하면서 14개의 초일류 서비스 기업들이 다음처럼 일곱 개의 공통된 가치를 지니고 있다고 하였다. 즉, 탁월함, 즐거움, 혁신, 존중, 사회적 봉사, 팀워크, 그리고 정직이다. 탁월함(excellence)은 보통 기업보다 훨씬 높은 수준을 추구하고 달성하는 것이다. 혁신(innovation)은 지금보다 더 우수한 것을 지속적으로 추구하고, 모방하지 않고, 발명에 초점을 두는 것이다. Charles Schwab에서는 혁신이 하나의 종교로 되어 있다. 또 초일류 서비스 기업은 전략적 혁신(strategic innovation)과 운영적 혁신(operational innovation)의 두 가지 관점에서 혁신을 추구하고 있다. 즐거움(joy)은 이익 우선에 대한 도전이다. 구성원의 삶의 질을 떨어트리는 이익은 가치가 없다. 그러므로 기업은 구성원들이 만족과 기쁨을 느낄 수 있도록 조직을 만들어야 한다. 구성원들이 기쁨과 즐거움을 느끼게 하려면 그들로 하여금 소속감과 회사에 대한 자부심을 갖도록 하여야 한다. 팀워크(team-work)는 각 구성원이 그들의 각자 역량을 단일의 목표를 위해 집결시키는 것이다. 그래서 구성원이 도전을 하고, 팀워크를 통해 도전을 성취한 팀의 일원이라는 사실을 느낄 때 만족감을 얻게 된다. 존중(respect)은 고객, 지역사회, 구성원, 협력업자 등에 대한 존중이다. 존중은 고객과 구성원 간의 거래를 품위 있게 하고, 가치를 향상시켜 준다. 우수한 서비스 기업은 그래서 인간존중을 통해 선의의 경쟁을 한다. 정직(integrity)은 기업의 윤리관이다. 기업의 철저한 윤리관은 많은 투자자를 유인한다. Charles Schwab은 계좌 조작을 절대로 하지 않으며, 과도하게 위험한 투자를 하지 않는 것을 기업의 모토로 삼고 있다. 사회적 봉사(social profit)는 기업이 획득한 사회적 부를 다시 사회에 환원하는 것이다.

또 고객의 욕구는 너무나도 다양하고, 쉽게 변한다. 그러므로 모든 고객의 욕구를 전부 일일이 예측하고 있는 기업은 하나도 없다. 그러므로 이런 다양한 고객의 욕구를 실질적으로 충족시키기 위해서는 기업의 문화가 정립되어야 한다. 기업의 문화는 어떤 돌발 상황에서도 구성원들이 현명한 의사결정을 하도록 하여 준다. 왜냐하면 구성원들은 고객에 대한 확고한 가치관과 믿음을 지니고 있기 때문이다.

기업은 또 기업 안에 품질을 중시하는 품질 문화를 강조하여야 한다. 품질 문화는 기업 내의 모든 구성원들이 품질에 관해 공통적으로 가지고 있는 기본적인 가치관이다. 모든 조직과 인간은 가치관을 가지고 있다. 이 두 개의 가치관이 꼭 동일할 필요는 없지만, 이질적이어서는 안 된다. 만약 그렇게 되면 조직은 실패하게 된다. 품질 문화의 창조는 경영자와 구성원간의 강한 신뢰를 구축한다. 그래서 경영자는 구성원들의 능력을 믿고, 그들이 기업을 위해 최선을 다할 것이라고 생각하도록 품질 문화를 구축하여야 한다.

그러나 문화는 단기간 내에 달성되지 않고 서서히 이루어진다. 기존의 문화는 모든 구성원들 속에 알게 모르게 이미 상당히 뿌리 깊게 박혀 있다. 그래서 조직의 문화를 바꾸는 데에는 많은 시간이 걸린다. 그런데 문화는 사람의 가치관에 변화가 발생할 때 변하고, 조직을 평가하는 방법에 의해 변한다. 그리고 변화를 추구하기 위해서는 왜 변화가 필요한지를 모든 사람들에게 확실하게 설명하고 이해시켜야 한다. 그래야 변화가 성공할 수 있다.

Ford 등(2002)은 고객을 강조하는 기업 문화는 다음과 같은 세 가지 목표를 달성하게 해 준다고 하였다. 첫째, 무형 서비스를 유형의 서비스로 만들도록 구성원들을 도와 준다. 둘째, 직무 자체에 의미와 가치를 부여한다. 셋째, 조직이 구성원들이 무엇을 하도록 훈련시키는 것과 구성원들이 고객의 욕구를 만족시키기 위하여 실제로 수행하여야 하는 일과의 간격을 채워준다.

또 하나 식스 시그마에서 중요한 문화는 프로젝트 문화이다. 식스 시그마는 프로젝트 위주의 방법이다. 그러므로 다른 부서의 사람들과 팀을 이루어 프로젝트를 수행하는 경우가 많다. 그러므로 팀원들은 모르는 다른 부서의 사람들과 함께 문제를 파악하고 해결하는 능력을 가져야 한다. 특히 프로젝트 팀장은 팀원들의 힘을 모아 성공적으로 프로젝트의 목적을 달성하도록 하여야 한다.

삼성에버랜드는 한국의 서비스 기업에서 상당히 혁혁한 성과를 거두고 있으며, 많은 기업들의 벤치마킹 대상이 되고 있는 기업이다. 삼성에버랜드는 1994년부터 지속적인 변화와 혁신으로 기업의 새로운 문화를 구축하여 왔다. 1994년에는 고객만족경영, 환경안전경영, 그리고 디자인경영을 통하여 친절화, 청결화, 정보화, 고급화, 국제화, 그리고 안전화를 적극적으로 추구하였다. 그리고 1998년부터는 지식경영을 통하여 전 구성원들이 지식을 공유하게 하였다. 이러한 지속적인 경영혁신활동은 삼성에버랜드가 2000년 식스 시그마를 도입하여 충분한 성과를 거두도록 기업의 문화를 정립하도록 하였다.

삼성화재도 식스 시그마를 도입하기 위한 문화를 정립하고자 수년 동안 노력하여 왔다. 삼성화재는 수년 동안 지속적인 혁신운동을 전개하여 삼성화재만의 문화를 구축하여 왔다. 즉, 신경영 운동과 디지털(digitalization) 운동을 꾸준히 실시하여, 구성원들의 변화에 대한 수용성을 지속적으로 높여 왔다.

철도청도 식스 시그마를 도입하기 이전에 경영혁신 활동을 꾸준히 하여 왔다. 특히 철도청은 고객만족과 지식경영에 중점을 두었다. 그래서 고객만족 경영과 지식경영으로 이어진 경영혁신 활동을 식스 시그마로 승화하여 총체적인 고객만족(TCS: total customer satisfaction)을 구현하고자 하였다.

LG투자증권은 식스 시그마의 토대로 고객, 구성원, 그리고 회사와 주주의 가치를 극대화하고자 하였다. 고객 가치의 극대화는 고객의 욕구와 고객의 행복을 추구한다. 구성원 가치의 극대화에서는 사명과 구성원 각자의 상품이 무엇인지를 추구한다. 마지막으로 회사와 주주 가치의 극대화에서는 회사의 수익 원천에 대해 추구한다.

GE는 결론을 도출하는 과정에 있어서 다양한 이견들이 도출되지만, 일단 의사가 결정되면 신속하게 의사를 집행하는 쪽으로 자원을 집결하는 문화를 가지고 있다. 그래서 자원의 낭비를 감소하고, 신속하게 목표를 향해서 나아가는 장점을 지니고 있다.

British Airways는 기업의 제품을 단순히 기내에 있는 하나의 좌석으로 보지 않고 고객에게 즐거운 경험을 주는 것으로 생각하였다.

Custom Research의 부사장인 Diane Kohal은 Custom Research의 문화는 지속적으로 개선을 추구하는 것이라고 하였다(Berry, 1999). 그리고 스스로 만족하지 않았기 때문에 성공하였고, 조직의 모든 구성원들이 지속적으로 자기의 업무를 개선하는 것만이 살아남는 길인 것을 확신하고 있다고 하였다.

그런데 기업의 문화는 그리 쉽게 형성되지 않는다. 지속적인 교육과 훈련이 모든 구성원들에게 실시되어야 한다. 교육과 훈련은 공식적인 프로그램, 보상시스템 등을 통해 교육시킬 수 있다. 그래서 각 구성원은 우수한 서비스를 공급하기 위해서 자기가 수행하여야 할 임무를 확실하게 이해하고 있어야 한다. 또 고객 서비스에 어떤 문제가 발생하였을 때 어떻게 처리하여야 하는가에 대해서도 잘 알고 있어야 한다.

사례 GE의 워크아웃

GE는 1980년대 후반부터 품질에 중점을 두었다. 그리고 품질 운동의 출발점으로 기업 문화를 정립하고자 하였으며, 그 시발점으로 워크아웃을 실행하였다. 워크아웃(workout)은 GE 기업 문화를 바꾸기 위한 방법으로써, 장애를 파악하고 제거하며, 또 비전을 창조하는 변화 도구이다. 그래서 워크아웃은 모든 사람들로부터 아이디어를 수집하고, 관료주의를 배척하고, 부서간의 벽을 허물고, 구성원에게 권한을 이양하고, 그리고 학습하는 조직을 만든다.

워크아웃은 다음과 같은 과정에 의해 이루어진다. 첫째, 목표를 정한다. 둘째, 문제를 정의한다. 셋째, 브레인스토밍을 이용하여 정의한 문제의 문제점과 장애물을 파악한다. 넷째, 문제점과 장애물을 항목별로 분류한다. 다섯째, 브레인스토밍을 이용하여 각 항목에 대한 가능한 해결책을 구한다. 여섯째, 가능한 해결책을 평가한다. 일곱째, 실행계획을 개발하고, 공유한다. 여덟째, 실행계획을 실행한다.

이것은 후에 GE가 식스 시그마를 실천에 옮기는 데 큰 도움이 되었다. 그리고 식스 시그마는 다시 GE에 품질과 프로세스를 중시하는 기업 문화를 창조하였다. 그래서 GE에서는 1980년대의 워크아웃이 GE의 행동을 바꾸었고, 1990년대의 식스 시그마가 GE의 일하는 방법을 바꾸었다고 말한다.

5.2 최고경영자의 강력한 의지와 실천

최고경영자의 강한 의지와 열정은 식스 시그마 성공에 필수적이다. 이것은 아무리 강조해도 결코 지나치지 않다. 사실 식스 시그마뿐만 아니고, 모든 혁신 활동이 성공하기 위해서는 최고경영자의 역할이 상당히 중요하다. Young과 Post(1993)는 최고경영자의 행동이 조직 내의 다른 경영자들의 행동에 크게 영향을 끼친다고 하였다. 그러나 최고경영자가 단순히 말로만 주장할 뿐 행동을 보여 주지 않고는 절대로 경영혁신이 성공할 수가 없다. 그래서 최고경영자는 먼저 최고경영자 스스로 식스 시그마가 기업 경쟁력을 강화하는 필수적인 전략임을 전 구성원들에게 천명하고, 모든 구성원들의 공감대를 얻도록 노력하여야 한다(안영진, 2000). 지속적으로 프로세스 개선을 추구하는 식스 시그마가 아니면 절대로 세계 시장에서 살아남을 수 없다는 믿음을 전 구성원들에게 강력하게 심어 줘야 한다. 여기에서 식스 시그마가 아니면 안 된다는 말에 관심을 가져야 한다. 식스 시그마를 해도, 안 해도 되고 하는 그런 것이 아니고, 식스 시그마를 하지 않으면 경쟁에서 살아 남을 수 없다는 강력한 메시지를 전달하여야 한다.

또 최고경영자 스스로 식스 시그마에 대한 교육을 받고 식스 시그마를 이해하여야 한다. 물론 최고경영자가 모든 세부적인 통계 기법을 전부 다 알아야 할 필요는 없다. 또 그렇다고 해서 통계적 기법은 세부적이니 알 필요가 없다고 생각해서도 안 된다. 가장 바람직한 것은 최고경영자 스스로 프로젝트를 수행하여 성과를 거두는 경험을 실제로 해 보는 것이다. 그래서 필요한 통계적인 기법도 스스로 이해하고, 식스 시그마의 힘을 느끼는 것이 바람직하다. 그래서 구성원의 말에 의해 움직이는 것이 아니고, 스스로 느껴서 움직이도록 하여야 한다.

최고경영자의 절대적인 지지와 참여는 단순히 최고경영자의 연설이나 기업 연간 보고서 첫 장에 써 있는 단순한 강조 또는 적당한 지원 정도로 생각해서는 안 된다. 최고경영자 스스로 식스 시그마 활동에 앞장을 서야 한다. 자금도 중요하지만, 더 중요한 것은 최고경영자가 직접 식스 시그마 활동을 리드하는 것이다. 그래야만 모든 구성원들이 식스 시그마의 중요성을 확실하게 인지하게 될 것이다.

또 최고경영자의 강력한 의지와 비전이 필요하다. 그리고 최고경영자의 말이 아닌 행동으로 그의 신념을 보여 주고, 이제부터 식스 시그마가 조직의 핵심 전략이고 식스 시그마를 적극적으로 활용하겠다는 강한 의지를 공식적으로 선포하여야 한다. 그렇다. 식스 시그마는 핵심 전략이다. 그래서 식스 시그마는 기업의 목적과 연계되어야 하며, 모든 실행계획과도 연계되어야 한다. 또 어떤 한 부서에만 국한되지 않고, 여러 부서에 걸쳐 시행되는 식스 시그마 프로젝트가 상당히 많다. 이런 점에서 최고경영자의 전략적인 관점은 시행과정에서 발생하는 문제점을 제거할 수 있다. 그리고 식스 시그마가 기업의 모든 이해관계자들에게 끼치는 영향을 설명하여야 한다. 그래서 임직원에게는 자기계발 및 인사고과에 반영되고, 주주에게는 수익성 향상을 통한 주가 상승을 명시하여야 한다.

식스 시그마를 단순히 어떤 프로젝트를 통해 실험해 보는 것은 식스 시그마에 대한 회의감을 나타내는 것으로 실패하기가 쉽다. 또 기업을 변혁시키는 핵심 프로세스에 적극적으로 참여하여야 한다. 과거에 기업의 비전은 최고경영자가 수립하고, 수립한 비전은 각 부서장이 각자 알아서 수행하여 왔다. 그러나 이런 방식으로 식스 시그마는 절대로 성공할 수 없다. 이제 최고경영자의 적극적인 참여와 강력한 리더십은 식스 시그마 성공의 핵심적인 요소이다. 조직의 모든 구성원들은 항상 최고경영자만 바라보고 있다. 그래서 최고경영자가 무엇에 관심이 있는지, 그리고 무엇을 하는지에 대해서 관심이 많다.

최고경영자는 기업의 장기적 목표를 확실하게 수립하고, 거기에 따른 재무적인 성과도 명확하게 제시하여야 한다. 그래서 미래에 어떤 목표를 달성하고자 하고, 이것을 달성함으로써 얼마만큼의 재무적인 성과를 달성할 수 있을지를 확실하게 설정하여야 한다. 또 식스 시그마 도입계획을 확실하게 수립하여야 한다. 그래서 도중에 다시 되돌아 오는 일이 없도록 철저한 준비를 하도록 하여야 한다.

그리고 최고경영자는 식스 시그마 추진 조직을 설립하고, 필요한 자금을 할당하고, 또 정기적으로 식스 시그마 활동을 점검하며, 전문 인력을 적극적으로 육성하도록 하여야 한다.

Motorola의 Bob Galvin 회장은 식스 시그마를 도입하기 전 품질 기법을 배우기 위해 몸소 일본의 기업들을 방문하였으며, 모든 회의를 정시에 시작하는 모범을 보여 줬다. 이것은 회의에 지각하는 것을 전부 결함으로 간주하였기 때문이다. 그리고 1992년 Juran 연구소의 'CEO와 품질'이라는 제목의 강연에서 최고경영자의 중요성을 강력하게 역설하였다. AlliedSignal의 Bossidy 회장은 구성원들과 주주들에게 식스 시그마는 지속적인 생산성 향상의 핵심이라고 강조하였다. 이들은 모두 식스 시그마를 독려하는 임무를 부하 직원들에게 위임하지 않았다. 그리고 직접 회의를 주재하였고, 개선 활동에 참여하였으며, 다른 임원들을 교육시켰다. 지금은 사명이 Honeywell로 바뀌었지만, 식스 시그마는 '식스 시그마 Plus'로 바뀌어 계속 추진 중에 있다. 처음에 식스 시그마의 도입을 주저한 GE의 Jack Welch 전 회장은 식스 시그마는 선택이 아닌 절대라고 하였으며, 식스 시그마에 동참하지 아니한 구성원들을 해고시켰다. 또 식스 시그마 인증을 받지 않은 사람들을 승진 대상에서 제외시켰다. 그리고 식스 시그마를 도입하지 아니했더라면 아마도 GE는 수익의 10-15% 정도를 손해 봤을 것이라고 예측하였다. 그리고 식스 시그마는 GE가 지금까지 경험한 최대의 성장을 위한 기회가 될 것이라고 모든 임직원들에게 공포하였다. 그리고 고위 임원 한 명을 챔피언에 임명하고, 모든 식스 시그마 활동을 총괄적으로 지휘하도록 하였다.

Harry와 Schroeder(2000), Blakeslee(1999), George(2002), Snee와 Hoerl(2003), 신동설과 안영진(2003), 손욱(2002), 강석진(2002), 고두균 등(1999)은 식스 시그마의 성공 요인으로 최고경영자의 강력한 리더십을 들었다. 여기에서의 리더십은 대부분 톱다운(top-down)방식의 리더십을 의미한다. 특히 실제로 한국 기업의 블랙벨트들을 대상으로 조사한 안영진과 신동설의 연구(2003)에서는 최고경영자의 리더십이 식스 시그마의 가장 강력한 성공요인으로 파악되었다. 이것은 기업의 공정 유형과 도입단계에 관계없이 가장 중요한 요소로 나왔다. 또 Sneed와 Hoerl(2003)도 최고경영자의 리더십을 가장 중요한 요소로 보고 있다.

특히 서비스 기업에 있어서는 최고경영자의 강력한 리더십이 중간 관리자에게도 연계되어야 한다. 이것은 고객과 접촉하는 현장이 상당히 중요하기 때문이다. 그래서 고객과 접촉하는 현장에서의 리더십이 강화되어야 한다. 그래서 우수한 서비스 기업에서는 반드시 우수한 리더십을 가진 중간 관리자가 있다. 그래서 조직의 모든 계층에 우수한 리더들을 보유하고 있어야 한다.

다음은 최고경영자의 역할이다.

- 식스 시그마가 기업의 최고 우선순위인 것을 명확히 한다
- 식스 시그마가 전략임을 천명한다
- 식스 시그마의 필요성을 모든 구성원들에게 주지시킨다
- 스스로 식스 시그마 교육을 받는다
- 식스 시그마 활동에 적극적으로 참여한다
- 식스 시그마 활동에 필요한 인적 자원과 자금을 분배한다
- 식스 시그마 도입 전략을 수립한다
- 식스 시그마 평가 및 보상에 대한 방침을 명시한다
- 식스 시그마 추진 조직을 설정한다
- 식스 시그마 프로젝트를 평가한다
- 식스 시그마 기대치를 언급한다

삼성에버랜드에서의 최고경영자의 식스 시그마에 대한 의지는 상당히 강하였다. 최고경영자는 기업의 경쟁력은 체질의 개선에 있다고 하였다. 그리고 체질의 개선은 식스 시그마로 가능하다고 하였다. 또 식스 시그마는 현 시대가 요구하는 강력한 경영혁신 도구로써 기업의 경쟁력을 강화하는 최적의 도구라고 주장하였다.

철도청에서는 식스 시그마를 강력히 추진하기 위하여 최고경영자인 철도청장이 직접 선두에 나서 강력히 식스 시그마 활동을 지휘하였다. 철도청은 식스 시그마가 성공하기 위해서는 최고경영자의 열성과 의지가 가장 중요하다고 믿었다. 그래서 최고경영자가 스스로 공부하고, 또 지속적인 관심

을 가지고 구성원들을 독려하는 것이 중요하다고 믿었다. 그래서 철도청장은 식스 시그마를 적극적으로 추진하기 위하여 청장 직속에 식스 시그마 추진사무국을 설치하였다. 그리고 각 본부별로 혁신팀을 설치하였다. 그리고 도입-확산-정착의 순으로 식스 시그마 경영혁신 3개년 계획을 수립하였다.

5.3 인간존중

서비스 기업은 고객에게 약속을 파는 기업이다. 서비스 품질은 바로 기업의 구성원이 고객에게 제공하는 서비스의 결과이다. 이 모든 것은 고객을 존중하는 마음에서 비롯된다. 그러므로 기업은 인간을 존중하는 정신을 구성원들에게 심어 주고 직접 실천에 옮겨야 한다. 이것은 상당히 중요한 요소이다. 특히 서비스 기업은 사람과의 관계에 초점을 두는 기업이다.

Berry(1999)는 몇 년간에 걸쳐 서비스 품질 조사에 기인하여 고객들이 가장 많이 느끼는 서비스 불만사항 열 가지를 정리하였다. 이 열 가지 불만

표 5-1　고객들이 가장 자주 느끼는 서비스 불만사항

1. 원하지 않는 서비스를 임의로 추가하여 요금을 더 청구하거나, 의도적으로 비용을 높게 부르는 부정적이며 불공정한 행위
2. 고객을 어리석거나 부정직한 사람으로 간주하여 거칠고 무례하게 대하는 행위
3. 구성원이 약속한 것과 다른 서비스를 제공하는 행위, 부주의하고 실수 투성이의 서비스
4. 고객의 문제를 해결하고자 하는 의지와 능력이 없는 구성원의 무능력
5. 카운터엔 구성원이 없고, 긴 줄에서 많은 고객들이 기다릴 때
6. 인간적인 면이 전혀 없는 구성원의 비감정적인 서비스
7. 문제 해결을 하고 싶어하는 고객과 대화하기를 꺼리는 서비스
8. 고객이 도움을 신청할 때 짜증스럽게 하는 서비스
9. 빈번한 그러나 어렵지 않은 고객의 질문에 대답하지 못하는 구성원
10. 기다리고 있는 고객들 앞에서 개인적인 일을 보고 있는 구성원

출처: Leonard L. Berry, 초일류 서비스 기업의 조건, 은종학 옮김, 김앤김북스, 1999.

사항은 전부 인간존중과 연관되어 있다. 고객 그리고 인간에 대한 존경심을 갖는 구성원에게는 이런 불만사항이 나오지 않을 것이다. 이것은 궁극적으로 기업의 최고경영자가 구성원을 존중하지 않는다고 생각할 수 있다. 즉, 구성원들이 존중의 경험을 하지 못하였기 때문에 존중이 무엇인지도 모르기 때문이다. 그러므로 인간 존중의 정신을 구성원들에게 심어 줘야 한다. 그래야만 경영자와 구성원 사이에 깊은 신뢰감과 일체감이 형성되고, 공통된 가치관이 수립된다. 또 말로만 하는 인간존중은 더욱더 나쁜 결과를 가져올 수 있다.

식스 시그마는 팀워크를 중시한다. 팀워크는 인간존중에 기반을 둔다. 그래서 서로 팀원을 존중하고 능력을 인정하여야 한다. 팀워크는 식스 시그마 성공에 상당히 중요한 요소이다. 그래서 식스 시그마에서는 각 개인의 개별적인 능력을 강조해서는 안 되고, 공통된 마음으로 팀의 프로젝트를 공동으로 해결한다는 마인드를 양성하는 것이 중요하다. 그래서 기업의 목적과 전략, 그리고 가치관을 공유하고, 하나의 팀으로서의 일체감을 지니도록 하여야 한다. GE에서는 CAP(Change Acceleration Process)이라는 도구를 이용하여 변화를 가속화하고, 팀을 창조하고, 지속적으로 활동하게 하였다.

그런데 무조건 팀을 구성한다고 해서 성공을 보장하는 것은 아니다. 팀의 운영방법은 식스 시그마의 성공에 상당히 중요하다. 예를 들어, 팀의 각 멤버가 무조건 동일한 과업을 수행하는 것보다는 각자 선호하는 과업을 수행하고, 과업의 균형을 이루는 것이 훨씬 효과적이다. 이것은 식스 시그마 팀의 리더의 능력에 의하여 이루어진다.

참고문헌

강석진, "세계 제일의 초우량 기업 GE의 6시그마 경영전략과 비전," 2002 6 시그마 페스티벌, 한국능률협회컨설팅, 2002, 13-77.

고두균, 김상익, 서한손, 안병진, 이해와 적용: 6 시그마 경영, 한국생산성본부, 1999.

손욱, 능률협회컨설팅 6 시그마 패스티발, 2002.

신동설과 안영진, "블랙벨트를 통해 본 6 시그마 성공의 핵심 성공 요인에 관한 실증적 연구," 품질경영학회지, 제31권 제 4 호, 한국품질경영학회, 2003, 81-94.

안영진, 6 시그마의 핵심, 김영사, 2000.

한국능률협회, "6 시그마를 통한 철도 르네상스 실현," 6 시그마 경영품질, 2002, 84-86.

Berry, Leonard L., 초일류 서비스 기업의 조건, 은종학 옮김, 김앤김북스, 1999.

Blakeslee Jr., Jerome A., "Implementing the Six Sigma Solution," Quality Progress, ASQ, July 1999, 77-85.

Bossidy, Larry and Ram Charan, Ececution: 실행에 집중하라, 김광수 옮김, 21세기 북스, 2004.

Collins, James C. and Jerry I. Porras, Built to Last, Curtis Brown Ltd., 1994.

Ehrlich, Betsi Harris, Transactional Six Sigma and Lean Servicing: Leveraging Manufacturing Concepts to Achieve World-Class Service, St. Lucie Press, 2002.

Ford, Robert C., Cherrill P. Heaton, and Stephen W. Brown, "Delivering Excellent Service: Lessons from the Best Firms," California Management Review, Vol. 44, No. 1, Fall 2001, 39-56.

George, Michael L., Lean Six Sigma: Combining Six Sigma Quality with Lean Speed, McGraw-Hill, 2002.

George, Michael L., Lean Six Sigma for Service: How to Use Lean Speed and Six Sigma Quality to Improve Services and Transactions, McGraw-Hill, 2003, 85-99.

Harry, Michael and Richard Schroeder, 6 시그마 기업혁명, 안영진 옮김, 김영사, 2000.

Snee, Ronald D. and Roger W. Hoerl, Leading Six Sigma: A Step-by-Step Guide Based on Experience With GE and Other Six Sigma Companies, Prentice Hall, 2003.

Young, M. and J. E. Post, Managing to Communicate, Communicating to Manage: How Leading Companies Communicate with Employees, American Management Association, New York, 1993.

제 6 장

서비스 품질

제 6 장　서비스 품질

제조업체와 달리 서비스업체는 고객과의 접촉이 상당히 많다. 그래서 고객이 프로세스에 직접 참여하는 시간과 횟수가 상당히 많다. 이렇게 고객과 기업이 접촉하는 순간을 MOT(moment of truth)라고 한다. 제조업체와 다른 서비스업체의 이런 특수한 환경에서는 품질에 대한 관념이 달라져야 한다. 즉, 제조업체에서 전통적으로 사용하여 왔던 세밀한 표준규격에 의한 불량률 측정 같은 개념이 서비스업체에 동일하게 적용되는 것이 어렵다. 또 제조업체에서는 불량품을 발견하여 정상적인 상태로 다시 만들 수 있다. 그러나 서비스의 경우에는 이렇게 하는 것이 어렵거나 또는 불가능한 경우가 많다. 그래서 Starbucks(1999)에서는 스토어에서 고객의 경험은 곧 그 업체의 생명이라고 하였다. 한 번 좋지 못한 경험을 한 고객은 영원히 오지 않는다고 하였다. 그래서 서비스업체에서는 제조업체와는 다른 품질 측정 기준을 설정하도록 하여야 한다.

제 6 장에서는 서비스 품질에 대해 논하고자 한다. 특히 여기에서는 다음과 같은 주제들에 대해 설명하고자 한다.

- 서비스 품질은 무엇인가?
- 서비스 품질의 측정
- 서비스 품질의 특성
- 서비스 품질 개선 방법
- 접점 관리 개선
- 시간 전략
- 서비스 품질코스트

6.1 서비스 품질은 무엇인가?

서비스는 유형재화처럼 어떤 형태를 지닌 물체가 아니고, 어떤 결과나 성과를 나타낸다. 이러한 서비스에 내재된 속성은 유형재화와는 달리 서비스에 대한 표준 규격을 설정하는 것을 어렵게 한다. 또 위에서 이미 언급하였듯이, 서비스는 일관된 공정에 의해서 생산되어 운반되고, 저장되어 소비자에게 균일한 품질 수준으로 팔릴 수가 없다. 또 품질의 균일성을 확보하기 위하여 소비자에게 판매하기 전에 테스트를 거쳐 합격필증을 부착할 수도 없다.

이처럼 서비스 품질은 유형재화의 품질과는 다른 각도에서 관찰된다. Berry(1999)는 서비스 품질은 서비스 실행의 품질이라고 하였다. 그래서 서비스를 실행하는 사람의 능력과 열정이 서비스 품질을 결정한다고 하였다.

Gronroos(1983)는 서비스 품질을 기술품질과 기능품질로 구분하였다. 기술품질은 고객에게 공급되는 서비스의 품질 자체를 말하며, 기능품질은 서비스가 고객에게 어떻게 공급되는가에 대한 품질을 말한다. 즉, 서비스 품질은 서비스 자체의 품질과 서비스가 고객에게 전달되는 과정에 의한 품질에 의해서 이루어진다고 보고 있다. 식당을 예로 들어보자. 음식은 기술품질이고, 음식을 배달하는 구성원의 태도와 언행은 기능품질이다.

Lehtinen(1983)은 서비스 품질을 공정품질과 산출량품질로 구분하였다. 공정품질은 서비스를 받는 동안 고객에 의해 평가되는 품질을 말하며, 산출량품질이란 서비스를 받은 후 고객에 의해 평가되는 품질을 의미한다. 이렇게 서비스는 서비스를 받는 도중에 고객이 감지하는 품질과 서비스를 받은 후 고객이 느끼는 품질로 구분된다고 하였다.

Berry와 Zeithaml, 그리고 Parasuraman(1985)은 서비스 품질의 결정 요소를 다음과 같이 열 가지로 설명하였다.

① 유형성(tangibles): 서비스업체의 설비, 기기, 인적자원, 그리고 의사소통 도구의 외적 형체. 기기의 현대성과 인적자원의 깔끔한 모양을 강조한다.

② 신뢰성(reliability): 고객에게 약속한 서비스를 정확하게 그리고 믿음직하게 공급하는 능력. 처음부터 확실하게 믿음을 줘야 한다.

③ 응답성(responsiveness): 고객에게 서비스를 즉각적으로 제공하고자 하는 구성원의 신속함과 준비성. 얼마나 신속하게 고객의 문제점이 해결되었는가?

④ 능력(competence): 서비스를 수행하는데 필요한 기술과 지식의 소유. 고객이 원하는 질문에 답할 수 있는 기술과 지식을 인적자원이 지니고 있는가?

⑤ 예의(courtesy): 고객과 접촉하는 사람의 고객에 대한 관심, 친절, 존경, 그리고 청결성. 고객에게 무례하거나 불쾌감을 줘서는 안 된다.

⑥ 믿음(credibility): 서비스업체의 신용, 정직, 명성, 그리고 도덕성. 좋은 이미지와 명성을 강조한다.

⑦ 안전성(security): 서비스의 안전과 개인 비밀에 대한 보호. 서비스업체의 기기를 사용하는데 위험은 없는가? 사생활이 보호가 되는가?

⑧ 접촉용이성(access): 고객이 서비스 제공자와 접촉하는 용이 정도. 24시간 내가 접촉할 수 있는가?

⑨ 의사소통(communication): 직원과 고객과의 대화의 효과성, 고객이 이해할 수 있는 말을 사용하는가?

⑩ 욕구 파악(understanding the customer): 고객과 고객 욕구를 이해하기 위한 노력. 서비스업체 직원이 나를 단골 고객으로 잘 알고 있는가?

위의 요소들을 철저히 지키는 회사로 SIA를 들 수 있다. SIA(Singapore Airlines)는 신뢰성을 중시한다. 그래서 항상 동일한 성능을 지속적으로 고객에게 제공하기 위해 노력한다. 이런 노력으로 SIA는 대부분의 국제적인 평가에서 항상 톱의 위치를 차지하고 있다. 신속성을 향상하기 위하여 지연 항공편에 대한 정보 제공 서비스를 실시하고, 전 세계 네트워크에 연결된 SIA 모바일 서비스(Mobile Service)를 이용하여 중요한 메시지를 모든 SIA 고객에게 전송하고 있다. 능력에서도 항공사의 능력은 안전과 직결되는 것을 인식하고, 철저하게 안전을 중시하고 있다. 유형성도 향상하기 위하여 업계 최초로 기내 전화와 같은 많은 서비스 혁신을 단행하고 있다.

서비스 품질을 결정하는 네 단계

서비스 품질은 대개 다음과 같은 네 단계에서 결정된다.

1. 서비스를 받기 전 소비자의 기대감
2. 서비스를 받는 동안 소비자의 경험
3. 서비스를 받은 후 소비자가 느끼는 서비스의 기능품질
4. 문제가 발생하였을 때 소비자가 겪는 경험

이 네 가지 단계 중에서도 어떤 단계가 가장 서비스 품질에 많은 영향을 끼치는지에 대해서는 명확한 답이 없으며, 학자에 따라 다르다. 대부분의 학자들은 서비스의 기능품질과 소비자의 기대감이 주로 서비스 품질을 결정한다고 보고 있다. 특히 Berry(1999)는 서비스 기업에 있어서 신뢰성이 서비스 품질을 결정하는 중요한 요소라고 하였다. 그래서 서비스 기업은 제조 기업에 비해 보다 높은 신뢰성을 고객에게 제공하여야 한다. 고객은 제품을 눈으로 직접 보거나, 또는 손으로 직접 만지고 그 제품의 품질을 스스로 판단할 수 있다. 하지만 무형재화인 서비스는 그렇게 할 수 없다. 단지 소비자가 서비스를 구매하는 주된 이유는 서비스 기업에 대한 고객의 신뢰이다. 그리고 고객의 신뢰는 서비스 기업의 명성과 고객의 과거 경험에 의해서 이루어진다. 그래서 서비스 기업은 지속적으로 신뢰를 쌓아 고객에게 말한 약속을 지켜야 한다.

그러나 Cronin과 Taylor(1992)와 같은 사람들은 서비스의 기능품질을 가장 중요한 요소로 보고 있다. 그리고 최근에는 소비자의 기대감에 중점을 두어야 한다는 많은 논문들이 나오고 있다. 특히 Hamer와 Sudharshan(1998)는 소비자의 기대가 고정되어 있는 것이 아니라, 시간에 따라 변하기 때문에 변하는 소비자의 기대에 의해 서비스 품질을 보아야 한다고 주장하고 있다.

1 : 10 : 100의 법칙

또 하나 중요한 것은 서비스 품질은 초기단계에서부터 잘 구축하여야

한다는 사실이다. 유명한 '1:10:100의 법칙'은 여기에서도 적용된다. 일단 상품이 고객의 손에 넘어간 다음에 불량이 발생하면 손실이 눈덩이처럼 불어나게 된다. FedEx의 서비스 법칙은 바로 유명한 '1:10:100의 법칙'을 따르고 있다. 즉, 불량이 생길 경우 즉각 고치면 1의 원가가 들지만, 책임 전가 등의 이유로 고치지 않고 기업 밖으로 나가게 되면 10의 원가가 들고, 고객 손에 들어가 불량이 발생해 클레임이 되면 100의 원가가 든다는 법칙이다.

6.2 서비스 품질의 측정

서비스 기업은 각기 그 기업 고유의 특성을 지니고 있다. 그리고 서비스 품질은 객관적과 주관적 요소를 모두 지니고 있다. 또 서비스 품질은 다양한 요소들에 의해 영향을 받고 있다. 또 서비스 품질은 개인의 심리적인 상태와 전달하는 사람에 의해 크게 좌우된다. 이런 점에서 서비스 품질을 평가하는 것은 상당히 어렵다고 할 수 있다.

불과 몇 년 전만 해도 서비스 품질을 측정하는 기업의 수는 극히 드물었다. 심지어 서비스 품질을 측정하는 것 자체에 대해 회의적인 기업들이 많았다. 그러나 품질에 대한 관심은 서비스업체에서도 점차로 증가하고 있다. 품질은 또 공공기관이나 정부 등 비영리조직에서도 중요시되고 있다. 미국에서는 연방기관, 병원, 교육기관인 초등학교, 중 · 고등학교, 그리고 대학교에서도 품질을 중요시하고 있다. 또 미국의 Malcolm Baldrige 국가품질상, 한국의 국가품질상, 일본의 데밍상은 제조업체에게만 상을 수여하지 않고, 서비스업체에게도 수여하고 있다. 이것은 서비스업체에서도 품질이 상당히 중요한 경쟁요소로 되어 있는 것을 입증하고 있다. 그러나 이미 설명한 것처럼 제품과 서비스에는 많은 차이점이 있다. 그러므로 제품에 관한 기존의 품질 기법을 서비스 품질에 똑같이 적용한다고 하는 것은 문제가 있다.

그러므로 서비스업체에서도 서비스 품질에 대해 관심을 가져야 한다. 더 나아가 서비스업체는 서비스 품질에 대해 관심을 가질 뿐만 아니라 서비스 품질을 향상시켜야 한다. 그렇게 하기 위해서는 각 서비스업체는 그 업체의 특성에 따라 서비스 품질에 대한 정확한 정의를 수립하여야 한다. 서비스 품질을 명백하게 정의하지 못하는 기업은 서비스 품질을 향상시킬 수가 없다. 그러므로 기업은 서비스 품질에 대한 추상적인 개념에서 구체적이고 알맹이 있는 명백한 의미로 전환시켜야 한다.

그래서 모든 서비스업체는 품질을 정의하고 측정하여야 한다. 그래서 유통회사에서는 경쟁자와의 가격 비교, 고객 서비스 등에 대해 측정을 하며, 보험회사에서는 보상 요구에 대한 처리기간, 처리되지 않은 사건의 수 등을 측정하여야 한다.

1993년 Malcolm Baldrige상을 수상한 미국의 Ritz-Carlton 호텔은 서비스는 구성원이 고객과 접촉할 때마다 발생한다고 하였다. 특히 서비스는 고객과 처음 만났을 때, 고객의 기대를 충족시킬 때, 그리고 고객과 헤어질 때, 이렇게 세 단계의 접촉과정에서 발생한다고 하였다.

미국 North Carolina Durham시 DCH(Duke Children's Hospital) 의사인 Meliones(2000)는 비용을 절감하기 위해 의료품질을 낮춘 병원의 정책이 환자들에게 많은 고통을 주고, 의료진의 사기를 떨어트리고, 오히려 병원의 비용을 더 증가시켰다고 하였다. 의료진은 오직 환자의 건강을 회복시키는 일에만 주력하여야 하는데 비용 절감에 신경을 쓰니 환자들이 불편해 하고, 의료진들의 사기가 떨어졌다고 하였다. DCH는 품질을 올리고 수익성을 확보하기 위해 BSC(Balanced Scorecard)를 사용하였다.

사례 FedEx의 서비스 품질 측정

1990년 서비스업계 최초로 MBNQA(Malcolm Baldrige National Quality Award)를 수상한 FedEx는 업무에 관련된 모든 활동을 측정하고 있다. FedEx는 1973년 10대의 항공기와 44대의 차량 그리고 약 4백 명의 직원으로 미국 25개 도시에서 서비스를 시작해서 지금 세계 최고의 회사가 되었다. FedEx는 이렇게 현재 잘못하고 있는 것뿐만 아니라 잘 하고 있는 것들도 측정하고 있다. 이것은 상황이 언제 어떻게 변할지 모르기 때문이다. 또 매일의 데이터를 종합해 주간활동보고서(Weekly Activity Review: WAR)를 작성해 경영자에게 보고한다. 경영자는 이 자료를 이용해 다음 주의 개선 활동과 목표를 수립한다. 그리고 구성원들은 목표 미달인 활동에 대한 월 보고서를 받는다. 그리고 고객에 대한 조사는 매일 측정되며, 분기별로 구성원들에게 제공된다.

FedEx에서 이렇게 모든 것을 정확하고 신속하게 측정할 수 있는 것은 FedEx의 체계적이고 자동화된 전산시스템 때문이다. 고객만족도가 가장 낮은 부문을 파악하기 위해 FedEx는 내부 프로세스 품질지표와 외부 서비스 품질지표를 이용하고 있다. 고객만족도 조사는 외부 서비스 품질지표에 속하는 조사로써 21개의 요소들을 측정한다. 그리고 '과정(how)' 인 내부지표를 '결과(why)' 의 외부지표의 예측치로 이용하고 있다.

서비스 품질 지표(SQI: Service Quality Indicator)는 고객들의 주요 불만을 선정하여 관련된 평가지표를 설정하고, 목표를 수립하고 평가한 다음 서비스 품질을 개선시키기 위해 1988년 도입되었다. 이것은 당시 미국 시장에서 UPS와 아시아 시장에서 DHL에게 밀리는 경쟁력을 강화하기 위하

표 6-1 FedEx의 고객 주요 불만 사항과 관련된 평가지표

고객 주요 불만 사항	평가 지표 항목(가중치)
1. 배달 지연	1. 무응답 전화(1)
2. 당일 시간 지연	2. 불만 재발(5)
3. 화물 수거 지연	3. 물품 파손(10)
4. 화물 분실	4. 국제 통관 문제(1)
5. 정보 전달 오류	5. 청구서 수정(1)
6. 서류 처리 오류	6. 물품 손실(10)
7. 업무 수행 실수	7. 수집 누락(10)
8. 화물 파손	8. 배달 증명서 누락(1)
	9. 반송 물품(5)
	10. 당일 지연 배달(1)
	11. 추적 요청 응대 불량(1)
	12. 배달 일자 지연(5)

여 도입되었다. 특히 고객은 원하는 시간에 물건을 받는 대신 더 높은 요금을 지불한다는 가정을 근거로 SQI를 설정하였다. 보다 구체적으로 FedEx가 설정한 고객들의 주요 불만 사항과 평가지표는 〈표 6-1〉과 같다(Birla, 2007).

FedEx에서는 또 벤치마킹도 하고 있는데 동종업종에서는 오히려 FedEx가 가장 측정을 잘하고 있어서 주로 MBNQA를 받은 다른 업종의 초일류기업들을 대상으로 하고 있다.

출처: Madan Birla, FedEx Delivers(페덱스 방식), 김원호 옮김, 고려닷컴, 2007.

사례 농협 성내동 지점에서의 서비스 품질 측정

서비스 기업에서 품질을 측정한다는 것은 쉽지 않다. 그러나 농협 성내동 지점은 고객과의 접점에서 고객만족도를 정확하게 파악하기 위해 서

표 6-2 농협의 서비스 품질 측정 범주와 항목

범 주	항 목
고객 맞이 준비	1. 분위기 및 준비 자세
	2. 용모 및 복장 상태
서비스 기본 매너	3. 반가운 맞이 인사
	4. 밝은 표정 및 제스처
	5. 적절한 용어 사용
	6. 신속한 업무 처리
	7. 정중한 배웅 인사
서비스 마케팅	8. 업무 숙지도 및 상담 능력
	9. 고객 특성 파악 등 상담 태도
	10. 적극적인 판매 노력
책임자 응대 서비스	11. 고객 응대 및 창구관리
	12. 직원 관심 및 업무지원
환경 정리	13. 자동화기기 작동 및 관리
	14. 내 · 외부 청결상태
전화 응대 서비스	15. 신속한 수신 및 인사말
	16. 친절하고 성의 있는 응대
	17. 종료 인사 및 종료 태도

비스 품질을 측정하기로 하였다. 그래서 궁극적으로 고객 접점에서의 서비스 품질을 향상하고자 하였다. 그래서 2006년 서비스 컨설턴트로 하여금 고객 접점 현장을 직접 방문하고 또 전화를 이용하여 고객 접점 현상을 파악하도록 하였다. 측정은 농협 서비스 매뉴얼을 기준으로 실천 정도를 측정하였다.

서비스 품질을 측정하기 위하여 농협은 서비스 품질에 중요하다고 생각되는 6개의 범주와 17개의 항목을 〈표 6-2〉처럼 선정하였다.

이 측정 범주와 항목을 보면 농협에서 서비스 품질을 향상하기 위하여 상당히 다양한 요소들을 선정하여 측정하고 있는 것을 알 수 있다. 보다 구체적으로 측정을 설명하기로 하자. '고객 맞이 준비' 는 직원들의 고객맞이 준비 자세를 평가하기 위한 범주이다. 주요 평가 포인트는 총 아홉 개의 지적 및 금지 사항과 2개의 가점 사항 평가로 이루어지고 있다. 판정은 5등급으로 되어 있다. 즉, 지적 사항 없는 탁월(4점), 지적 사항 1개인 우수(3.2점), 지적 사항 2개인 보통(2.4점), 지적 사항 3개 및 금지 사항 1개인 미흡(1.6점), 그리고 지적 사항 4개 이상 및 금지 사항 2개인 불량(0.8점) 등 5등급이다. 그리고 최종 평가는 경쟁자를 선정하고 이 경쟁자와 비교하여 이루어진다.

총 17개 측정 항목 중 5개 항목에서 경쟁자와 차이가 발견되었다. 그 중 하나의 항목이 '용모 및 복장상태' 이다. 평가자 의견은 경쟁자에 비해 전체적으로 농협이 어두운 느낌을 준다고 지적하였다. 원인을 분석해 보니, 여성 직원의 머리스타일이 깔끔하지 못한 것으로 나타났다.

서비스 품질의 측정은 성내동 지점에 다음과 같은 시사점을 제시하였다. 첫째, 무형의 서비스를 구체적으로 수치화할 수 있었다. 둘째, 보다 정확하고 사실성 있는 서비스 품질의 측정을 가능케 하였다. 셋째, 측정 결과에 의하여 개선 과제를 파악하고, 신속하게 교육을 시키고 개선할 수 있었다. 그래서 지속적으로 서비스 품질 수준을 향상할 수 있게 하였다.

출처: 농협, 농협 서비스 컨설팅 결과 보고서- 2006년 2회차.

6.3 서비스 품질의 특성

이렇게 볼 때 서비스 품질은 다음과 같은 특성들을 지니고 있다.

첫째, 서비스 품질은 기대감, 서비스를 받는 동안의 경험, 서비스를 받은 후 느끼는 기능품질, 그리고 문제가 발생하였을 때 겪는 경험의 네 가지에 의해 결정된다. 특히 서비스 품질은 소비자가 정상적으로 서비스를 받는 품질수준과, 또 서비스에 대한 문제가 발생하였을 때 기업이 그 문제를 어떻게 해결하는가에 의해 많이 결정된다.

둘째, 서비스 품질은 구성원의 외모와 복장, 그리고 태도에 의해 영향을 받는다. 고객은 공장 구성원들의 복장에 별 관심이 없다. 그러나 서비스를 구매하는 소비자는 구성원과 직접 접촉을 하여야 한다. 그래서 구성원의 언행과 복장이 고객에게 영향을 많이 끼친다.

셋째, 고객과의 접촉이 그리 많지 않은 서비스업체도 품질에 문제가 발생하면 고객과의 접촉이 많아진다. 이때 고객의 문제를 어떻게 처리하는가 하는 것이 서비스 품질을 결정한다.

넷째, 고객에게 서비스를 제공하는 시간이 상당히 중요하다. 시간에 대해서는 추후 논의하겠다.

다섯째, 서비스 품질은 직접 고객의 감정과 느낌을 다룬다. 인간의 감정을 다루는 것은 상당히 어려운 일이다. 그리고 서비스업에서는 상당히 다양한 인간들의 상호작용이 발생한다. 이런 모든 상호작용은 고객의 만족과 불만족에 직접적으로 연계되지만, 측정하기가 상당히 어렵기 때문에 관리하기가 어렵다. 또 기업이 통제할 수 없는 사건 때문에 고객의 불만이 발생하기도 한다. 교통량이나 폭설 때문에 발생하는 지연은 좋은 예이다.

여섯째, 서비스 품질은 고객의 느낌을 중요시한다. 고객의 느낌을 향상하기 위해서는 좋은 분위기를 제공하고, 고객을 중요한 사람으로 대우하고, 적절한 정보를 제공하고, 안정감을 줘야 하고, 지속적인 서비스를 제공하도록 하여야 한다.

6.4 서비스 품질 개선 방법

제조업체의 유형은 다양하지만 품질을 개선하기 위한 방법이나 개념은 공통으로 연구되어 왔다. 그러나 서비스업체의 경우에는 그렇지가 않다. 서비스업체는 동일한 업체끼리 세미나가 있었지만 전체 서비스 업종이 모이는 경우는 거의 드물다. 그럼 여기서 먼저 제조업체에서 품질 개선을 위한 공통점을 보기로 한다. 이것은 그대로 서비스 기업에도 적용될 수 있다. Juran(2002)은 다음처럼 네 가지를 제시하였다. 첫째, 정책, 목표, 계획, 조직, 동기부여와 같은 관리 프로세스, 둘째, 사용품질과 같은 품질 퍼래미터, 셋째, 제품개발, 생산계획, 공급업자와 관계, 프로세스 관리처럼 사용품질을 달성하기 위한 각 기능 활동, 그리고 마지막으로 개선을 위한 다양한 기법 및 도구 등을 들었다.

서비스 품질을 개선하기 위해서는 구성원들에게 동기를 부여하여야 한다. 물론 여기에서도 제조업에서 사용하는 기법들을 그대로 적용할 수 있다. 그러나 관리자가 아닌 일반 구성원들의 경우 제조업과 달리 다음과 같은 특성을 지니고 있다고 Juran(2002)은 말하였다. 첫째, 구성원들은 고객과 직접 접촉하며, 고객으로부터 즉각적인 피드백을 받는다. 둘째, 고객과의 접촉시 발생하는 서비스 품질을 측정하여야 한다.

서비스 식스 시그마를 도입하는 회사에서는 반드시 획득한 성과에 대해 보상을 하여야 한다. 보상이 없이 구성원들의 사기를 올릴 수 없다. 한 회사에서는 성과의 일정액을 구성원에게 보상하고 있다.

사례 철도청의 식스 시그마

1963년 9월 교통부 외청으로 발족된 철도청은 21세기에 들어서면서 글로벌 디지털 환경 하에서 경쟁력을 확보하기 위한 일환으로 2000년 식스 시그마를 도입하였다. 주목적은 총체적인 고객만족과 경영성과의 극대화였다. 철도청은 1994년부터 추진해 온 고객만족경영과 TPM(Total Productive Maintenance) 활동으로 철도청의 이미지가 많이 향상되었다. 그러나 수익성의 강화, 경영 효율성 강화 그리고 서비스 혁신 등의 이유로 식스 시그마를 도입하였다.

철도청은 3P 전략을 중점으로 기존의 고객만족 활동과 TPM 활동을 KMS 기반 위에서 식스 시그마를 수행하였다. 3P는 사람의 혁신(People Innovation), 경영방식의 혁신(Process Innovation), 그리고 상품의 혁신(Product Innovation)을 말한다. 그래서 2000년 1월 '21세기 철도발전전략기획단'을 설치하여 식스 시그마 활동을 전개하였고, 2001년 1월에는 '식스 시그마 추진 사무국'을 신설하고, 철도청 전 임직원이 참석한 가운데 다음처럼 식스 시그마 확산 결의대회를 가졌다.

"우리는 한국 철도가 21세기 풍요로운 생활 문화를 창조하는 초일류 기업으로 도약할 수 있도록 식스 시그마 활동을 전사적으로 추진해 나갈 것을 다짐하며 결의합니다. 첫째, 고객의 소리가 혁신의 출발점임을 자각하여 보다 빠르게, 보다 저비용으로, 보다 나은 서비스를 제공한다. 둘째, 혁신의 목표를 과학적이고 구체적으로 수립하여 경영성과를 향상시킬 수 있는 활동을 전개한다. 셋째, 지식경영과 정보기술을 적극 활용하여 전사적 업무 프로세스를 혁신한다. 넷째, 고객의 요구를 만족시키지 못하는 비부가가치 업무를 과감히 혁신하고 혁신의 성공적 구조 개혁을 통하여 철도발전의 기틀을 구축한다."

철도청의 식스 시그마 경영혁신 활동은 다음처럼 이루어졌다. 먼저 경영층의 리더십을 중요시하였다. 그래서 철도청장 이하 본부장인 경영층을 챔피언으로 임명하고 솔선수범하도록 추진 조직을 구성하였다. 또 청장을 위원장으로 하는 '식스 시그마 심의위원회'를 구성하여 식스 시그마에 관한 주요 정책을 결정하고, 조정하고, 전문가에 대한 자격을 인증하고 인센티브 부여 등을 결정하였다. 둘째, 식스 시그마 추진 사무국을 운영하였다. 추진사무국은 경영층을 보좌하는 참모 조직으로 경영혁신 인력을 배치하고, 인프라를 구축한다. 셋째, 식스 시그마 전문가를 양성하였다. 챔피언, MBB, BB, GB를 꾸준히 양성하였다. 넷째, 식스 시그마 개선 활동을 시행하였다. BB와 GB로 하여금 개선 프로젝트를 수행하도록 하였다. 다섯째, 식스 시그마 인프라를 구축하였다. 여기에는 인센티브 제도 구축, 식스 시그마 프로젝트 관리시스템 구축, 식스 시그마 커뮤니케이션 활성화, 식스 시그마 홍보 및 발간활동 구축, 그리고 식스 시그마 전문가 자격 인증 및 유지제도 강화 등을 하였다.

출처: 신동설, 공기업이 6 시그마 경영혁신 성공 사례에 관한 연구(철도청), 추계학술대회논문집, 한국생산관리학회, 2004, 169-184.

사례 KT의 식스 시그마와 서비스 품질

KT는 2004년 5월 13일 대전 인재개발원에서 국내 통신업계 처음으로 도입한 식스 시그마 운동의 성과발표회 'Sigma Expo' 행사를 개최했다. KT는 이번 경영혁신 운동(제3차 Wave)으로 1,853억 원(계열사 304억 원 포함)의 재무성과를 올렸으며, 금년 5월까지 총 2,500여 개의 과제수행을 한 결과, 3,494억 원의 누적 재무성과를 달성했다고 밝혔다.

특히 이번 발표에서는 민영화 이후 품질혁신을 통한 고객만족경영의 추진과 공기업적 기업문화 쇄신을 위해 2003년부터 전사적인 경영혁신운동을 추진해 온 KT가 계열사까지 포함한 그룹 차원에서 추진했다는 점이 주목을 받았다. 또한 이날 3차 Wave에 임원 과제를 수행한 38명의 임원들이 그린벨트(Green Belt, GB) 인증시험을 하여 눈길을 끌었다. 이 시험에서 38명 전원이 높은 점수로 합격했는데, 이용경 사장이 식스 시그마의 사상과 철학을 묻는 서술형 문제를 직접 출제해 '변화와 도전'에 임원이 먼저 앞장서야 한다는 점을 다시 한번 강조했다.

아울러 사장, 임원 및 외부 전문가의 심사를 통해 대상 1개, 금상 4개, 은상 7개 등 총 우수 과제 12개를 선발했는데, 이 중 '네스팟/메가패스 A/S 업무프로세스 개선' 과제가 대상으로 뽑히는 영광을 안았다. 이번 3차 Wave에서 선발된 모든 우수 과제들은 전사로 확산돼 KT그룹의 서비스 품질 향상에 적극 활용될 예정이다.

이러한 KT의 지속적 경영혁신활동은 서비스 품질 향상을 가속화하고 있으며, 그 결과 2005년도 NCSI 고객만족도 조사에서 전 부문 1위를 차지하는 쾌거를 올리기도 했다. 한편, 'Sigma Expo' 행사에서 KT 이용경 사장은 격려사를 통해 "식스 시그마를 KT의 일하는 방식으로 정착시켜 도입

당시의 목표였던 월드클래스 수준의 경영품질을 조기에 확보하겠다"며 강한 의지를 밝혔다.

출처: KT, 뉴스와이어, "KT, 식스 시그마 운동의 성과 발표회," 2005.05.14.

6.5 접점관리 개선

서비스 품질을 측정하려면 측정 단위가 있어야 한다. 서비스를 측정하는 하나의 단위로 MOT(Moment of Truth)를 들 수 있다. '진실의 순간' 인 MOT는 SAS 항공사의 Jan Carlzon(1987)이 사용한 용어이다. MOT는 고객과 기업이 직접 또는 간접으로 접촉하는 모든 순간을 말한다. 여기에서 중요한 것은 직접뿐만 아니라 간접까지 포함한다는 것이다. 그래서 고객과 기업과의 직접 대면, 통화, 서면뿐만 아니라, 고객이 간접적인 경험에 의해 접촉하는 모든 순간이 전부 MOT인 것이다. 그래서 고객은 매 번의 MOT에서 기업을 평가하게 된다. 그러므로 대부분의 MOT는 기업의 최고경영자가 보지 못하는 장소에서 거의 발생한다고 할 수 있다. 여기에 고객을 중시하는 서비스 제일주의의 확고한 철학의 정립이 상당히 중요한 것을 알 수 있다. 이것은 서비스를 측정하는 사람에게 시사하는 바가 크다고 할 수 있다.

MOT는 서비스를 측정하는 기본적인 측정 단위이다. 그리고 이제 MOT의 품질이 중요한 문제가 된다. 다시 말해 어떤 것이 품질이 좋고 어떤 것이 품질이 좋지 않은지 구별하여야 한다. 그러므로 여기에서는 서비스 품질의 평가요소가 중요한 문제이다.

이렇게 MOT에서의 서비스 품질은 구성원의 지식, 도와 주려는 구성원의 의욕, 신속성 등 다양한 요소들을 고려하여야 한다.

SIA(Singapore Airlines)에서는 MOT가 발생하는 순간을 다음처럼 표시하고 있다. 고객이 항공사에 예약할 때, 비행기 표를 건네고 탑승할 때, 탑승하여 승무원의 환영을 받을 때, 좌석에 앉을 때, 그리고 수화물 보관소를 찾을 때 등이다. 그리고 이 순간에 서비스를 잘 하여야 한다고 강조한다.

국민카드는 신용카드 발급의 신속화를 기하기 위해 고객 접점에서 과장급 이상의 직원이 직접 고객의 소리를 수집하고, 현장을 진단하고, 피드백하고, 현장 강사 역할을 담당하는 등의 활동을 실시하였다. 현재는 13명의 추진반을 구성하여 지속적인 활동을 펼치고 있다.

Ritz-Carlton 호텔은 고객에게 중요한 것들을 전부 측정하고 있다. 측정하는 데이터의 50%는 마케팅과 재무에 관한 것이고, 나머지 50%는 구성원 품질과 관련된 자료이다. Ritz-Carlton 호텔의 고객만족시스템은 고객 서베이와 피드백을 하며, 고객의 주요 욕구를 파악한다. 또 포커스그룹을 사용하여 고객의 욕구를 파악하고 있다. Federal Express와 마찬가지로 Ritz-Carlton 호텔도 벤치마킹을 하는데 대상 역시 호텔업 이외의 기업을 주로 하고 있다. 측정된 자료는 일, 주, 월, 분기, 그리고 연 보고서로 작성되고, 문제점들이 파악된다. 그리고 Ritz-Carlton 호텔에서는 표준화된 보고서를 작성하고 있는데, 가장 중요한 보고서는 품질코스트분석 보고서이다. 이 보고서는 고객에게 중요한 개선부문과 빠르게 수익성을 창출하는 부문을 파악하고자 한다. 그래서 투자비용과 가치를 비교하여 투자를 결정한다.

6.6 시간 전략

시간은 서비스 품질의 중요한 요소이다. 제조업에서도 시간은 중요한 전략의 요소이다. 그러나 제조업체에 있어서 시간은 품질의 요소가 아니라 고객 서비스의 중요한 하나의 요소이다. 여기에 비해 서비스업체에 있어서 시간은 서비스 품질을 구성하는 하나의 요소이다. 그러므로 서비스업체에서는 서비스 품질을 향상시키기 위해서는 반드시 시간의 중요성을 고려하여야 한다. 시간을 잘 관리하는 기업으로는 미국의 Walt Disney를 들 수 있다. Walt Disney는 고객의 기다리는 시간과 고객 만족과의 상관관계를 잘 알고 있다. 그래서 Walt Disney는 기다리는 고객들의 지루함을 달래기 위해 다양한 요기거리를 제공하고 있으며, 항상 놀이기구 앞에 기다리는 시간을 예시하고 있다.

서비스 품질의 중요한 요소인 시간은 다음과 같은 형태로 구분할 수 있다.

접촉시간: 접촉시간은 고객이 서비스업체와 직접 연결되어 접촉될 때까지의 시간을 말한다. 접촉시간이 길면 길수록 고객은 불만을 느끼게 되고 결국에는 경쟁기업으로 발을 돌리게 된다. 아무리 전화를 해도 연결이 안되는 기업은 접촉시간이 상당히 많은 기업이다. 자동기록기 또는 직접관찰 등을 통해 접촉시간을 측정할 수 있다.

대기시간: 대기시간은 고객이 서비스를 받기 위하여 기다리는 시간으로, 대기행렬의 길이와 대기행렬을 다루는 우선순위에 의해 결정된다. 대기시간이 길면 길수록 고객의 불만족은 높아진다. 또 불공정한 우선순위의 적용도 고객의 불만족도를 높인다. 대기시간은 대기행렬이론을 이용해 개선할 수 있다.

서비스 시간: 서비스시간은 고객이 서비스를 받는 시간으로서, 위에서 말한 대기시간을 제외한 시간이다. 고속버스를 타고 목적지까지 걸리는 시간은 서비스 시간이다. 서비스 시간의 지연은 고객의 불만족을 야기시킨다. 그래서 서비스업체는 서비스 시간을 관리하기 위해 서비스의 표준을 설정하고, 개선하도록 하여야 한다.

그런데 일선에서 고객과 직접 접촉하는 담당자는 전체적인 프로세스의 흐름을 보지 못하고 또 세부적인 일 때문에 이러한 시간을 감소하는 것이 쉽지 않다. 그러므로 이러한 시간은 보다 기업의 큰 흐름을 보는 경영자가 감소하도록 하여야 한다.

삼성화재는 고객만족을 위해서 시간 전략을 재수립하였다. 먼저 접촉시간을 감소하기 위해 전화를 한번에 받기로 하였다. 전화창이 화면에 뜰 때 상담원과의 연결시간 확인이 가능하도록 하였다. 대기시간을 감소하기 위한 전략도 수립하였다. 과거에는 ARS 멘트 후에도 여러 번의 단계를 거쳐야만 상담원과 연결이 되었다. 상담원과 연결되는 단계가 길어 대기시간이 길어져 고객 서비스에 나쁜 영향을 끼치고 있었다. 이 점을 개선하기 위하여 ARS 멘트 후에 단 한번의 단계만 거치면 상담원과의 연결이 가능하도록 개선하였다. 이 개선은 단계의 복잡성을 단순화시켜 대기시간을 대폭 감소하였다.

FedEx는 99%의 고객만족으로는 불충분하며, 그렇지 않으면 언젠가 나타날 1백% 고객만족업체에 고객을 빼앗긴다며 고객은 2등 기업에는 결코 애정을 베풀지 않는다고 선언했다. 이 회사는 미국행 서류나 샘플에 대해선 미국 현지시간으로 다음날 영업일 오전 10시 30분까지 배달이 안 될 경우 운임 전액을 환불해 주는 서비스를 해 주고 있다.

사례 Home Depot의 고객 서비스

미국 전역에 900여 개의 체인망을 가진 Home Depot는 직접 주택 수리를 하고자 하는 고객들을 위해 건축용품을 판매하는 소매 유통기업이다. 1999년도 실적은 매출 380억 달러, 순익 22억 달러로 1998년에 비해 각각 20-30%씩 향상되었다. Home Depot는 주택 보수에 비전문인도 도전할 수 있다는 베이비붐 세대의 자신감을 간파해 직접수리(Do It Yourself)건축용품 시장을 개척했다. 판매하는 건축용품은 수도꼭지에서부터 시멘트, 페인트에 이르기까지 5만여 가지에 이른다. 그리고 아무리 수요가 적어도 고객이 요구하면 판매 품목에 포함하는 원칙을 고수한다. 고객 요구에 부응하다 보니 판매 품목은 1980년대 초에 비해 5배 이상 늘어났다. 그리고 Home Depot 판매 중 70%는 고객 추천으로 이루어진다.

DIY 용품 사업에 있어서 고객서비스는 상당히 중요하다. Home Depot 판매직원들은 고객에게 제품의 위치를 가르쳐 주는 것에 그치지 않고, 고객을 직접 제품이 있는 진열대로 데리고 가서 사용법을 설명해준다. Arthur Blank 사장은 중요한 것은 고객에게 단순히 물건을 싸게 판매하는 것이 아니고, 고객이 문제를 해결하도록 도와 주는 것이라고 지적한다. 고객서비스에 대한 관심은 양질의 판매사원을 확보하는 것과 직결된다.

Home Depot는 건설, 하수, 목재, 그리고 배선 등의 분야에서 2년 이상의 유경험자만을 판매사원으로 채용한다. 그리고 직원 급여수준이 높아 이직률이 낮다. Home Depot가 양질의 판매사원을 확보할 수 있는 것은 단지 높은 급여 때문만은 아니고, 고객과 접촉하는 판매직원에게 자율권을 부여하기 때문이다. Blank 사장은 직원들이 가끔 자율권을 남용하는 실수를 하기도 하지만, 매사 허락을 요구하기보다는 실수에 대한 용서를 비는 조직이 사기와 고객 신뢰도를 높일 수 있다고 말한다.

6.7 서비스 품질코스트

품질코스트는 제조업체에만 국한되는 것이 아니다. 품질코스트는 서비스업에서도 중요하다. 서비스업에서의 품질코스트는 제조업에서의 품질코스트만큼 명확하지는 않다. 제조업에서 폐품으로 인한 코스트는 분명하게 측정할 수 있지만, 서비스업체에서 폐품으로 인한 코스트는 측정하기가 상당히 어렵다. 그러나 분명한 사실은 서비스업에서도 품질코스트가 발생한다는 사실이다. 더러운 호텔객실, 잘못 적힌 통장, 정시에 도착하지 않는 고속버스, 비위생적인 음식, 제조일자를 속이는 백화점의 상술 등은 전부 품질코스트를 야기시킨다.

서비스업의 품질코스트는 총 코스트 중에서 상당한 비율을 차지하고 있다. 서비스업체의 운영비용 중 보통 30% 내지 50%는 품질코스트로 추정하고 있으며, 품질코스트 중에서도 약 70%는 실패코스트로 추정하고 있다. 서비스업체에서 실패코스트의 대부분은 재작업이다. Crosby(1979)는 서비스업체에서 수행하는 작업의 약 25%는 재작업이라고 하였다. Pande(2000) 등은 서비스 산업에 있어서 품질코스트는 매출액의 약 50% 정도 된다고 하였다.

이렇게 서비스업에서 품질코스트를 측정하는 것은 제조업에서처럼 그리 쉽지는 않다. 그러나 제조업체와 마찬가지로 서비스업체에서도 품질을 측정하지 못하면 품질을 향상시킬 수 없다. Ritz-Carlton 호텔은 가장 중요한 보고서로 품질코스트 보고서를 사용하고 있다(Struebing). 이제 예를 하나 들어보자. 어떤 이유로 해서 어떤 고객이 더 이상 어떤 서비스업체에 오지 않는다고 하자. 그러면 이러한 고객의 행동은 분명히 서비스업체에게 손실을 발생시킨다. 이것은 분명히 그 서비스업체에게 비용을 추가시키는 요소이다. 그러므로 이 서비스업체는 이 비용을 측정하여야 한다. 이 비용을 측정하지 않는 서비스업체는 당연히 이 비용을 모를 것이며, 비용을 모르니까 당연히 이 비용을 감소시키지도 않을 것이다. 만약 이 비용을 측정하고자 하는 서비스업체는 비용의 증가를 막기 위해 고객과 다시 거래하려는 투자 계획을 수립할 것이다.

그러나 이러한 비용을 측정하지 않는 서비스업체에서는 계속 그 서비스업체의 비용을 증가시킬 것이고, 비용의 증가는 이익의 감소를 가져올 것이며, 이익의 감소는 결국 그 기업의 경쟁력을 떨어뜨릴 것이다. 물론 거래를 중단한 고객을 파악하는 것은 서비스업체에 따라 쉬울 수도 있고 그렇지 않을 수도 있다. 고객의 명단을 처음부터 지니고 있는 보험회사나 투자신탁 또는 은행과 같은 서비스업체에서는 이러한 파악이 비교적 용이하다. 그러나 불특정 다수를 상대하는 소매상 같은 서비스업에서는 이러한 파악이 그리 용이하지 않다. 그러나 모든 서비스업체는 용이성에도 불구하고 반드시 거래를 중단한 고객들의 이유를 파악하도록 하여야 한다.

시티은행 서울지점은 갭조사를 실행하고 있다. 갭조사는 평가코스트, 예방코스트, 내부실패, 그리고 외부실패 코스트 등 품질코스트를 감소하였을 때 매출 증가와의 상관 관계를 조사하는 것이다. 그래서 고객 데이터를 조사보고 내부의 근본적인 원인을 찾아보고, 프로세스의 개선에 들어간 후 다시 고객 조사를 실시한다. 즉 고객의 변동을 최소화하면서 비용 절감을 달성하고자 한다.

참고문헌

농협, 농협 서비스 컨설팅 결과 보고서 – 2006년 2회차.

뉴스와이어, "KT, 식스 시그마 운동의 성과 발표회," 2005.05.14.

신동설, "공기업이 6 시그마 경영혁신 성공 사례에 관한 연구(철도청)," 추계 학술대회논문집, 한국생산관리학회, 2004, 169-184.

Berry, Leonard L., 초일류 서비스 기업의 조건, 은종학 옮김, 김앤김북스,1999.

Berry, Leonard L., Valarie A. Zeithaml, and A. Parasuraman, "Quality Counts in Services, Too," Business Horizons, May-June 1985, 45-52.

Birla, Madan, FedEx Delivers(페덱스 방식), 김원호 옮김, 고려닷컴, 2007.

Carlzon, Jan, Moments of Truth, New York, NY: Ballinger, 1987.

Cronin, J. and S. Taylor, "Measuring service quality: a reexamination and extension," Journal of Marketing, Vol. 56, July 1992, 55-68.

Crosby, Philip B., Quality is Free, McGraw-Hill, 1979.

Gronroos, Christian, Strategic Management and Marketing in the Service Sector. Boston: Marketing Science Institute, May 1983.

Hamer, L., B. Liu, and D. Sudharshan, "The effects of intra-encounter changes in expectations on perceived service quality models," Journal of Service Research, Vol. 1, No. 3, 1998, 275-289.

Juran, Joseph M., Quality Control in Service Industries, 2002.

Lehtinen, Jarmo R., "Consumer Oriented Service System," Service Management Institute Working Paper, Helsinki Finland, 1983.

Meliones, Jon, "Saving Money, Saving Lives," Harvard Business Review, November-December 2000, 57-64.

Pande, Peter S., Robert P. Neuman, and Ronald R. Cavanagh, The Six Sigma Way: How GE, Motorola, and Other Top Companies Are Honing Their Performance, McGraw-Hill, 2000.

Schultz, Howard and Dori Jones Yang, 스타벅스: 커피 한 잔에 담긴 성공신화, 홍순명 옮김, 김영사, 1999.

Struenbing, Laura, "Measuring for Excellence," Quality Progress, ASQ, December 1996, 25-28.

제 7 장

고객 중심

제7장 고객 중심

고객의 욕구를 파악하고 만족시키는 것은 기업의 기본적인 의무이다. 그러나 많은 기업들이 가끔 고객을 소홀히 하고 고객의 욕구를 잘 못 파악하고 있다. 그러므로 기업은 항상 고객 중심 전략을 수립하고, 고객에 의한 기업이 되어야 한다. 고객은 모든 기업의 출발점이며 종착점이다. 그래서 모든 의사결정은 반드시 고객으로부터 시작하고 고객에서 끝나야 한다.

George(2002)와 Blakeslee(1999) 등은 식스 시그마 성공 요인으로 고객 중심에 의한 의사결정을 들었다. 특히 George(2002)는 식스 시그마가 성공하기 위해서는 먼저 고객 중심의 기업문화를 조성하여야 한다고 하였다. 왜냐하면 기업의 목적은 고객을 만족시키는 것이기 때문이다. 그래서 기업은 VOC(Voice of Customer)를 통해 고객이 원하는 것을 파악하고, 이 욕구를 보다 구체적이고 측정 가능한 규격으로 만들고, 또 규격 중에서 가장 고객에게 중요한 CTQ(critical to quality)를 파악하여 개선하여야 한다고 하였다. 그리고 기업은 고객이 원하는 것과 기업이 제공할 수 있는 것과의 차이를 파악하고 이 차이를 식스 시그마를 이용하여 감소하여야 한다고 하였다. 그래서 식스 시그마는 고객의 욕구를 과학적이고 체계적으로 만족시킨다.

삼성은 식스 시그마 성공에 고객 가치가 중요하다고 하였다(손욱, 2002). 그러나 식스 시그마가 정말로 고객 중심적이 되기 위해서는 식스 시그마의 성과가 기업이 아닌 고객에게 돌아가야 한다. 그래서 궁극적으로 고객만족이 증가하여야 한다.

시티은행 서울지점은 식스 시그마를 고객 위주의 관점에서 전개하고 있다. 그래서 마케팅분야에까지 식스 시그마 운동을 벌이고 있으며, 하나의 예로 대출 담당 심사역은 전체 업무시간의 80% 이상을 반드시 고객에

써야 한다고 규정하고 있다. 그리고 이를 확실하게 실행하기 위하여 심사역은 반드시 매일의 근무 내용을 세밀하게 기록하여야 한다. 그리고 월말에 결과를 분석하여 기준에 미달하면 팀별로 그 원인을 분석하고 이를 개선하기 위한 계획을 수립하도록 하여야 한다.

제7장에서는 고객 중심에 대해 논하기로 한다. 특히 여기에서는 다음과 같은 주제들을 다루고자 한다.

- 고객에 대한 지식
- 고객의 기대
- 고객 욕구 파악 방법
- VOC
- 서비스업체에 있어서 소비자 만족과 불만
- 고객 유지
- 고객가치

7.1 고객에 대한 지식

고객이 중요하다는 사실을 모르는 기업은 없다. 그래서 Ritz-Carlton 전 회장인 Horst Schulze는 다음처럼 말하였다(www.ritzcarlton.com). "고객의 소리에 지속적으로 귀를 기울여라. 고객은 항상 변한다. 만일 당신이 고객을 완벽하게 만족시켰다면 고객에게 더욱 귀를 기울이고, 그들이 변하는지 확인하라. 만약 고객의 기대가 변했다면 여러분도 그들처럼 변화하라."

식스 시그마에서도 고객은 성공의 핵심적인 요소이다. Drucker(1999)는 기업은 단순히 생산하는 제품과 서비스보다는 고객의 가치 향상에 역점을 두어야 한다고 하였다. 그래서 고객에 대한 지식은 기업의 성과에 상당히 중요하다. 그런데 고객의 숫자가 정보통신 기술의 발달로 날로 증가하고 있다. Yahoo는 하루에 80만 권 책 분량의 고객에 대한 정보를 저장하고 있다. 그러나 고객에 대한 정보는 사실 너무 광범위하여 고객에 대한 정보를 전부 수집하고, 저장하는 것이 시간과 비용이 많이 소요된다. 그래서 우선 기업은 기업의 수익성에 가장 영향을 많이 끼치는 핵심 고객을 파악하여 이 핵심 고객에 대한 지식을 축적하도록 하여야 한다.

고객에 대한 지식은 고객의 거래 행위에 대한 지식뿐만 아니라, 고객이 서비스를 구매하는 동기에 대한 지식도 파악하여야 한다. 그래야 보다 의미 있는 정보를 기업은 획득하는 것이다. 이런 정보를 얻기 위해서 고객의 입장에 서서 서비스를 구매하는 과정 자체를 연구해 보는 것도 한 가지 방법이다. 그래서 내가 고객이라면 어떤 과정을 거쳐 이 서비스를 구매하는지 순차적으로 생각해 하나의 지도를 그려 보는 것이다.

기업이 정말로 고객에 대한 지식을 획득하기 위해서는 고객 중심적이 되어야 한다. 고객 중심적이라는 말은 모든 의사결정이 고객 중심으로 이루어져야 한다는 말이다. 그렇게 하기 위해서는 조직에서 고객에 대한 가치관을 분명하게 정립하고, 영업사원들이 고객에 대한 진실된 정보에 의해 실천하고 평가를 받아야 한다. 그런데 많은 기업에서는 고객에 대한 정보가 아닌 상사에 의해 통제받고 평가 받는 경우가 허다하다. 이런 점에서 Anderson과 Onyemah(2006)의 연구를 살펴볼 가치가 있다. 많은 기업에서 "고객은 왕이다"라는 말을 종종 하곤 한다. 그러나 실제로 "고객이 왕"이 아닌 "상사가 왕"인 기업이 많이 있다. 이럴 때에는 고객에 대한 진실된 정보를 수집할 수가 없다.

Anderson과 Onyemah는 '고객이 왕' 인 시스템과 '상사가 왕' 인 2개의 시스템이 있다고 하였다. 물론 조직은 이 2개의 시스템 중 하나가 될 수도 있고, 또는 이 두 개의 시스템 사이의 어떤 위치에 있을 수도 있다. 이들은 '고객이 왕' 인 시스템을 OC 시스템, '상사가 왕' 인 시스템을 BC 시스템이라 하였다. OC(outcome control) 시스템은 조직원 또는 판매원의 성과를 측정하고, 성과에 의해 보상하는 시스템이다. 여기에서 성과는 판매액, 시장점유율, 수익에 대한 기여, 신제품 판매 등을 말한다. 이 시스템에서의 조직원 또는 판매원은 상당한 자율권을 가지고 있으며, 상사보다 고객을 더 기쁘게 하는데 열중한다. 그리고 항상 고객 중심적이다. 또 이 시스템에서 상사의 수는 비교적 적은 편이다. 그래서 부하 직원에 대한 간섭 및 통제가 적다. 또 문화는 상당히 경쟁적이다. 그래서 높은 성과를 달성하려고 노력을 한다. 여기에 비해, BC(behavior control) 시스템은 조직원 또는 판매원의 성과가 아닌 그가 하는 일에 대해 평가한다. 즉, 소지하고 있는 지식, 기능, 역량, 외모, 교육수준, 나이 등에 의해 평가한다. 그래서 OC 시스템보다는 평가 기준이 상당히 주관적이다. 이 시스템에서 조직원 또는 판매원의 보수는 고정된 급여와 행동에 달려 있다. 그리고 행동은 주로 상사의 독단적인 평가에 달려 있다.

Anderson과 Onyemah는 이 두 개의 시스템을 8개의 기본적인 요소에 의해 구분하였다(표 7-1 참조).

그러면 고객 중심을 지향하는 조직은 어떤 시스템을 택하여야 할까? OC 시스템일까? BC 시스템일까? OC 시스템을 지향한다면 어떤 평가 기준을 가지고 있어야 할까? 또 어떤 기업 문화를 구축하여야 할까?

표 7-1 OC 시스템과 BC 시스템 비교

시스템 요소	OC 시스템	BC 시스템
1. 핵심 성과 기준	현실적 성과	성과를 달성하기 위한 방법론
2. 성과 기준 숫자	고객 중심적이며 소수	주관적이며 다양함
3. 상사의 간섭 정도	상사의 간섭이 적으며 담당자가 직접 의사결정을 함	상사의 간섭이 많으며 상사가 직접 의사결정을 함
4. 상사와의 접촉 빈도	거의 접촉이 없음	자주 또 광범위하게 접촉이 있음
5. 상사의 모니터 빈도	상사의 모니터가 거의 없음	상사가 지속적으로 모니터 함
6. 제공되는 코칭 양	부하에 대한 상사의 코칭이 거의 없음	부하에 대한 상사의 코칭이 빈번하며 많음
7. 평가 기준의 투명성	매우 투명함	거의 투명하지 않음
8. 보상 제도	성과에 의해 가변적으로 결정됨	성과에 관계 없이 상당히 고정적

출처: Erin Anderson and Vincent Onyemah, "How right should the customer be," Harvard Business Review, July-August 2006, 61.

7.2 고객의 기대

서비스 품질은 소비자의 기대에 의해 결정되므로 서비스 품질을 향상시키기 위해서는 소비자의 기대를 관리하여야 한다. 또 소비자의 기대를 관리하기 위해서는 먼저 소비자를 알고 이해하여야 한다.

기업은 고객의 기대를 충족시키는 것이다. 그래서 서비스 품질도 고객의 기대에 의해 결정된다. 고객의 기대는 광고, 홍보, 평판, 소비자 단체와 같은 공신력 있는 기관의 평가, 서비스에 대한 경험, 가격, 기업과의 커뮤니케이션, 서비스에 대한 기업의 약속, 브랜드명 등에 의해 결정된다. 또 비싸고 브랜드 이미지가 높은 서비스에 대한 고객의 기대는 일반적으로 높다. 특히 브랜드의 가치는 다른 정보가 없을 때 고객의 기대를 결정하는 상당히 중요한 요소가 된다.

서비스에 대한 소비자의 기대는 서비스 산업이나 또는 서비스업체에 대한 다양한 정보들로부터 형성된다. 소비자가 얻는 정보는 대개 세 가지 경로를 통해 형성된다. 첫 번째 경로는 소비자 각자의 특성이다. 소비자는 천차만별이며, 각자의 특성에 의해 바라는 기대가 엄청나게 차이가 난다. 소비자 각자의 특성은 여러 형태를 취하는데 여기에 대한 예로 Zeithaml 등(1993)은 서비스에 대한 소비자 개개인의 철학, 서비스에 대한 긴급성, 서비스에 대한 개개인의 욕구, 서비스 공급업자의 수, 그리고 스스로 서비스 과정에 참여하는 정도가 서비스에 끼치는 영향 등을 들었다. 두 번째 경로는 서비스를 받기 전에 소비자가 획득하는 정보이다. 이때 소비자가 얻는 정보는 편파적인 정보일 수도 있고, 정상적인 정보일 수도 있다. 편파적인 정보는 해당 기업의 광고나 홍보 등에 의해 대개 형성되는데, 소비자들이 다른 곳에서 정보를 얻을 수 없는 경우에는 이 편파적인 정보가 소비자의 기대를 주로 형성하게 된다(Hoch와 Ha, 1986). 반대로 정상적인 정보는 해당 기업이 아닌 다른 공신력이 있는 원천으로부터 나오는 정보이다. 이러한 원천으로는 이 기업에 대한 소비자의 과거의 경험, 사람들의 평판, 소비자 단체와 같은 공신력 있는 기관의 평가 등을 들 수 있다. 세 번째 경로는 서비스를 직접 받으면서 느끼거나 얻는 정보를 통하는 것이다. 여기에 대한 예로는 서비스에 대한 경험, 가격, 기업과의 커뮤니케이션, 서비스에 대한 기업의 약속, 브랜드명, 돌발적인 상황 등을 들 수 있다. 가격이 높고 브랜드가 있는 서비스에 대해서 소비자들은 일반적으로 높은 서비스 수준을 기대하게 된다(Dawar와 Parker, 1994). 특히 브랜드명은 다른 정보가 없을 때에는 소비자의 기대를 결정하는 데 상당히 중요하다. 돌발적인 상황은 일시적인 수요와 공급과의 관계나 일기와 같은 상황을 말한다. 그리고 돌발적인 상황은 예언적인 기대에 많은 영향을 끼치지만, 표준적 기대에는 별 영향을 끼치지 못한다.

서비스에 대한 소비자의 기대는 고정되어 있지 않고 관련된 다양한 정보를 획득함에 따라 변한다. 특히 소비자의 기대가 가장 많이 변하는 때에는 서비스를 직접 받으면서 느끼는 경험에 의해서다. 서비스를 받는 동안 수시로 변하는 소비자의 기대가 서비스 품질에 많은 영향을 끼친다는 연구 결과가 있다(Hamer 등, 1998). 그러므로 서비스업체는 수시로 변하는 소비자의 기대를 파악하고 서비스에 반영하도록 하여야 한다. 또 고객 중에서도 가장 가치 있는 고객의 소리를 듣도록 하여야 한다.

특히 소비자의 욕구는 그 사람의 지위, 취향, 성격, 생활수준, 교육수준 등에 의해 결정된다. 그러므로 서비스도 거기에 맞도록 설계되고 제공되어야 한다. 소위 MTO(make-to-order) 설계를 하여야 한다. 그래서 소비자에게 다양한 메뉴를 제공하여야 한다. 또 소비자의 기대를 충족시키기 위해서는 가끔 기술적인 지식이 필요할 때도 있다. 또 많은 사람들이 이해하기 쉽게 사용 설명서를 만드는 것이 바람직하다.

이렇게 소비자의 기대나 욕구를 충족시키기 위해서는 반드시 서비스 표준을 설정하여야 한다. 그렇지 않으면 관리를 할 수가 없다. 서비스 식스 시그마는 먼저 고객의 욕구 또는 기대를 파악하고 여기에 대한 서비스 표준을 계량적으로 설정하여야 한다. 이것은 식스 시그마 혁신전략의 정의(define)단계에 해당된다. 독일 은행은 점심 시간이 조금만 지나면 대부분 문을 닫는다. 고객이 주말 쇼핑 비용을 마련하기 위해 토요일 새벽부터 은행 문 앞에 줄을 서도 한두 시간 문을 열거나 또는 아예 문을 닫는다. 한마

디로 고객의 욕구를 무시했다. 그런데 시티은행은 1989년 전격적으로 주 6일 24시간 전화서비스 시스템을 도입했다. 고객이 전화 한 통화만 하면 언제라도 서비스를 해 주었다. 이 제도는 폭발적인 인기를 끌었다. 후에 도이체방크, 드레스드너 방크 등 독일 은행들이 뒤늦게 따라왔으나 고객 대부분이 거래은행을 시티은행으로 이미 옮긴 뒤였다. 현재 독일인 절반 이상이 시티은행을 서비스 만점인 금융기관으로 인식하고 있다. 시티은행은 독일에 지점이 현재 3백여 개로 본거지인 미국의 뉴욕 메트로폴리탄 지역의 지점 수보다 많다.

미국 Bloomingdales 백화점의 경우도 마찬가지다. 이 백화점은 1980년대 미국 보통 백화점처럼 패션과 라이프스타일을 내세워 상당한 인기를 끌었다. 그러나 1990년 도산에 직면했다. 비용절감을 이유로 고객서비스를 등한시하였기 때문이다. 고객이 서비스가 엉망인 백화점을 찾지 않는 것은 당연했다. 이를 깨달은 전 직원은 철저하게 '무엇을 도와드릴까요' 라는 캠페인을 실시하며 고객제일주의를 내걸었다. 이는 대성공을 하였다. 이후 New York시의 직장 여성들이 가장 선호하는 백화점으로 자리잡았다.

7.3 고객 욕구 파악 방법

고객 욕구는 설문조사, 면담, 포커스 그룹과 같은 다양한 경로를 통해 수집된다. 가장 많이 사용되는 방법은 설문조사(survey)이다. 설문조사는 회사에 대하여 전반적으로 느끼는 고객의 감정과 또 특정 제품 및 서비스에 대한 느낌을 파악하고자 한다. 설문조사는 비교적 저렴하게 고객의 다양한 욕구를 파악할 수 있다. 그러나 설문조사는 응답률이 낮고, 개방적인 질문을 하기가 어렵다는 한계점을 지니고 있다. 면담(interview)에는 전화면담과 일대일 면담이 있다. 면담은 개방적인 질문을 할 수 있으며, 높은 응답률의 장점을 가지고 있다. 그러나 면담은 시간이 걸리고, 비용도 많이 소요된다. 포커스 그룹(focus group)은 6–8명의 고객을 대상으로 고객들의 태도, 욕구,

편견 등을 파악하는 기법이다. 포커스 그룹에서는 일대일 면담에서 추출하기 힘든 고객의 속 마음을 그룹의 이점을 이용하여 파악하고자 한다. 그러나 포커스 그룹은 한정된 고객만 대상으로 하기 때문에 모든 고객의 의견을 파악하기가 어렵다.

그러나 최근 은행, 이동통신, 보험, 항공사, 백화점 등과 같은 많은 서비스업체들은 개별 고객에 대한 상세한 정보를 가지고 있다. 그래서 이러한 자료를 이용하면 고객의 욕구를 비교적 상세하게 파악할 수 있다. 이러한 기업들은 고객과의 학습관계를 통하여 얻은 지식을 활용할 수 있다. 그래서 점차로 다양해지는 고객의 개별적인 욕구를 충족시킬 수 있다.

하나의 예로, 영국의 British Airway는 장기우량고객을 지속적으로 만족시키기 위하여 그들에 대한 상세한 정보를 활용하여 욕구를 충족시키고 있다. 즉, 각 주요 장기우량고객에 대한 신상 정보 및 구체적인 니즈를 상세하게 기록하고, 그 니즈에 따른 항공료, 인보이스 처리 등의 업무를 자동적으로 관리하도록 하였다. 그래서 빠르게 변화하는 주요 고객의 욕구에 신속하게 대처할 수 있었다. 이렇게 해서 British Airway는 고객만족도를 향상시키고 동시에 비용을 크게 절감할 수 있었다.

7.4 VOC

VOC(Voice of Customer)는 고객 중심 전략의 한 방법으로써 고객으로부터 피드백을 받는 기법이다. VOC는 고객의 소리를 청취하는 기법으로서, 상당히 중요하다. 그래서 Pande 등(2000)은 21세기에 살아남는 기업은 고객의 소리를 진지하게 파악하고 만족시키는 기업이라고 하였다. VOC가 고객의 소리를 듣기 위해 주로 사용하는 방법으로는 전화 서베이, 고객퍼널, 포커스그룹, 우편조사, 의견조사엽서 등을 들 수 있다.

VOC는 불만이 있는 고객을 일일이 파악하고, 불만의 근본적인 원인을 파악하여 방지책을 세운 다음, 피드백을 통해 표준화시켜야 한다. VOC는 기업의 장기적인 수익성에 절대적으로 영향을 끼치는 중요한 요소이다. VOC가 성공하기 위해서는 기업은 다음과 같은 조건을 충족시켜야 한다 (Goodman 등, 1996).

① 제품 및 서비스의 전 수명에 걸쳐 VOC를 적극적으로 추구한다.
② 고객의 질문, 문제, 그리고 다른 피드백을 접수하는 즉시 기록한다.
③ 자료의 신뢰성을 높이기 위해 고객의 소리를 코딩으로 분류한다.
④ 자료에 대한 통계보고서를 작성해 추세를 파악하고 변화를 점검한다.
⑤ 모든 임원들로 하여금 VOC를 이용하게 한다.
⑥ VOC와 보상을 연계시킨다.
⑦ VOC로 인해 발생한 조직의 변화를 평가한다.

일본 건설회사인 타케나카사는 사후관리로 유명한 회사이다. 건물을 고객에게 판매한 후 6개월이 되면 타케나카사는 고객에게 건물이 고객의 욕구에 부합되는지를 묻는다. 그리고 건물을 판매한 지 일년이 되면 또 고객의 만족도를 물어본다. 그리고 타케나카사는 여기에서 그치는 것이 아니고 3년, 7년, 10년 후에 고객에게 다시 물어본다. 타케나카사는 또 항상 고객만 조사하는 것이 아니고, 소유주나 관리자들에게도 만족도를 검사한다. 그래서 병원을 건축하였을 때에는 병원뿐만 아니라 환자들에게도 물어본다. 이런 명성 때문에 타케나카사는 80%의 계약을 공개입찰을 거치지 않고 수의계약으로 한다.

7.5 서비스업체에 있어서 소비자 만족과 불만

소비자가 구매한 제품에 대하여 불만이 있을 때, 제조업체에서는 창고에 있는 다른 물건으로 바꿔 주면 된다. 그러나 재고가 없는 서비스업체에서는 그렇게 할 수가 없다. 단지 소비자의 만족도만 떨어질 뿐이다. 그러므로 제조업에 비해 서비스업체에서는 소비자의 욕구를 보다 분명하게 파악하고, 소비자의 기대에 부응하는 서비스 표준을 설정하여야 한다. 서비스 표준은 기업의 우선 순위를 결정하는 지침이 되며, 벤치마크의 기준이 되기도 한다. 그렇게 하기 위해서 기업은 소비자에게 서비스를 제공하는 절차를 기업의 입장에서 판단하지 말고 소비자의 입장에서 판단하도록 하여야 한다.

또 고객에 대한 만족도 조사를 하여야 한다. 고객의 만족도 조사 없이 서비스에 대한 개선은 없다. 만족한 고객은 일정한 수익을 서비스업체에게 줄 뿐만 아니라 그 이상의 수익을 준다. 또 만족한 고객은 비용이 전혀 안 드는 광고효과를 제공한다. 왜냐하면 만족한 고객은 다른 사람들에게 자기의 경험을 이야기하고, 그 서비스업체를 홍보하기 때문이다. Hart 등(1990)은 만족한 고객은 자기의 유쾌한 경험을 다른 사람 5-6명에게 전하고, 불만족한 사람은 훨씬 더 많은 다른 사람 10-15명에게 자기의 불만을 말한다고 하였다. 그런데 최근 인터넷의 양향으로 이 수치는 추정할 수 없을 정도로 훨씬 더 증가하고 있다.

특히 만족도 조사는 불만족을 느낀 고객에 대한 조사를 중요시하여야 한다. 그래서 불만족한 고객들이 왜 불만족을 느끼는지를 분명하게 조사하여야 한다. 고객의 불만족이야말로 기업이 원하는 최상의 가치를 지닌 정보이다.

고객의 불만을 처리하는 중요한 방법 중 하나는 신속하게 처리하라는 것이다. 그래서 결코 고객을 두 번 실망시켜서는 안 된다. British Airways가 서비스를 강화하기 위해 가장 먼저 시도한 것이 바로 고객 불만에 대한 신속한 처리였다(Weiser, 1995). 서비스를 개선하기 전 British Airways에서는 고객의 불만에 서류로 응답하는 데 12주나 걸렸고, 매일 걸려오는 전화 중 60%는 자료가 분실되었다. 그러나 고객의 불만을 신속하게 처리한 결과 엄청난 수익성의 향상을 가져왔다. 소비자도 항상 모든 것이 잘 되리라고 믿고 있지는 않다. 그러므로 뭔가 잘못 되었을 때 신속히 잘 문제가 해결되면 소비자는 상당히 만족스러움을 느끼게 된다.

Ritz-Carlton 호텔의 '고객인지 프로그램'은 정보기술을 이용한 탁월한 고객만족 시스템이다. 앨러지가 있는 손님이 고객인지 프로그램에 등록되었다면, 세계 어느 곳에 있는 Ritz-Carlton 호텔에 투숙하게 되더라도 그 고객이 머무르게 될 방의 욕실에는 무자극성 아기 샴푸가 미리 놓여지게 된다. 이것은 '고객이 말해 주지 않는 요구와 소망까지도 찾아내어 충족시킨다'는 Ritz-Carlton 호텔의 신조가 구호에 그치는 것이 아니라는 것을 입증해 준다.

또 하나 재미있는 사실은 영국 British Airways의 조사 결과이다. 기업에게 그들의 불만을 토로하는 사람들은 그렇지 않은 사람들에 비해 다시 그 기업과 거래를 할 확률이 훨씬 높다는 것이다(Weiser, 1995). 불만을 토로하는 고객과 그렇지 않은 고객들을 더 조사한 결과 British Airways에서는 〈그림 7-1〉과 같은 사실들을 파악하였다.

이 표에 의하면, 고객을 챔피언, 상처받는 사람, 행방 불명된 사람, 그리고 헐뜯는 사람 등 4개의 범주로 분류할 수 있다. 이 중에서 British Airways가 목표로 하는 범주는 바로 챔피언이다. 즉, 불평과 불만을 기업에게 잘 말하며 계속 기업의 단골로 있는 고객을 말한다. British Airways는 고객을 챔피언으로 만들기 위한 네 가지 전략을 수립하였다. 첫째, 서비스 품질을 향상하기 위하여 고객에게 신속한 피드백을 제공하였다. 그래서 고객에

그림 7-1 고객유형 분류

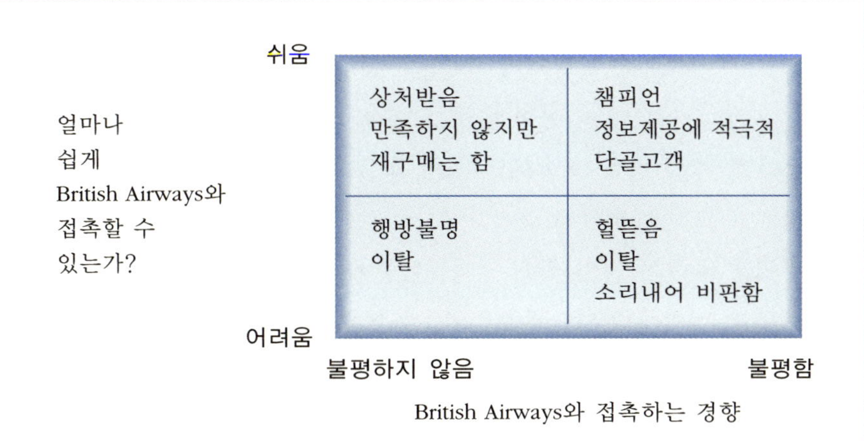

출처: Charles R. Weiser. "Championing the Customer," Harvard Business Review, November-December 1995, 114.

관련된 자료를 수집하고 분석하는 시스템을 설정하고, 파악된 정보를 세계 모든 지역의 British Airways에 배포하였다. 둘째, 미래에 발생할지도 모르는 서비스 문제를 미리 예방하기 위하여 팀워크를 이용하였다. 그래서 매월 한번씩 라인 운영자들이 모여 고객이 느끼는 서비스 품질에 대해 토의하고, 서비스 품질 개선 팀을 만들어 직접 품질을 향상하도록 하였다. 셋째, 기업이 아닌 고객의 입장에서 보상하도록 시스템을 변경하였다. 그래서 모든 불만건수를 일일이 따로 점검하고 고객 유지를 위한 월례회의를 정기화하였다. 넷째, 고객을 비판하는 대신 고객유지율을 중요시하기로 하였다. 그래서 각 부서를 고객유지율과 ROI(return on investment)로 평가하도록 하였다. 고객을 교육시키는 것도 소비자의 만족을 향상시키는 한 가지 방법이 될 수 있다. 요즈음 유행하는 DIY(do it yourself)는 이러한 방책의 일환이다.

또 고객서비스를 개선하기 위해서는 행동과학의 이론을 적용하는 것이 바람직하다는 이론이 제기되었다. Chase와 Dasu(2001)는 기업이 고객과 접촉할 때 그 동안 소홀히 하여 왔던 행동과학 이론을 적용함으로써 고객서비스를 크게 개선할 수 있다고 주장하였다. 특히 이들은 다음처럼 다섯 가지 원칙을 제시하였다. 첫째, 처음보다는 마지막이 중요하다. 대부분의 서비스업체들은 고객과 접촉할 때 처음과 끝이 똑같이 중요하다고 믿고 있지만 사실은 그렇지 않다. 고객은 처음보다 끝을 훨씬 더 잘 기억하기 때문에 끝이 처음보다 훨씬 중요하다. 그래서 처음에 아주 잘하고 뒤에 보통으로 끝나는 것보다는 처음에 보통이고 나중을 아주 잘 마무리하는 것이 훨씬 효과적이다. 둘째, 나쁜 것을 빨리 말하고 잊게 한다. 사람들은 일련의 사건에 있어서 나쁜 것을 먼저 경험하고 후에 개선되기를 원한다. 그래서 무슨 문제가 있으면 그것을 끝까지 숨기고 있는 것보다는 초기에 빨리 말해서 고객들의 양해를 구하는 것이 훨씬 낫다. 나중에 문제가 밝혀진 다음에는 고객은 배신감을 느끼게 된다. 셋째, 즐거움은 여러 개로 분산하고, 고통은 하나로 묶는다. 사람은 도박을 할 때, 한번에 10달러를 따는 것 보다는 5달러를 두 번 나누어서 따는 것을 더 선호한다. 그래서 서비스업체는 고객들을 매번 긴 줄에서 기다리게 하는 것보다는 조금 기다리더라도 한번만 기다리게 하는 것이 바람직하다. 넷째, 선택권을 준다. 선택권을 갖는 고객은 그렇지 않은 경우보다 훨씬 더 안정감과 만족감을 느낀다. 그래서 헌혈할 때에도 간호사가 기증자에게 단순히 왼쪽 팔을 뻗으라고 하는 것보다는 선택권을 주는 것이 바람직하다. 승객에게 제공하는 기내식 선택도 마찬가지 원리이다. 다섯째, 동일한 의식을 행한다. 사람들은 어떤 의식 행사를 선호한다. 그래서 이런 의식을 제공하는 것이 고객에게 즐거움과 안정을 제공한다. 이런 의식을 행하지 않는 것은 고객에게 불편을 주고 무엇인가 잘못되어 가고 있다는 인식을 준다.

사례 철도청의 고객만족 경영

철도청은 공공부문으로서는 한국 최초로 식스 시그마를 도입하였다. 식스 시그마를 도입하기 전 철도청은 '고객만족 경영'을 도입하였다. 이것은 식스 시그마가 성공하는 데 결정적인 기반을 제공하였다. 철도청은 고객만족 경영의 당위성으로 다음처럼 다섯 가지 이유를 들었다. 첫째, 2004년에 개통되는 고속철도 시대에 가장 경쟁력 있는 철도 회사를 만들어야 한다. 둘째, '주식회사 철도론'을 실현하기 위한 지름길이다. 셋째, 보수적이고 어두운 철도의 분위기를 쇄신하는 데 고객만족 경영이 가장 적합하다. 넷째, 공공부문의 경영혁신을 외치는 정부의 방침에 부응하는 확실한 방법이다. 다섯째, 철도청이 만년 적자에서 벗어날 수 있는 유일한 방법이다.

그리고 철도청은 고객만족 경영이 일시적으로 추진되어서는 안 되고, 지속적으로 일관되게 체계적으로 추진되어야 한다고 하였다. 그래서 고객만족 경영을 위한 4대 혁신 전략을 사람, 상품, 경영방식, 조직문화 등 4개 부문에서 수립하였다.

출처: 정종환, "공공부문의 6 시그마 경영을 통한 경쟁력 제고 방안," 6 시그마 패스티벌, 2002, 79-92.

사례 Ritz-Carlton 호텔의 고객 서비스

100년의 역사를 가진 Ritz-Carlton 호텔은 고품격호텔을 지향하는 전 세계에 34개의 체인을 갖고 있는 세계 최고 수준의 호텔이다. Ritz-Carlton 호텔은 규격화된 획일적 서비스를 제공하지 않고, 고도로 차별화된 개별적 서비스(personalized service)를 제공하는 것으로 유명하다. 외부 전문조사기관이 발표한 바에 따르면 이 호텔을 찾은 고객의 95%정도가 "추억에 남을 만한 방문"이었다는 강한 인상을 받고 호텔을 떠나게 된다고 한다. Ritz-Carlton 에서 고도의 개별적 서비스가 가능한 것은 '고객인지 프로그램(customer recognition program)' 이라고 불리는 고객정보관리 시스템인데, 정보기술을 이용한 이러한 Ritz-Carlton 의 서비스혁신은 Harvard 경영대학원의 교육과정에도 포함되어 있다. Ritz-Carlton 의 모든 체인점에는 한두 명의 고객 코디네이터(guest recognition coordinator)가 근무하고 있는데, 이들의 주요 업무는 자기 호텔에 머무르는 고객의 개인적 취향에 대해 조사하고, 고객별로 차별화된 서비스를 제공하기 위해 이를 활용하는 일이다. 예약고객의 명단이 입수되면 고객 코디네이터는 고객과 Ritz-Carlton 체인 호텔 사이에서 일어났던 일을 저장해 놓은 고객이력 데이터베이스에 접속한다. 이 데이터베이스는 1992년부터 구축되었기 때문에 지금은 100만 명에 가까운 고객의 이력과 개인적 취향에 관한 정보가 들어있다. 이 기간 동안 고객유지율이 25%나 증가하였는데, 이것이 Ritz-Carlton의 수익성에 상당한 공헌을 하였다는 것은 두말 할 필요가 없다. 「Harvard Business Review」지에 발표된 한 논문에 의하면 고객이탈률을 5% 줄이면, 기업의 순이익이 업종에 따라 25%에서 85%까지 증가한다고 한다.

고객 코디네이터가 일하는 방식을 살펴보자. 그들은 매일 아침 호텔 내의 간부회의에 참석하여 지배인, 객실 관리자, 식·음료부 관리자 및 기타 관계자에게 당일에 투숙할 고객에 대해 자기가 입수한 모든 정보를 제공한다. 예를 들어 투숙예정 고객이 과거에 체인 내의 어떤 호텔에 투숙하였을 때 아침 일찍 특정 신문을 넣어달라고 부탁한 적이 있다면, 고객으로부터 별도의 요청이 없더라도 이 손님이 머무르는 객실에는 그 신문이 새벽에 배달된다. 마찬가지로 캔디나 초콜릿을 좋아하는 고객이라면 캔디나 초콜릿을 이쁘고 작은 상자에 담아 미리 객실에 갖다 놓는다. 직원들이 근무 중에 관찰한 사실도 고객정보를 보충하는 데 이용된다. 모든 직원들은 항상 '고객취향(guest preference pad)' 이라는 작은 수첩을 갖고 다니는데, 고객 서비스 향상에 도움이 될 가능성이 있다고 생각되는 사실을 발견하는 즉시 여기에다가 기록한다. 그래서 모든 구성원들은 정보를 수집하는 사람들이 된다. 예를 들어 청소부가 객실 정리를 하다가 테니스 라켓과 신발 및 테니스 잡지가 방 안에 있는 것을 보았다면 "301호실에 투숙한 Butler씨가 테니스를 좋아하는 것 같다"라고 기록한 뒤, 이를 고객 코디네이터에게 전해 준다. 이를 전달받은 코디네이터는 해당 직원에게 테니스장 개방시간과 고객에게 도움이 되는 기타 서비스 정보를 제공해 주라고 주의를 환기시킨 다음 이 정보를 데이터베이스에 입력한다. 체인 호텔들이 이러한 고객정보 데이터베이스를 공유하고 있기 때문에, 이 고객이 세계 어느 곳에 있든지 Ritz-Carlton 호텔에 다시 투숙하게 되더라도 동일한 서비스를 제공받을 수 있다.

또 20여 년 동안 호텔을 경영하였던 Horst Schulze는 고객서비스에 대한 '황금률(Golden Rule)' 을 제정하였다(Hemp, 2002). 이 '황금률' 은 서비스 제공의 세 단계, 신조, 모토, 20개의 기본, 그리고 구성원의 약속 등으로 구성되어 있다. 이 '황금률' 은 지갑 정도의 크기로 집약되어 모든 구성원들의 주머니에 넣고 항상 볼 수 있도록 되어 있다.

7.6 고객 유지

대부분의 기업들은 새로운 고객을 유치하는 데 상당한 정성을 쏟고 있다. 그러나 새로운 고객을 유치하는 것도 중요하지만 보다 더 중요한 것은 기존 고객을 계속 단골로 유지하는 것이다. 그래서 Deming(1988)도 수익성은 단골고객으로부터 나온다고 하였다. 영국 British Airways는 단지 고객만족을 추구하지 않고, 고객유지에 많은 관심을 두었다. 그리고 고객유지를 기업의 최우선의 목표로 삼았다(Weiser, 1995). 새로운 고객을 창출하는 것은 광고, 홍보 등과 같은 많은 비용이 소요된다. 그러나 기존 고객들에게는 그런 비용이 발생하지 않는다. 또 단골고객들은 그들이 좋아하는 서비스를 받기 위해 가끔 더 많은 비용을 지불하기도 한다. 손님들은 더 비싸지만 확실하고 신뢰할 수 있는 서비스를 받기 위해 비싼 요금을 지불하고 그들의 단골 호텔에 투숙하기도 한다.

서비스업체에서 발생하는 불량은 고객의 상실을 가져온다. 고객이 더 이상 그 서비스업체와 거래를 하지 않고 다른 경쟁업체로 발길을 돌리게 된다. 이것은 기업의 수익성을 약화시켜 결국에는 기업의 경쟁력을 떨어트린다. 그러므로 서비스업체는 기존 고객을 잘 관리하고, 떠나는 고객들이 왜 떠나는지 그 이유를 파악하고, 대책을 수립하여야 한다. 또 고객을 상실하는 비용을 구체적으로 측정하여야 한다.

기업과 고객과의 거래 기간은 기업의 수익성에 상당한 영향을 끼친다. 일반적으로 고객과의 거래 기간이 길면 길수록 기업의 수익성은 향상된다. 한 예로, 자동차 서비스의 경우 4년째 단골고객은 1년밖에 안 된 고객에 비해 수익성을 3배 이상 창출한다고 한다. Reichheld와 Sasser(1990)는 〈그림 7-2〉에서 각 업종에 있어서 기존고객 상실률을 5% 감소하는 경우에 향상시킬 수 있는 수익성을 보여 주고 있다.

그러면 기존 고객을 상실하는 경우에 기업에게 어느 정도의 손실이 발생할까? 물론 이 비용은 업종마다 또 기업마다 똑같지는 않다. 그러나 기존

그림 7-2 기존 고객 상실률을 5% 감소하는 경우 수익성 향상치

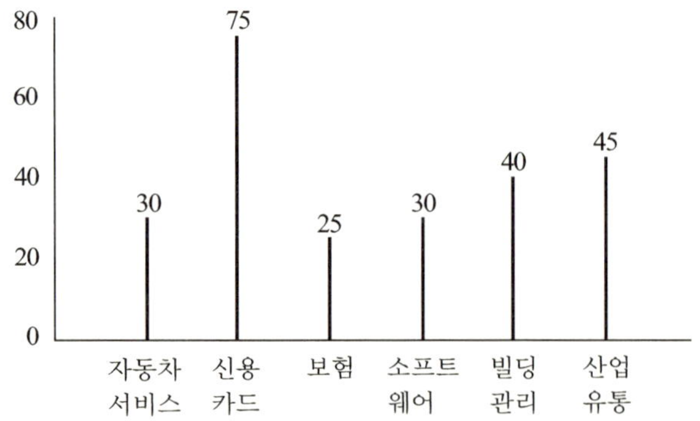

고객을 관리하려면 고객상실비용을 반드시 추정하고 측정하여야 한다. 그렇지 않으면 관리를 할 수가 없다. 불행히도 오늘날의 회계시스템은 고객상실비용을 측정하지 못한다. 왜냐하면 오늘날의 대부분 회계시스템은 당기의 손익에만 관심을 갖지, 고객의 일생 동안에 발생하는 기대 수익에 대해서는 관심을 갖고 있지 않기 때문이다. 그러나 이미 위에서 언급하였지만, 기존 고객과의 거래기간을 길게 하는 것은 기업의 수익성에 지대한 영향을 끼치기 때문에 기존 고객을 상실함으로써 발생하는 비용을 반드시 설정하고 측정하도록 하여야 한다. 그래서 주관적이고 애매모호한 관리가 아니라, 구체적이고 신빙성 있는 자료를 가지고 고객관리를 하여야 한다.

기존 고객을 잘 관리하여 단골고객을 만들고, 그들과의 거래를 지속적으로 유지하는 것은 기업의 경쟁력을 강화시킨다고 하였다. 그럼 어떻게 기존 고객을 관리하여야 하는지 다음에서 상세하게 설명하도록 한다.

첫째, 거래를 중단한 고객이나 또는 거래를 중단하려고 하는 모든 고객들을 파악한다. 물론 이것은 어떤 업종에게는 상당히 쉽지만, 어떤 업종에게는 상당히 어렵다. 예를 들면, 신용카드, 백화점, 보험회사, 휴대폰 회사, 자동차 서비스, 또는 은행 같은 기업들은 거의 고객에 대한 상세한 정보를 시스템의 데이터베이스에 가지고 있다. 그러므로 이들 기업들은 거래를 중단하는 고객들이 누구인지 상당히 빠르고 손쉽게 파악할 수 있다. 반대로 거래를 중단하는 고객들을 파악하기가 상당히 어려운 기업들도 많다. 철도청, 고속버스, 식당, 소매점 등에서는 거래를 하지 않는 고객들의 명단을 파악하기가 상당히 어렵다. 그렇다고 해서 이런 기업들이 거래를 중단한 고객들을 파악하는 것을 무조건 포기해서는 안 된다. 가급적 이런 고객들의 명단을 파악하도록 노력하여야 한다. 미국 Boston시에 본부를 둔 사무용품 할인판매점인 Staples는 고객에 대한 정보를 획득하기 위해 할인이나 홍보책자를 주는 회원카드를 발급하고 있다. 회원카드를 갖고자 하는 고객은 신청서에 이름과 주소, 그리고 직업과 전화번호를 기입만 하면 된다. 이 카드를 이용해 Staples는 구매관습, 방문횟수, 평균 구매액, 또는 자주 구매하는 품목들과 같은 상세한 정보들을 획득한다.

둘째, 거래를 중단한 고객들이 왜 그렇게 하였는지 이유를 파악한다.

중단한 이유를 파악하여 개선하는 것이 일차적 목표이지만, 이때 떠난 고객들을 설득하여 다시 거래를 하도록 하는 것도 중요하다. 거래를 중단한 고객들의 이유는 회사에게 말할 수 없는 정보를 제공해 준다. 또 이 정보는 시장조사와는 다르게 상당히 구체적이고 상세한 정보를 기업에게 제공해 준다. 위에서 예로 든 Staples는 잘 오지 않는 고객에게 즉시 연락해서 왜 그 고객이 더 이상 Staples를 방문하지 않는가를 조사하였다. 이러한 조사를 통해 Staples는 경쟁업자에 비해 Staples가 경쟁력이 있는 제품들과 그렇지 않은 제품들을 파악할 수 있었다. 이것은 Staples의 전략에 상당히 중요한 정보들이다.

셋째, 원인에 대한 대책을 수립하고 실행에 옮긴다. 그래서 기존 고객의 상실을 예방하고, 지속적인 관계를 갖도록 한다.

넷째, 일생에 걸친 고객의 가치에 대한 중요성을 모든 구성원들에게 주지시킨다. 그리고 고객들이 떠나는 이유들을 구성원들에게 집중적으로 교육시킨다. 그래서 실제로 그러한 이유들이 개선되도록 한다.

다섯째, 고객관리에 대한 목표를 수립하도록 하고, 그 결과를 구성원들의 인사고과나 보너스 등에 반영하도록 한다.

사례 MBNA America의 고객 관리

미국 Delaware시에 위치한 MBNA America 신용카드 회사 사장인 Charles Cawley는 어느 날 아침 화난 고객으로부터 회사를 불평하는 한 통의 편지를 받았다. 이에 놀란 사장은 300명의 구성원들을 소집한 다음, 지금부터 우리 회사에서는 모든 고객들을 하나도 빠짐없이 화나게 해서는 안되며, 기존고객 관리에 최선을 다 하겠다고 선언하였다. 가장 먼저 MBNA에서는 거래를 종료한 고객들로부터 그들이 MBNA를 떠난 이유에 대한 정보를 수집하였다. 이것은 MBNA의 최상의 텔레마케터(tele-marketer)들을 중심으로 구성된 스왓(SWAT)팀을 통해 이루어졌다. 신용카드를 중단한 고객들 모두에게 스왓팀이 전화를 걸어 그 이유를 파악하고, 재가입하도록 설득하였다. 그리고 성공률은 50%나 되었다. 그 다음에 수집한 정보에 의거하여 정책을 수정하고 새로운 방법을 강구한 다음 실행에 옮겼다. 또 고객의 중요성을 강조하기 위해 봉급 봉투에 "귀하의 봉급은 고객이 주는 것입니다"라는 문구를 사용하고 있다.

MBNA는 고객상실비용을 측정하였다. 그리고 고객상실률 5% 향상이 평균 125%의 고객 가치 향상을 가져온다는 사실을 파악하였다. 그래서 고객을 잃지 않기 위해 최선의 노력을 하기로 하였다.

MBNA의 임원들은 또 떠나는 고객들에 대한 정보를 반드시 습득하도록 하였다. 그래서 그들은 한 달에 적어도 4시간 이상을 '상실 고객 청취실' 이라는 방에서 고객의 불만을 청취하고 있다. 그래서 임원들은 왜 고객들이 떠나는지, 그리고 어떤 유형의 불만을 가지고 있는지를 확실하게 파악하고 있다.

또 MBNA는 고객상실에 대한 목표를 각 부서마다 수립하게 하고, 목표 대비 업적을 비교하여 보너스 등 각종 인센티브에 반영시켰다. 그래서 고객관리를 말만이 아닌 실제 업적평가에 반영시켜서 구성원들의 행동에 반영되도록 하였다.

그렇게 해서 MBNA의 서비스품질 수준은 급격하게 향상되었다. 그로부터 8년 후, MBNA의 기존고객 상실률은 동종 산업체 평균의 절반이 되었으며, 가장 낮은 수치를 보여 주었다. 그 결과 MBNA의 경쟁력은 8년 전의 38위에서 4위로 향상되었으며, 이익은 16배가 증가되었다.

사례 British Airways의 고객유지

영국 항공회사인 British Airways는 고객유지를 기업의 최우선 목표로 삼았다. 그런데 고객의 욕구를 만족시키는 것이 그리 쉬운 일이 아니었다. 고객은 개성이 강하고, 상당히 감정적이며 까다롭다. 그래서 매번 고객들과 논쟁을 하고, 상황을 올바르게 설명하는 것이 그리 효과적이지 못하다는 사실을 확인할 수 있었다. 그리고 정말로 고객들을 유지하고 단골고객으로 만들기 위해서는 고객들의 감정을 잘 이해하여야 한다고 생각하였다. 그래서 고객유지를 강화하기 위해 British Airways에서는 직원들에게 다음과 같은 사항들을 교육시켰다.

1. 만약 고객이 말한 그대로 사건이 발생하지 않았다고 회사가 고객에게 응답한다면, 고객은 회사가 자기를 거짓말쟁이로 만든다고 느낄 것이다.
2. 만약 조사를 한 다음에, 회사가 고객에게 고객이 말한 그대로 사건이 발생했다고 재응답을 한다면, 고객은 회사가 처음에 자기를 믿지 않았다고 주장하면서 거칠게 항의할 것이다.
3. 만약 고객이 몰랐던 새로운 사실을 회사가 고객에게 전해 준다면, 회사가 나쁜 서비스를 호도하기 위해 변명하고 있다고 고객은 생각할 것이다.

이런 문제들을 해결하기 위해, British Airways의 고객서비스부서에서는 다음과 같은 네 가지 단계를 개발하여 직원들에게 교육시켰다.

1. 무조건 잘못을 인정하고 사과한다. 고객들은 잘못이 누구의 잘못인지 상관하지 않는다. 오직 사과를 원하고, 잘못된 점을 인정하기를 원한다.
2. 신속하게 처리한다. 가능하면 그 날 처리하고, 그것이 여의치 않으면 적어도 82시간 내에 처리한다. 우리 조사에 의하면, 5일 이내에 처리하지 않는 경우 불평한 고객들의 40-50%가 우리 서비스를 구매하지 않는다. 신속하게 처리하는 것은 회사가 고객에게 관심을 갖고 있다는 것을 보여 주는 것이다.
3. 문제가 확실하게 해결되었다고 고객에게 알린다. 문제가 정말로 고객이 바라는 대로 해결되었을 때 고객은 다시 서비스를 원하게 된다.
4. 전화를 이용한다. 전화를 걸어 고객에게 문제를 해결하였다고 연락하면 고객들은 기뻐한다.

7.7 고객가치

고객중심주의, 고객지상주의 등의 말은 궁극적으로 고객의 가치를 높이는 것을 말한다. 최근 기업들은 과다하리만큼 '고객가치' 용어를 사용하고 있다. 말로만 하는 서비스가 많지만 모든 기업들이 고객가치를 주장하고 있다. 그러면 고객가치는 무엇인가? 고객에게 가치가 되는 일이 무엇인가?이것은 물론 고객의 욕구를 만족시키는 것일 것이다.

그러면 고객은 무엇을 요구하는가? 고객은 당연히 좋은 품질의 서비스를 낮은 가격에 구입하는 것을 기본적으로 요구한다. 그러므로 고객의 가치를 언급할 때에는 품질, 가격, 시간, 그리고 서비스가 중요하다. 이런 점에서 기업은 고객에게 이런 관점에서 어떤 혜택을 주고 있는지 생각해 보아야 한다. 우리나라 이동통신요금은 해외와 비교할 때 비싸다고 한다. 문자서비스도 비싸다고 한다. 우리나라 이동통신사는 매년 막대한 수익을 올리고 있다. 그리고 가끔 인심 쓰듯이 문자요금을 할인해 준다든지, 일부 서비스 요금을 할인한다든지 등의 정책을 쓰고 있다. 휴대폰도 한 번 생각해 보자. 외국에서는 기능을 대폭 축소하고 가격이 저렴한 휴대폰들이 많다. 일본 백화점을 가면 수 만원 대의 휴대폰들이 상당히 많다. 그러나 우리나라 경우를 보자. 백화점에는 30만원 이하의 휴대폰은 찾을 수 없다. 또 대부분의 휴대폰이 일부 고객에게 불필요한 기능을 장착하고 비싸게 팔리고 있다. 과연 이러한 정책들이 고객의 가치를 생각하는 기업이라고 볼 수 있을까?

이런 점에서 기업은 진정 고객의 가치가 무엇인지를 생각해보고 기업의 중심이 아닌 고객 중심에서 고객가치를 생각해 보아야 한다. 글로벌 경쟁시대에 고객가치는 분명히 중요한 용어이다. 고객가치를 향상하지 않는 기업은 세계 시장에서 경쟁하기가 어렵게 되었다. 그러므로 기업은 고객에게 우수한 품질의 제품과 서비스를 싼 가격에 공급할 수 있도록 지속적으로 노력하여야 한다. 이것이 진정한 고객가치이다. 수익을 많이 올리는 것이 기업의 목적이 아님을 분명히 깨달아야 한다. 고객가치를 빙자한 수익 올리기에 급급한 기업이 되어서는 이미지를 훼손하여 장기적으로 어려움에 처하게 될 것이다.

사례 KT의 고객가치 향상

KT는 고객에게 다양한 체험과 즐거움을 제공하는 공간인 NEW 플라자를 KT 신사지점에 새롭게 개장했다. 이번에 개장한 신사 New 플라자는 방문 고객 민원 처리가 주업무였던 기존 KT 플라자 공간을, CS Zone(고객만족 존), Sales Zone(세일즈 존), Café Zone(카페 존)으로 구분하여 고객들이 유·무선 통신서비스의 체험, 문화공간을 동시에 즐길 수 있는 통신 컨버전스(convergence) 매장으로 운영될 예정이다. CS Zone에서는 기존 플라자에서 했던 방문고객의 업무를 처리한다.

새로운 공간으로 자리잡은 Sales Zone에선 단순한 상품 판매 매장과 차별화하여 고객이 메가패스 TV, Ann 전화기 등 유/무선 통신상품을 직접 체험하고, 사진인화나 핸드폰 살균 서비스는 물론, 최적의 요금설계도 받을 수 있는 편의 공간으로서 운영된다. 특히 평일 낮에 방문이 곤란한 맞벌이나 주말 부부가 증가한 점을 감안해 주말과 휴일, 야간(18:00~21:00)에는 CS Zone업무를 처리해 준다.

Café Zone에선 고객이 저렴하고 향기로운 커피와 함께 클래식, 재즈 연주 등 다양한 문화공연을 볼 수 있으며, 주기적으로 공연을 열어 NEW플라자를 찾는 고객에게 도심 속의 새로운 문화공간을 제공하게 된다.

KT 송원중 영업본부장은 "일회성 단순 상품 판매가 아니라 고객과 함께 항상 숨쉬고, 고객의 서비스 이용에 불편함이 없도록 고객친화적 영업, 즐거운 체험 등 고객에게 특별한 가치와 편리함을 드리기 위해 이러한 공간을 만들게 되었다"라고 말했다.

출처: 뉴스와이어, "KT, 고객을 위한 변신은 계속 되어진다," 2007년 3월 21일.

참고문헌

뉴스와이어, "KT, 고객을 위한 변신은 계속 되어진다," 2007년 3월 21일.

손욱, 능률협회컨설팅 6 시그마 패스티발, 2002.

정종환, "공공부문의 6 시그마 경영을 통한 경쟁력 제고 방안," 6 시그마 패스티벌, 2002, 79-92.

Anderson, Erin and Vincent Onyemah, "How right should the customer be," Harvard Business Review, July-August 2006, 59-67.

Blakeslee, Jr., Jerome A., "Implementing the Six Sigma solution," Quality Progress, ASQ, July 1999, 77-85.

Chase, Richard B. and Sriram Dasu, "Want to perfect your company' s service?" Use behavioral science," Harvard Business Review, June 2001, 79-84.

Dawar, N. and P. Parker, "Marketing universals: consumer' s use of brand name, price, physical appearance, and retailer reputation as signals of product quality," Journal of Marketing, Vol. 58, April 1994, 55-68.

Deming, W. Edwards, Out of the Crisis: Quality, Productivity, and Competitive Position, Cambridge: Cambridge University Press, 1988.

Drucker, Peter F., Management Challenges for the 21st Century, HarperCollins, New York, 1999.

George, Michael L., Lean Six Sigma: Combining Six Sigma Quality with Lean Speed, McGraw-Hill, 2002.

Goodman john, David Depalma, and Scott Broetzmann, "Maximizing the value of customer feedback," Quality Progress, ASQ, December 1996, 35-39.

Hamer, L., B. Liu, and D. Sudharshan, "The effects of intra-encounter changes in expectations on perceived service quality models," Journal of Service Research, Vol. 1, No. 3, 1998, 275-289.

Hart, C. W., J. L. Heskett, and W. E. Sasser, "The profitable art of service recovery," Harvard Business Review, July-August 1990, 148-156.

Hemp, Paul, "My week as a room-service waiter at the Ritz," Harvard Business Review, June 2002, 50-62.

Hoch, S. and Y. Ha, "Consumer learning: advertising and the ambiguity of product experience," Journal of Consumer Research, Vol. 13, September

1986, 221-233.

Pande, Peter S., Robert P. Neuman, and Ronald R. Cavanagh, The Six Sigma Way: How GE, Motorola, and Other Top Companies Are Honing Their Performance, McGraw-Hill, 2000.

Reichheld, Frederick F. and W. Earl Sasser, Jr., "Zero Defections: Quality Comes to Services," Harvard Business Review, September-October 1990, 105-111.

Weiser, Charles R., "Championing the customer," Harvard Business Review, November-December 1995, 114.

Zeithaml, Valarie A., Leonard L. Berry, and A. Parasuraman, "The nature and determinants of customer expectations of services," Journal of the Academy of Marketing Science, Vol. 21, No. 1, 1993, 1-12.

www.ritzcalton.com

제 8 장

인 재 양 성

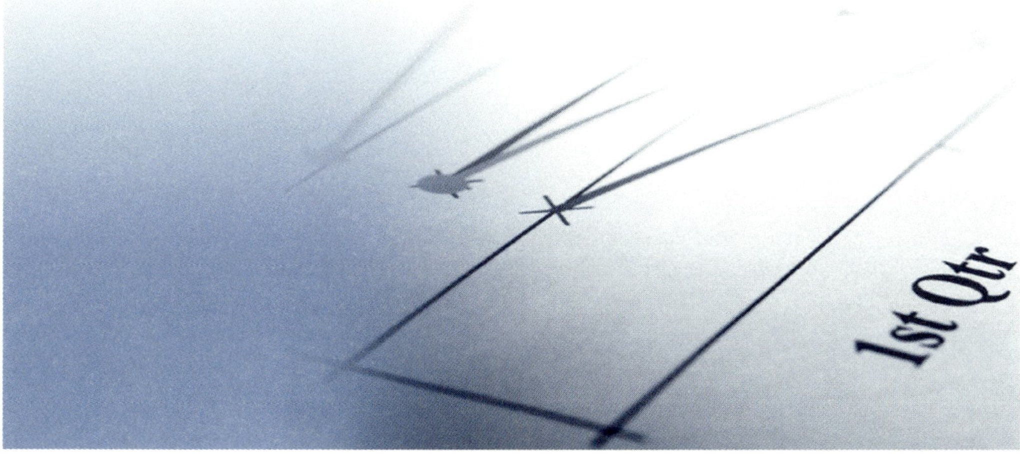

제8장 인재양성

식스 시그마가 성공적으로 운영되기 위해서는 식스 시그마를 추진하고, 실행하고, 성과를 추적하고, 차이를 조정하는 사람들이 필요하다. 특히 식스 시그마는 식스 시그마를 전임으로 수행할 전문가를 요구한다. 물론 기업의 사정에 따라 조금씩은 차이가 있겠지만, 식스 시그마 전문가가 아닌 사람들이 식스 시그마 활동을 이끌어서는 식스 시그마가 절대적으로 성공할 수 없다. 그래서 식스 시그마가 성공한 기업들의 사례를 보면 식스 시그마 성공 뒤에는 반드시 식스 시그마 전문가가 있다는 것을 알 수 있다. 그러면 식스 시그마 전문가란 누구이며, 이들은 무엇을 하는가?

제8장에서는 식스 시그마를 성공적으로 리드할 전문가들에 대해 논하기로 한다. 특히 여기에서는 다음과 같은 주제들을 다루고자 한다.

- 인재의 중요성
- 식스 시그마 전문가 능력
- 식스 시그마 전문가
- 챔피언
- 마스터 블랙벨트
- 블랙벨트
- 그린벨트
- 화이트벨트
- 교육과 훈련
- 보상과 인지시스템

8.1 인재의 중요성

제조업체와 달리 서비스업체에서 사람이 차지하는 위치는 훨씬 더 중요하다. 이것은 그만큼 고객과 직원 간의 접촉이 많기 때문이다. 그래서 서비스업체에서는 사람을 중요시하는 경영철학을 가진 회사들이 많이 있다. FedEx의 기업 철학은 PSP인데 가장 중요한 요소가 첫 번째인 사람(people)이다. 이것은 고객에 대한 서비스 품질을 이해하기 위해서는 무엇보다 품질의 인간적 측면을 이해하지 않으면 안 된다는 Smith 회장의 경영철학이 반영된 것이다. 그리고 두 번째가 서비스(service)이다. 이렇게 사람은 서비스업체에서 상당히 중요하다.

Peter Drucker(2000)는 모든 조직은 다음처럼 세 가지 체계적인 관행을 지니고 있어야 한다고 하였다. 첫째, 수행하고 있는 모든 일을 지속적으로 개선하여야 한다. 둘째, 지식을 활용하는 방법을 배워야 한다. 셋째, 체계적인 혁신방법을 배워야 한다. 여기에서 Drucker가 식스 시그마 조직에 대해 말한 것은 아니다. 그러나 Drucker가 말한 조직의 세 가지 관행은 식스 시그마 전문가를 양성하고자 하는 조직에게 시사하는 바가 크다고 할 수 있다. 즉 식스 시그마 전문가는 모든 업무를 지속적으로 개선할 수 있어야 하고, 지식을 활용할 줄 알아야 하고, 그리고 체계적인 혁신 방법을 배워야 한다.

식스 시그마를 창안한 Harry와 Schroeder(2000)는 식스 시그마의 성공 요인으로 최고경영자의 리더십, 조직 내 모든 구성원에 대한 교육, 블랙벨트 제도 운영, 재무성과에 대한 평가, 그리고 성과에 대한 보상 등 다섯 가지를 들었다. 위의 성공 요인들 중에서 재무 성과에 대한 평가를 제외한 나머지 네 개는 전부 사람과 관련된 요소들이다. 이렇게 Harry와 Schroeder는 식스 시그마의 성공 요인으로 인재를 중요하게 보았다. Blakeslee(1999)는 식스 시그마의 성공 요인으로 최고경영자의 리더십, 기업의 통합 전략, 프로세스 개선, 프로세스적 사고방식, 고객 및 시장 정보 수집, 수익성, 훈련, 그리고 보상 등 여덟 가지를 들었다. 특히 Yashico 등(1998)은 식스 시그마가 성공하기 위한 요소로 블랙벨트의 전임화와 최고 인재로 블랙벨트의 후보자를 들었다. 이렇게 Yashico 등은 블랙벨트의 중요성을 강조하였다. 여기에서 식스 시그마가 성공하기 위해서는 사람이 상당히 중요하다는 사실을 알 수 있다.

8.2 식스 시그마 전문가 능력

그러면 식스 시그마 전문가는 어떤 능력을 구체적으로 구비하여야 하는가?

첫째, 식스 시그마 전문가는 모든 업무를 지속적으로 개선할 줄 아는 능력을 구비하여야 한다(안영진, 2002). 여기에서 개선이란 문제를 발견하고, 문제의 원인을 철저하게 규명하고, 원인이 재발하지 않도록 조치를 취하는 것이다. 뿌리를 제거하지 않는 임시방편적인 방법은 개선이 아니고, 잠시 잘못을 가리는 것이다. 그래서 Deming(1986)은 그의 유명한 '품질향상을 위한 14가지 요점' 의 다섯 번째에서 시스템을 지속적으로 개선하여야 한다고 하였다. 사실 지속적인 개선은 일본 기업의 강점이다. 일본 기업은 품질과 생산성 향상을 위하여 지속적인 노력을 하였다. 미국의 J.D. Power의 소비자조사에서 Infinity와 Lexus와 같은 일본의 우수한 차종은 차를 구입한 지 90일 이내에 백 대의 차당 결점이 백 개 미만이라고 하였다. 이것은 상당히 우수한 품질을 뜻한다. 그래도 일본의 자동차 회사들은 결점을 하나도 없게 하기 위해 노력하고 있다. Toyota 자동차에서는 다음과 같이 그 이유를 설명하고 있다. "우리는 열대의 자동차 당 한 개의 결점도 허용하지 않는다. 사실 우리가 원하는 것은 백 대의 차 중에서 결점이 하나도 없는 것이다. 우리는 통계를 말하는 것이 아니고, 완전한 차를 만들고 싶다. 우리는 다른 경쟁자와 결점 수를 가지고 경쟁하고 싶지 않다. 단지 Toyota 자동차는 완전한 공정을 갖고 싶을 뿐이다. 우리는 완전한 자동차를 만들기를 원하며, 이 목적은 영원히 변하지 않을 것이다." 지속적인 개선은 프로세스를 지속적으로 개선하는 것이다. 프로세스를 개선하지 않고 식스 시그마의 목적을 달성할 수 없다. 그래서 문제를 사전에 방지하고 뿌리를 미리 제거하여야 한다. 그래서 완벽한 프로세스를 만들어야 한다. 프로세스가 완벽해진다는 것은 프로세스에 따르는 변동이 점점 감소한다는 것이다.

둘째, 식스 시그마 전문가는 지식을 활용할 줄 아는 능력을 구비하여야 한다(안영진, 2002). 식스 시그마 전문가는 이제 지식인이 되어야 한다. 지식인이 이끄는 기업은 과거의 기업과 다르다. 이제 구성원들은 전처럼 단순히 상사의 지시에 따라 업무를 수행하는 수동적이고 소극적인 사람들이 아니다. 마찬가지로 상사의 임무도 부하들이 상사의 지시에 따라 일을 제대로 잘하고 있는지 감독하는 것이 아니다.

최근 많이 사용되고 있는 '지식'에 대해서 한 번 생각해 보자. 지식이란 무엇인가? 아주 옛날에는 지식을 보다 정적으로 설명하였다. 그래서 Socrates는 지식의 유일한 기능은 자기 자신을 아는 것이라 하였고, Protagoras는 지식의 목적은 지식을 가지고 있는 사람으로 하여금 무엇을 말해야 하는지 그리고 그것을 어떻게 말해야 하는지 알게 하는 것이라고 하였다. 그러나 최근 지식의 의미는 보다 실용적이고 응용적이 되었다. 그래서 Joe Schumpeter(1926)는 지식은 어떤 과업과 연결되었을 때 비로소 생산적이 된다고 하였다. 그렇다. 이제 단지 머리 속에 있고 활용되지 않는 지식은 더 이상 지식이 아니다. 지식이 다른 지식과 결합되어 조직에게 새로운 가치를 부여할 때 지식은 비로소 지식이 되는 것이다.

그래서 이제 조직은 지식인을 양성하여야 한다. 그렇게 하기 위해서는 최고경영자는 구성원들의 강점을 잘 활용할 수 있는 조직을 만들어 줘야 한다. 그리고 구성원은 단순히 명령에 복종하고 따르는 수동적인 사람이 아니고, 지식인으로써 동일한 목적을 지닌 동반자인 사실을 인지하여야 한다. 이제 모든 구성원들은 지식인으로 바뀌져야 한다. 지식인이야말로 기업을 바꾸는 전문가들이다. 그러므로 기업에서 실시하는 모든 교육과 훈련도 직원들을 지식인들로 전환시키는 교육과 훈련이 되어야 한다. 특히 식스 시그마는 과거와는 달리 엄청난 성과를 목표로 한다. 이런 목표를 달성하기 위해서는 단순한 기능 교육이 아니라, 강력한 동기를 부여하여 구성원들의 적극적이고 창의적인 아이디어를 도출하도록 하여야 한다.

이렇게 식스 시그마가 성공하기 위해서는 기업은 강력한 품질 문화를 기업에 구축하고, 창의력이 높은 사람들을 선발하여, 그들의 창의력이 꽃을 피도록 교육과 훈련을 시키고, 동기부여를 강화하여야 한다. 그리고 궁극적으로 구성원들을 지식인들로 만들어 지식의 활용을 극대화하여야 한다.

셋째, 식스 시그마 전문가는 체계적인 혁신 방법을 아는 능력을 구비하여야 한다. 식스 시그마는 혁신이다. 혁신 의식이 결여되어 있는 조직은 쇠퇴하게 되어 있다. 혁신의 결여는 목표 의식이 없는 것이며, 기업이 실패하는 가장 큰 원인 중 하나이다. 그럼 혁신이란 무엇인가? 혁신은 지금까지의 상식을 부정하고, 새로운 시스템을 구축해 가는 활동이다. 기존의 모든 상식의 틀을 부정하고, 새로운 틀을 받아들여야 한다. 이렇게 혁신은 현재 잘못된 모든 것을 과감하게 버리는 것이다. 이렇게 혁신의 첫걸음은 과거의 모든 낡은 것들을 폐기하고, 또 기술과 시스템을 혁신하고 새로운 방식을 창조하는 것이다. 그래서 혁신은 창조적 파괴라고 Schumpeter(1926)는 말하였다.

일본의 강력한 경쟁력을 지닌 Toyota 자동차는 미래를 항상 준비하는 조직 형태와 풍토를 지니고 있다. 1990년대에 일본 기업이 변하지 못하고 지금에 이르게 된 것은 기업 혁신 구조의 결여라고 많은 전문가들은 말하고 있다. 그런데 혁신은 쉽지가 않다. 기업에 바람을 불어 넣고, 기존의 관념을 부정하고, 새로운 틀을 주입시킬 사람이 바로 식스 시그마 전문가들이다. 그러므로 기업에서는 식스 시그마 전문가들을 혁신의 전도사로 양성하여야 한다. 혁신은 현재의 안정된 상태를 파괴하는 강렬한 에너지를 필요로 한다. 이것은 강제적인 힘에 의해서는 절대로 달성할 수가 없다. 진정한 혁신은 식스 시그마 전문가들의 자발적이고 마음 속에서 나와야 성공할 수 있다. 또 최고경영자의 역할이 상당히 중요하다. 최고경영자가 직접 나서 혁신을 주도하여야 한다. 그래야만 식스 시그마 전문가들의 마음을 움직일 수 있다.

8.3 식스 시그마 전문가

과거의 품질 기법들은 통계 전문가로 구성된 품질부서에 의해 주도되어 왔다. 그러나 식스 시그마는 품질부가 아닌 벨트(belt)라는 인증을 받은 식스 시그마 전문가들에 의해 주도된다. 인증은 단순히 조직의 계급 또는 근속연수에 의해서 수여되는 것이 아니고, 철저한 교육과 훈련 그리고 실적에 의해서 수여된다. 그러므로 식스 시그마를 도입하는 기업에서는 아무나 훈련시키는 것이 아니라, 조직에서 가장 우수하고 능력 있는 사람들을 선발하여 집중적으로 식스 시그마의 개념과 방법론에 대해 교육시키고 훈련시킨다. 여기에서 조직에서 가장 우수하고 능력 있는 사람들로 선발하는 것은 상당히 중요한 부문이다. 이것은 모든 구성원들에게 식스 시그마가 기업에서 가장 중요한 우선순위라는 사실을 보여 주는 하나의 신호가 된다. 그렇지 않으면 식스 시그마는 조직의 구성원들로부터 그리 큰 관심을 받지 못할 것이다.

Snee와 Hoerl(2003)은 조직에서 가장 우수한 사람들로 식스 시그마 전문가를 선정하여야 하는 세 가지 이유를 다음처럼 들었다. 첫째, 우수한 사람일수록 결과가 좋다. 둘째, 우수한 인재는 또 다른 우수한 인재들을 이끈다. 셋째, 조직의 다음 리더들을 양성할 수 있다. 물론 조직에서 가장 우수한 사람들로 식스 시그마 전문가를 선정하는 것은 말처럼 그리 쉽지 않다. 왜냐하면 그 사람들이 수행하고 있는 일들을 중지하여야 하기 때문이다. 이것은 직무에 대한 중요도를 새로 구성하여야 하는 등 조직으로서는 상당히 귀찮고 실행하기가 어려운 일이다. 그러나 이것은 식스 시그마의 중요성을 강조하는 기회가 되기도 한다. 왜냐하면 가장 우수한 사람들을 식스 시그마에 전념하도록 하는 것은 그만큼 최고경영자가 식스 시그마를 중요시하고 있다는 것을 반영하기 때문이다. 그래서 오히려 이것은 식스 시그마의 성공을 앞당기는 중요한 요인으로 작용하게 된다.

많은 기업들은 식스 시그마 전문가를 양성하고 있다. 물론 많은 전문가들을 양성하는 것은 공짜는 아니다. 상당한 액수의 자금과 시간이 소요된다. 그럼에도 불구하고 이들을 양성하는 것은 이들이 식스 시그마 성공에 절대적으로 중요할 뿐만 아니라, 인재를 양성하기 때문이다. KT는 감(感)과 경험에 의한 업무 관행을 타파하고, 사실과 데이터에 의해 과학적으로 문제를 해결하는 역량을 강화하기 위해 2008년까지 전 직원을 대상으로 그린벨트 교육을 실시하고 있다.

GE Korea에서는 리더 후보자 선정 기준으로 다음과 같은 사항을 두고 있다(박현, 2003).

- 현재 업무에서 그 능력을 인정받은 자
- GB 인증을 받고 훌륭히 프로젝트를 마친 자
- BB 스크리닝 프로세스를 통과한 자

이제 다음에서는 식스 시그마 전문가의 유형과 역할에 대해 설명하기로 한다. 식스 시그마 전문가로는 챔피언, 마스터 블랙벨트, 블랙벨트, 그린벨트, 그리고 화이트벨트 등이 있다.

8.4 챔 피 언

기업의 최고경영자는 기업의 중요한 목적과 전략을 수립한다. 그리고 기업의 재무성과와 주주의 가치 향상을 추구한다. 그리고 식스 시그마를 공식적으로 선포하고, 적극적인 열의와 관심을 지녀야 한다.

대개 기업의 부서 책임자인 챔피언(champion)은 기업의 이런 전략적인 목적을 달성하기 위한 임원으로서, 식스 시그마 활동을 총괄적으로 관리하는 최고 책임자이다. 챔피언은 전임으로 식스 시그마 활동에 전념하며, 최고경영자에게 보고한다. 최고경영자에게 보고하는 것은 상당히 중요한 의미를 갖는다. 왜냐하면 이 보고가 최고경영자의 참여를 의미하기 때문이다. 또 최고경영자와 수시로 대화하여 최고경영자의 비전을 전 기업에 전파시켜야 한다. 그리고 챔피언은 기업의 변혁을 주도하는 사람이기 때문에 변화에 대한 추진력이 강하고, 기업의 구성원들로부터 높은 신뢰감을 지닌 사람이 하여야 한다.

챔피언은 기업에게 가장 가치가 높은 핵심 요인들을 파악하여 식스 시그마 전략을 수립하고, 총괄적으로 기업의 식스 시그마 활동을 관장하며, 식스 시그마 활동을 최종적으로 평가한다. 그리고 기업 전체와 각 부서의 수준을 파악하여야 한다. 또 다른 우수한 기업을 벤치마킹하여 기업의 현 상황을 점검한다.

또 식스 시그마 활동에 장애가 되는 사내 요소들을 파악하여 제거한다. 그리고 기업의 가치를 가장 많이 향상시키는 프로젝트를 선정하고, 프로젝트 팀에 전략적 방향을 제시한다. 그래서 프로젝트는 반드시 기업의 전략을 반영하여야 한다. 또 식스 시그마 프로젝트는 기업의 성과와 연계되어 계량적으로 측정이 가능하도록 하여야 한다. 선정된 프로젝트는 다음에서 설명할 마스터 블랙벨트, 블랙벨트, 그린벨트, 그리고 화이트벨트로 이루어진 팀에 의하여 수행된다.

챔피언은 식스 시그마의 총괄 책임자로서 블랙벨트들의 목적과 방향을 분명하게 제시해 주고, 블랙벨트들을 지도하고 훈련시킨다. 그리고 블랙벨트의 애로사항을 듣고, 해결해 준다. 보통 한 명의 챔피언이 5-15명 정도의 블랙벨트들을 지도한다. 그리고 블랙벨트의 정신적 지주로서 활동한다.

챔피언의 임무는 이처럼 상당히 중요하고 다양하다. 그래서 챔피언이 이런 역할을 완전히 수행하기 위해서는 집중적인 훈련과 교육을 받아야 한다.

챔피언의 역할을 정리하면 다음과 같다.

- 임원으로서 식스 시그마 활동을 총괄적으로 관리한다
- 식스 시그마 프로젝트를 최종적으로 선정하고 책임을 진다
- 식스 시그마 활동을 최종적으로 평가한다
- 블랙벨트를 선정하고, 지도하고 방향을 정해 준다
- 최고경영자와 수시로 대화하고, 보고한다
- 기업의 문화를 바꾼다

- 프로젝트의 성공적인 수행을 저해하는 장애물들을 제거한다
- 프로젝트의 진척 상황을 점검한다
- 블랙벨트의 프로젝트를 주기적으로 점검한다
- 필요한 자원을 조달한다
- 필요하면 프로젝트의 우선순위를 변경한다
- 우수한 기업을 벤치마킹한다

올바른 프로젝트의 선정

먼저 프로젝트(project)란 무엇인가? Juran과 Gryna(1988)는 프로젝트를 '해결하기 위해 계획된 문제' 라고 정의하였다. Snee(2001)는 Juran의 정의에 덧붙여 프로젝트를 '프로젝트의 목표와 진척상황을 검토하기 위한 지표를 가진 문제' 라고 정의하였다.

프로젝트를 효과적으로 수행하는 것은 상당히 어려운 일이다. 마찬가지로 식스 시그마 프로젝트의 효과적인 운영도 쉬운 일이 아니다. 가장 먼저 올바른 프로젝트를 선정하는 것이 식스 시그마의 성공에 상당히 중요하다. 이것은 기업의 자원이 한정되어 있기 때문이다. 그래서 프로젝트를 잘못 선정하면 기업의 수익성이 떨어지고 식스 시그마에 대한 열의가 감소하여 결국 식스 시그마가 실패하게 된다. 그래서 프로젝트는 반드시 공식적인 절차에 의하여 신중하게 선정되어야 한다.

그래서 Blakeslee(1999)도 식스 시그마 프로젝트는 반드시 수익을 실현하는 프로젝트이어야 한다고 하였다. 그래서 기업의 가치를 증진시키지 않는 프로젝트는 식스 시그마가 아니라고 하였다. 그러므로 식스 시그마 프로젝트는 기업의 가치를 창출하는 것이어야 하며, 적절한 시기에 완성되고, 관련된 부서들이 참여하여야 한다. 적절한 시기에 완성되지 않으면 팀원들의 사기를 떨어뜨리게 되고, 비용이 증가하게 된다. 또 이미 해결책을 아는 프로젝트는 식스 시그마 프로젝트로 선정되어서는 안 된다. 왜냐하면 식스 시그마 프로젝트는 반드시 해결책을 모르는 경우에만 해당되기 때문이다.

또 기업의 전략과 연계하여 선정되어야 한다. 기업의 전략과 연계되지 않는 프로젝트는 효과성도 작을 뿐 아니라, 오래 지속되지도 않는다. 다음

사례에서 설명하는 삼성에버랜드는 프로젝트를 선정할 때 반드시 기업의 전략과 연계하여 하고 있다. 이것은 최고경영자의 열의와 정성과도 관련성이 있다.

프로젝트를 선정하는 기준은 기업마다 상당히 다양하지만, 주로 다음과 같은 기준을 사용한다.

- 고객의 욕구와 현재 수준과의 차이가 큰 부문
- 수익성 창출 효과가 큰 부문
- 비용 절감 효과가 큰 서비스
- 고객만족도가 낮은 중요한 서비스와 시스템
- 기업의 지속적인 성장에 영향을 많이 주는 요소
- 명확하지 않은 문제
- 전략적으로 조직에 아주 중요한 문제
- 낭비가 많은 부문
- 자원이 충분히 있는지 여부
- 기업의 우선순위와 일치하는 문제
- 3-6개월 이내에 해결할 수 있는 문제

또 프로젝트는 아이디어 창출과 마찬가지로 조직의 내부와 외부에서 광범위하게 수집된다. 그래서 고객, 협력업체, 공급사슬(supply chain)에 있는 파트너, 구성원 설문조사, 프로세스 평가, 벤치마킹 등의 모든 방법들을 전부 사용하여 아이디어를 만든다.

또 Pande 등(2002)은 프로젝트를 선정할 때 하여야 할 것과 하지 말아야 할 것들을 다음처럼 제안하였다. 먼저 하여야 할 것들이다.

- 개선 프로젝트는 확고한 기준에 의거해 선정한다
- 고객 만족도와 프로젝트의 효율성/비용절감의 균형을 맞춘다

다음으로는 하지 말아야 할 것들이다.

- 세계적 수준의 프로젝트를 선정하지 않는다
- 프로젝트의 선정 이유를 잘 설명하지 않는다

• 식스 시그마 초기에 프로젝트의 수를 너무 과다하게 책정하지 않는다

Snee(2001)는 올바른 프로젝트가 식스 시그마 성공에 중요한 요소라고 하면서, 올바른 식스 시그마 프로젝트의 특성을 〈표 8-1〉처럼 설명하였다.

Snee는 또 프로젝트의 선정기준으로 '숨겨진 공장'과 같은 낭비요소, 고객 서비스와 환경에 있어서의 문제점, 고비용 품목, 그리고 생산능력 부족으로 인한 재고부족 등을 들었다. 그리고 선정해서는 안 될 또는 지양하여야 할 프로젝트의 7 가지 특성을 다음처럼 열거하였다. 즉, 분명하지 않은 목적, 비계량화, 수익성과 연계가 없음, 너무 광범위한 주제, 전략 또는 실행계획과의 연계성 부족, 이미 알고 있는 해결책, 그리고 너무 많은 목적 등을 들었다.

Lynch(2003) 등도 프로젝트를 선정하는 방법에 대해 설명하였다. 특히 이들은 프로젝트를 선정하는 데 DMAIC와 식스 시그마 도구들을 사용하여야 하며, 반드시 성공하여 자신감을 획득할 수 있는 프로젝트가 선정되는

표 8-1 올바른 식스 시그마 프로젝트의 특성

	특 성
1	프로젝트는 기업의 우선순위와 분명하게 연계되어야 한다 • 기업의 전략 및 실행계획과 연계되어야 한다
2	조직에 중요한 문제이어야 한다 • 프로세스를 획기적으로 개선하여야 한다 • 수익성을 획기적으로 개선하여야 한다
3	기간과 범위가 적절하여야 한다 • 6개월이 지나면 프로젝트에 대한 열의가 식는다 • 범위가 너무 큰 프로젝트는 일상적인 문제이다
4	계량적으로 분명하게 측정하여야 한다 • 기준, 목표, 가치를 분명히 정의한다
5	프로젝트의 중요성을 조직의 모든 사람들이 알아야 한다 • 사람들은 자기가 이해하고 또 중요하다고 생각하는 것을 지지한다
6	경영진의 승인과 지원을 받아야 한다 • 자원을 승인 받고, 애로사항들을 제거한다

출처: Ronald D. Snee, "Dealing with the Achilles' Heel of Six Sigma initiatives," Quality Progress, ASQ, March 2001, 66.

것이 좋다고 하였다. 또 교육과 경험의 중요성을 강조하였다. 하나의 예로 KT 강북본부에서는 프로젝트 선정을 다음처럼 한다. 먼저 3C분석을 통하여 비즈니스 기회를 포착한다. 3C분석은 고객(customer), 자사(corporation), 경쟁사(competitor) 측면에서 사업환경을 분석하는 것이다. 그리고 다음으로 SWOT 분석을 통하여 비즈니스 기회를 포착한다. SWOT 분석은 기업의 강점/약점, 기회/위협을 분석하여 환경을 정의하는 것이다.

프로젝트를 선정하는 방법에는 하향식(top-down)과 상향식(bottom-up)의 두 방식이 있다. 하향식은 회사의 전략에 의거해 개선 목표를 결정하고, 성과 측정 기준을 수립하고, 그리고 구체적이고 측정 가능한 목표를 가진 개선 프로젝트를 수립하는 장점을 지니고 있다. 여기에 비해 상향식은 현장에서 품질이나 프로세스를 직접 개선하는 사람들에 의해 이루어진다. 그러나 이 방식은 부서간에 있어서 전략적 목표와 사업 방향이 서로 잘 연계되지 못하는 단점을 지니고 있다. 하향식 방식은 경영적인 측면에서 설득력이 있고, 상향식 방식은 조직 하부의 의견을 상부에 반영한다는 점에서 효과가 있다. 그러나 가장 좋은 방법은 이 두 방식을 잘 결합하여 사용하는 것이다.

그런데 기업은 수없이 많은 프로젝트를 수행하고 있으며, 또 앞으로 해결할 프로젝트도 수없이 많다. 그래서 블랙벨트는 항상 프로젝트를 수행하고 있도록 하여야 한다.

사례 삼성에버랜드의 BAP

삼성에버랜드에서는 올바른 프로젝트를 선정하기 위하여 BAP를 사용하고 있다. BAP(Business Alignment Planning)는 시장 및 고객, 사업부 전략, 그리고 핵심 프로세스에 의해 프로젝트를 선정한다. 즉, 전략, 프로세스, 그리고 고객의 욕구를 충족시키는 가장 적합한 핵심 개선 분야를 선정한다. 그리고 이 핵심 개선 분야를 "Big Y"로 잡고, 다시 이 'Big Y'를 여러 개의 작은 'Y'로 분할하여 식스 시그마 프로젝트들을 선정한다. 여기에서 중요한 것은 기업의 전략과 연계하여 프로젝트를 선정한다는 것이다.

사례 LG 투자증권의 프로젝트 선정 단계

LG 투자증권의 프로젝트 선정 기준은 다음처럼 다섯 단계로 구성되어 있다. 첫 단계는 다양한 부서에서 다양한 채널을 통해 고객의 소리를 듣고, 전략에 의거해 목표를 확인한다. 두 번째 단계는 프로젝트를 수행할 사업부 후보를 선정한다. 후보는 회사의 전략 방향과 고객만족도 추이 등을 고려하여 선정한다. 세 번째 단계는 프로젝트를 수행할 프로젝트 추진 사업부를 선정한다. 네 번째 단계는 팀별로 추진 사업부 팀장 면담을 통하여 개선 과제를 선정한다. 그리고 마지막으로 프로젝트를 최종적으로 선정한다.

사례 KT의 프로젝트 선정

KT는 먼저 핵심 경영 이슈인 'corporate Y'를 정한다. 'corporate Y'는 환경분석, 전략, KPI, 고객분석, 그리고 내부역량 분석 등을 고려한다.

그림 8-1 KT의 프로젝트 발굴과 선정

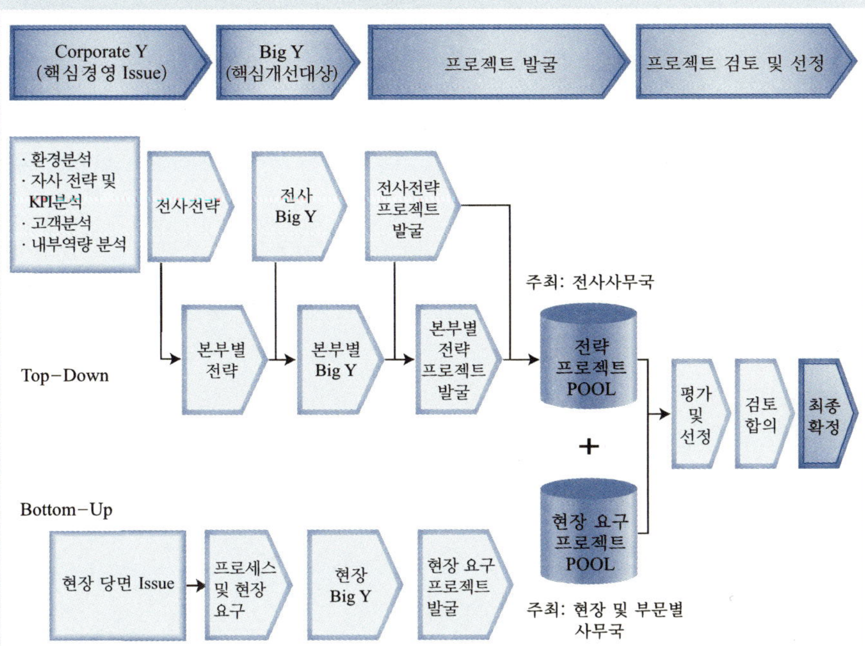

여기에 의해 핵심 개선 대상인 'big Y' 를 정한다. 이 'big Y' 에 의해 프로젝트 대상을 발굴하고, 검토를 거쳐 최종적으로 프로젝트를 선정한다(그림 8-1 참조).

8.5 마스터 블랙벨트

마스터 블랙벨트(master black belts)는 블랙벨트와 그린벨트들을 훈련시키고 지도하는 식스 시그마의 기술적인 전문가이다. 마스터 블랙벨트는 식스 시그마 성공에 매우 중요한 사람으로서 미래의 지도자가 될 유능한 사람으로 선정되어야 한다. 그래서 마스터 블랙벨트는 전략을 실행하고 또 문제를 해결하는 데 있어서 다양한 경험과 실적을 지닌 사람이 되어야 한다. 또 의사소통 능력이 뛰어나고, 강력한 리더십을 지니고, 문제를 해결하는 능력을 지니고 있어야 한다. 그래서 대개 수 년간 경영의 흐름을 잘 이해하고, 다양한 프로젝트 경험과 실적을 거둔 블랙벨트가 마스터 블랙벨트가 된다.

마스터 블랙벨트는 비교적 규모가 큰 프로젝트를 수행하며, 전임으로 식스 시그마 활동에 전념한다. 그리고 기업의 문화를 변혁시키는 역할을 주도한다. 그리고 담당 챔피언에게 식스 시그마 활동에 대해 보고한다. 그리고 조직에서 식스 시그마 활동을 통합하는 역할을 수행한다. 또 챔피언이 프로젝트를 선정하는 것을 도와 주며, 블랙벨트들을 지도하고, 훈련시킨다.

역시 마스터 블랙벨트도 챔피언처럼 많은 훈련과 교육을 받는다. 특히 기업의 전체적인 문제를 분석하고, 원활한 의사소통을 위한 훈련과 교육이 중요하다.

마스터 블랙벨트의 역할을 정리하면 다음과 같다.

- 프로젝트 팀을 지도하거나 직접 참여한다
- 블랙벨트와 그린벨트들을 지도하고 교육시킨다
- 전임으로 식스 시그마에 전념한다
- 챔피언에게 보고한다

- 챔피언의 프로젝트 선정을 도와 준다
- 블랙벨트의 프로젝트를 주기적으로 점검한다

8.6 블랙벨트

식스 시그마에서는 블랙벨트로 알려진 고도로 숙련된 구성원들을 많이 양성한다. 왜냐하면 블랙벨트들이 바로 식스 시그마의 목표를 달성하는 혁신전략의 주역들이기 때문이다.

블랙벨트(black belts)는 문제를 파악하고, 해결하고, 프로젝트 팀을 지도하고 리드하는 기술적 지도자이다. 그리고 프로젝트 팀을 지도하는 리더십을 발휘한다. 그래서 팀의 목표와 계획을 수립하고, 실제로 계획을 실행하고, 성과를 측정하고 개선한다. 또 팀의 의견을 상부에 보고하고, 다른 팀과의 의사소통을 실행한다.

블랙벨트는 식스 시그마 성공의 핵심 인재이다. 팀의 성공에 블랙벨트의 역할은 절대적이다. 블랙벨트는 팀을 효과적으로 리드할 다양한 능력을 지니고 있어야 한다. 그러므로 구성원 중에서 상당히 유능하고, 다른 사람들로부터 존경을 받는 사람이 블랙벨트로 인증 받아야 한다. 인증은 다양한 경로를 통해 실행된다. 예를 들어, 완수한 프로젝트의 수, 달성한 성과 금액, 이수한 교육시간 등이다. 그러나 완수한 프로젝트의 수에 의해 인증을 주면 결과보다는 숫자에 치우치는 역작용이 나타날 수 있다. 그래서 가장 바람직한 경우는 성과에 의해 인증을 부여하는 것이다. 또 DFSS(Design For Six Sigma) 프로젝트의 경우에는 성과가 가시적으로 빨리 나타나지 않는다는 점을 고려하여 블랙벨트 인증을 주어야 한다. 가장 좋지 않은 것은 비공식적으로 또는 비밀로 구성원들 모르게 블랙벨트 인증을 부여하는 것이다. 이것은 식스 시그마의 상공을 크게 저해한다. 그러므로 기업은 각자 기업에 그리고 블랙벨트는 팀의 리더이므로, 강력한 리더십을 지녀야 한다. 그래서 팀원의 에너지를 집결시키고, 좋은 성과를 가져오는 열정을 지니고 있어야 한다. 또 숫자를 무서워하지 않는 분석적인 능력과 통계 지식, 프로젝트 문제를 해결하는 능력, 적극적이며 긍정적인 사고방식, 프로세스 관점에 의한 문제해결능력, 그리고 목표지향적인 능력을 지니고 있어야 한다. 그리고 블랙벨트는 자기의 지식이 아닌 성과에 의하여 평가 받아야 한다. 블랙벨트가 지녀야 할 능력을 종합하면 다음과 같다.

- 주위 사람들로부터의 존경심
- 프로젝트를 해결할 기술적 능력
- 통계적 지식
- 우수한 의사소통 능력
- 동기부여 능력
- 적극적이고 능동적인 태도
- 컴퓨터 능력
- 분석 능력
- 고객 욕구 파악 능력
- 창의력
- 열정
- 프로세스 관점
- 목표 지향적

또 프로젝트 팀의 구성원은 고객, 협력업자 등 다양한 사람들로 구성되어 있다. 블랙벨트의 프로젝트는 경영진에 의해 인정되고, 조직에 중요하고, 높은 수익성을 달성하는 것이어야 한다. 또 대개 4-6개월 이내에 완료되어야 한다. 블랙벨트는 초기에는 하나의 프로젝트에 전념하는 것이 좋으며, 경험을 쌓으면 3-4개의 프로젝트를 동시에 수행할 수 있다.

블랙벨트는 그린벨트와 화이트벨트들을 지도하고 훈련시킨다. 그리고 전임으로 식스 시그마 활동에 전념하며, 하나 이상의 프로젝트 팀을 지도한다. 또 식스 시그마가 성공하기 위해 기업의 문화를 변혁시키고, 프로젝트에 대한 성과를 마스터 블랙벨트 또는 챔피언에게 보고한다.

블랙벨트의 역할을 정리하면 다음과 같다.

- 식스 시그마 활동에 전념한다
- 조직에서 유능하고 존경 받는 사람이다
- 프로젝트 팀을 지도하고 리드한다
- 조직에 팀 활동을 보고한다
- 마스터 블랙벨트 또는 챔피언에게 정기적으로 보고한다
- 기업의 문화를 변화시킨다
- 그린벨트를 선정하고, 지도하고, 훈련시킨다
- 긍정적인 사고 방식을 지니고 있다

그럼 블랙벨트의 수는 어느 정도가 적당한가? 여기에 대한 해답은 없다. 이것은 기업의 상황에 따라 정하면 된다. 보통 서비스업체에서는 50명당 1명의 블랙벨트가 적절하다고 본다. 또 10-15명의 블랙벨트당 한 명의 마스터 블랙벨트가 적당하다.

삼성화재는 상위 25%의 직원에게만 블랙벨트의 자격을 주고 있다. 이것은 블랙벨트가 회사에 끼치는 영향이 크다는 것을 반영하고 있다. 또 적절한 보상을 하여 줌으로써 지속적인 개선을 하도록 하고 있다.

철도청에서의 마스터 블랙벨트의 역할은 블랙벨트와 그린벨트를 지도 및 교육하고, 해당 프로젝트를 평가하고 완료하는 것이다. 그리고 마스터 블랙벨트의 자격으로는 프로젝트를 10건 이상 수행하거나 또는 지도한 사람으로써 마스터 블랙벨트 코스를 수료한 사람이다. 그리고 계속 마스터 블랙벨트의 자격을 유지하기 위해서는 1년에 4건 이상 프로젝트를 지도하여야 한다. 블랙벨트의 역할은 프로젝트를 수행하고, 그린벨트들을 지도하고, 팀 활동에 대한 교육시키는 것이다. 블랙벨트의 자격으로는 본부 핵심 프로젝트를 수행하는 리더이거나 또는 블랙벨트 프로젝트를 2건 이상 완료한 사람이어야 한다. 그리고 계속 블랙벨트 자격을 유지하기 위해서는 1년에 1건 이상 프로젝트를 수행하여야 한다. 그린벨트의 역할은 그린벨트 프로젝트를 수행하고, 블랙벨트 프로젝트에 참여하는 것이다. 그린벨트의 자격으로는 본부 핵심 프로젝트를 수행하는 멤버이어야 하고, 프로젝트를 1년에 1건 이상 완료하여야 한다.

사례 온라인 은행의 블랙벨트

어떤 블랙벨트의 첫 번째 프로젝트는 온라인 은행에서의 예금 프로세스에 대한 것이었다. 온라인 은행은 보통 은행들처럼 지점이 거의 없어, 경비를 많이 절약할 수 있었다. 그리고 이러한 절약은 고객들에게 서비스 향상과 높은 이자율을 제공하였다. 포커스 그룹과 서베이를 통해 예금 프로세스가 고객에게 상당히 중요한 요소인 것이 파악되었다. 이 프로세스는 고객이 수표에 서명하고, 예금증명서에 기입하고, 수표와 예금증명서를 동봉해 지방이나 중앙에 발송하는 단순한 절차이다. 고객 문의의 13%는 예금에 대한 것이었고, 고객들은 또 지연된 우편과 신속하게 계좌에 입금되지 않는 것에 대해 불만이 많았다. 그래서 온라인 은행은 이 프로세스를 보다 신속하게 하는 목표를 수립하였다.

각 지방에 먼저 입금된 예금은 하루에 한 번씩 중앙은행에 보내지고 있었다. 그리고 프로세스를 자세히 분석한 결과 두 가지 사실이 파악되었다. 첫째, 지방에 입금되는 시간이 중앙에 입금되는 시간에 비해 상당히 짧았다. 둘째, 거주하는 주 또는 인접한 주로 보내는 것이 직접 중앙에 보내는 것보다 고객들에게 훨씬 안정감을 주었다.

블랙벨트는 이 문제를 해결하기 위해 DMAIC를 적용하였다. 그래서 문제를 명확하게 정의하고, 팀을 구성해 자료를 수집하였다. 자료를 수집하기 전, 블랙벨트는 지방에서 수거한 예금들을 신속하게 중앙으로 보내는 방법이 필요하다고 느꼈다. 그러나 자료를 수집한 결과 또 다른 사실들이 밝혀졌다. 지방에서 수거한 예금을 중앙으로 매일 보내는 프로세스가 수작업으로 이루어지고 있었다. 수작업으로 인해 정상적으로 일이 잘 처리되고 있지 않았다. 더구나 어떤 지방에서는 예금을 매일 처리하고 있지도 않았다. 그리고 토요일에 수거된 예금은 주말로 인해 다음 주 월요일에 처리되고 있었다. 또 하나의 사실은 어떤 지역에서의 우체국의 업무가 느려 중앙까지 5일이나 걸리는 경우도 있었다. 그리고 자료 분석 결과 다음과 같은 사실들을 추가로 파악하였다. 지방에서의 프로세스는 2.1시그마 수준이고, 중앙은 2.5 시그마 수준에 있다. T 테스트 결과 ($p=0.0013$) 중앙과 지방에서의 평균에 차이가 있었다. 중앙에 보내는 평균일수는 2.6일이고, 지방에서 중앙으로 보내는 평균일수는 4.6일로 나왔다. 그리고 보내는 주소지가 소비자들에게 그리 큰 영향을 끼치지 않는다고 나왔다. 그리고 벤치마킹에 의해 경쟁자는 중앙만 이용하는 것으로 밝혀졌다.

결과적으로 블랙벨트는 중앙만 이용하기로 하였다. 이것은 프로세스를 보다 안정시켰고, 인쇄비용과 소비자들의 불만을 많이 감소시켜, 일년에 4백만 달러의 비용을 절약하였다.

출처: http://www.iSixSigma.com

8.7 그린벨트

블랙벨트는 식스 시그마 성공에 상당히 중요한 사람들로써 조직으로부터 인정을 받고 그에 부응하는 보상이 주어진다. 이렇게 되면 블랙벨트가 아닌 사람들은 소외감을 느끼게 된다. 이런 소외감을 감소하기 위해 나온 인증이 그린벨트이다. GE에서도 이런 문제점을 극복하기 위하여 1997년에 대량의 그린벨트들을 양성하였다.

그린벨트(green belts)는 블랙벨트를 보조하는 사람들로서, 블랙벨트처럼 전임으로 식스 시그마 활동에 전념하지 않고, 필요한 경우에 부분적으로 참여한다. 이들은 블랙벨트로부터 훈련을 받고, 프로젝트 팀에 부분적으로 참여하거나 또는 스스로 블랙벨트의 프로젝트보다 더 세부적이고 일상적인 프로젝트를 독자적으로 수행한다. 또 그린벨트는 식스 시그마에 관련된 방법론과 도구를 배우고, 현재 직무에 이 도구들을 적용한다.

그린벨트의 역할을 정리하면 다음과 같다.

- 블랙벨트로부터 훈련을 받는다
- 프로젝트 팀에 부분적으로 참여한다
- 블랙벨트를 보조한다
- 블랙벨트 프로젝트보다 덜 전략적인 프로젝트를 수행한다

삼성에버랜드는 그린벨트 제도를 잘 활용하는 회사 중 하나이다. 삼성

에버랜드의 임원을 포함한 모든 구성원들은 기본적으로 그린벨트 자격을 취득하도록 되어 있다. 구성원에는 비정규직 직원들까지 포함한다. 그래서 모든 구성원들은 식스 시그마 교육을 받고, 프로젝트를 담당한다. 이 제도를 더욱 강화하기 위해 팀장과 간부 승진자 대상의 경우 반드시 그린벨트 인증을 소지하여야만 승진 대상 자격을 주는 규정을 만들었다. 이렇게 삼성 에버랜드는 그린벨트 인증을 직원의 인사고과에 철저하게 반영하고 있다.

8.8 화이트벨트

화이트벨트(white belts)도 그린벨트처럼 식스 시그마 활동에 전임으로 전념하지 않고, 부분적으로 참여한다. 화이트벨트는 미래의 그린벨트이다. 그래서 그린벨트보다 받는 훈련의 양도 비교적 적은 편이다. 또 비교적 규모가 작은 프로젝트에 참여한다.

8.9 교육과 훈련

교육과 훈련은 식스 시그마의 성공에 상당히 중요한 요소이다. 그래서 식스 시그마의 목적을 효과적으로 달성하기 위해서는 최고경영자를 비롯한 모든 임직원들이 다양한 교육과 훈련을 받아야 한다. 특히 최고경영자를 비롯한 임원들에 대한 교육과 훈련이 상당히 중요하다. 바쁜 업무 등의 이유로 식스 시그마 교육에 불참하거나 또는 부분적으로 참여하는 것은 조직에 식스 시그마가 그리 중요하지 않다는 신호를 보내 식스 시그마가 성공하기 쉽지 않다. 그래서 임원들이 솔선수범하여 식스 시그마 교육에 열의를 가지고 적극적으로 참여하여야 한다. 그리고 임원들에 대한 교육은 모든 임원들을 전부 포함시켜야 한다.

또 교육과 훈련은 일시적으로 실시되어서는 안 되고, 사전에 준비된 계획에 의거하여 모든 구성원들에게 주기적으로 그리고 지속적으로 실시되어야 한다. 특히 식스 시그마가 왜 필요하고, 식스 시그마를 도입하는데 있어서 각자의 목표와 역할을 명확하게 주지시키고 교육시켜야 한다.

1812년 설립된 시티은행은 전 구성원의 중요성을 인지하고, 교육과 훈련을 상당히 강화하였다. 그래서 총 구성원 9만 2천명 중 8만 2천명을 교육시켰다. 시티은행 서울지점은 식스 시그마 운동을 강력하게 추진하기 위해 650명의 전 직원에게 3일간 품질 혁신교육을 시켰다. 그리고 미국 본사에서 강사를 초청하고 사내 강사를 활용하였다. 이 같은 교육을 통해 서비스업체에서의 품질의 중요성을 확산시켰다. 그 결과 시티은행 직원들은 품질이 금융업 경쟁에서 승패를 가름하는 핵심요소인 것을 분명하게 인지하게 되었다.

농협중앙회는 식스 시그마를 정착하기 위해 무엇보다도 임원진의 강력한 추진 의지와 전사적인 경영혁신마인드가 필요하였다. 이를 위해 농협중앙회에서는 두 차례의 임직원 교양강좌와 개선과제 도출을 위한 직원 설문조사 그리고 5천부 가량의 식스 시그마경영 소개 책자를 발간하여 탑에서 일반 직원까지 식스 시그마 경영혁신의 마인드를 갖도록 추진하였다.

프로세스를 지속적으로 개선하기 위해서는 과학적인 문제 해결 방법을 식스 시그마 전문가들에게 교육시켜야 한다. 과학적인 방법은 식스 시그마 전문가들로 하여금 과거에는 보지 못했던 문제점들을 보게 해 준다. 그래서 그냥 지나쳤던 과거의 낭비와 문제점들을 파악하고 제거하도록 해 준다.

Harry와 Schroeder(2000), Hahn 등(1999), Blakeslee(1999), 강석진(2002), 고두균 등(1999) 모든 사람들은 식스 시그마의 성공요인에 교육과 훈련을 들었다. 특히 식스 시그마는 다양한 통계, 의사결정, 의사소통, 동기 부여 등에 관한 많은 기법들을 필요로 한다. 그러므로 구성원들에 대한 교육과 훈련은 필수적이다. 물론 구성원에 대한 교육과 훈련은 많은 자원을 요구한다. 그러나 이 자원은 식스 시그마로 인해 기업이 획득하는 수익성으로 인해 충분히 보상받는다.

교육과 훈련의 주제와 도구는 상당히 다양하다. 통계적 기법은 물론이고, 설계, 의사결정, 커뮤니케이션, 프로세스 분석 등 상당히 다양한 기법들을 교육시키고 훈련시킨다. 〈표 8-2〉는 한국 GE에서 교육시키는 식스 시그마 도구들이다(강석진, 2002).

식스 시그마에 따르는 많은 기법들을 교육시킬 때 주의하여야 할 점은 단순히 각 기법들에 대해 상세하게 설명하는 것보다는 프로세스를 개선하기 위해 각각의 기법들을 어떻게 적용하고 응용하여야 하는가에 대해 교육시키고 훈련시켜야 한다는 점이다. 특히 식스 시그마 교육은 다양한 강의 매개체를 사용하고, 이론보다는 실무를 중요시한다. 또 제조업에 비해 서비스업에 있어서는 통계의 사용이 적다. 그러므로 너무 통계적인 기법을 강조할 필요가 없다.

교육도 위의 문제 해결 기법 이외에 창의력, 팀워크, 인간관계 등에 대해서도 교육시켜야 한다. 식스 시그마는 혼자 하는 것이 아니다. 팀에 의해 성과가 이루어지며, 좋은 인간관계가 상당히 중요하다. 그래서 나 혼자만이 아닌, 팀의 일원으로서 공동의 목표를 달성하는 공동체 의식을 가져야 한다. Cooper와 Noonan(2003)은 특히 식스 시그마 성공에 팀의 중요성을 강조하였다. 그래서 팀의 멤버들은 변화의 주역이며, 식스 시그마를 확장하는 주요 요소들이라고 하였다.

또 식스 시그마에서는 식스 시그마의 목적을 달성하기 위하여 실제 프

표 8-2 한국 GE에서 사용하는 식스 시그마 도구

• Value Chain 분석	• 품질기능전개
• 프로젝트 관리 기법	• 프로세스 맵
• 특성요인 matrix	• 능력 분석
• 그래픽 기법	• 가설검정
• 기초 통계 기법	• 분산분석
• 다변량 연구	• 추론 통계
• FMEA	• 다구찌 기법
• 요인배치법	• 반응표면 방법
• 정규분포	• 샘플 크기 결정
• 공차설계	• 관리 계획
• 신뢰성 평가	• 통계적인 공차

로젝트를 적극적으로 활용한다. 식스 시그마는 단순히 관련된 이론을 구성원들에게 교육시키고 끝나는 것이 아니라, 현장의 프로젝트를 통하여 실질적인 성과를 추구하는 것이다. 또 프로젝트도 구성원들이 직접 체험하는 실제 프로젝트이기 때문에 참여자들의 관심이 상대적으로 높다. 그래서 식스 시그마에서는 프로젝트를 실제로 이용하여 일정한 성과를 거둔 사람에게만 벨트의 자격을 부여한다. 무조건 시간만 때우는 사람이 아닌 구체적이고 가시적인 성과를 거둔 사람에게만 자격증을 주고 있다. 이렇게 프로젝트는 식스 시그마 교육과 훈련의 기본적인 관문이다. 그래서 식스 시그마는 이론에 그치지 않고 반드시 현장에서 실습과 연계된다. 대개 식스 시그마 학습은 한 분야당 대개 1주간의 강의실 교육과 3주간의 실습으로 구성되어 있다. 실습에 의해 성과를 이루지 않고는 식스 시그마의 목표를 달성할 수가 없다. 이것은 기존의 품질 기법들과 현격한 차이다.

여기에서 블랙벨트 교육의 예를 들어 보겠다. 블랙벨트 교육 및 훈련은 4개의 강좌로 구성되어 있으며, 보통 4개월 동안 이루어진다. 매월 각 강좌는 식스 시그마의 핵심단계(측정-분석-개선-관리) 중 하나를 중심으로 이루어진다. 블랙벨트 훈련은 처음에는 강의실 훈련으로 이루어지지만, 위의 4단계에 대한 훈련이 끝나면, 반드시 강의실에서 배운 지식을 현장의 실제 프로젝트에 적용한다. 즉, 한 주간은 강의실에서 이론과 문제해결 방법들을 배우고, 다음 3주간은 현장에서 이론과 문제해결 방법들을 실제 문제에 적용시키게 된다. 블랙벨트 교과과정은 주로 식스 시그마에 대한 이론과 혁신적인 기법들에 중점을 둔다. 특히, 통계, 계량적 벤치마킹, 프로세스 관리기법, 그리고 실험계획 등에 중점을 둔다. 또 계획-훈련-적용-검토(Plan-Train-Apply-Review) 학습 사이클을 통해 블랙벨트들은 영업, 기획, 마케팅 등 관리상의 중대한 문제들을 해결하기 위한 과학적이고 반복 가능한 프로세스를 구축하기 위하여 주요 도구들을 어떻게 연결하고 결합하여야 하는지를 배운다. 일반적으로 블랙벨트는 일년에 4-6개의 프로젝트를 완수한다. 그러나 프로젝트는 블랙벨트만으로 선정하게 해서는 안 된다. 반드시 기업의 전략 등과 연계시켜 선정하도록 하는 것이 바람직하다.

최고경영자 및 챔피언이 받을 교육 및 훈련 내용은 대개 다음과 같다.

- 기업의 목적 및 전략
- 커뮤니케이션
- 리더십
- 통계적인 사고
- value chain 분석

마스터 블랙벨트 및 블랙벨트가 받을 교육 및 훈련 내용은 대개 다음과 같다.

- 커뮤니케이션
- DOE(Design of Experiments)
- 인간관계론
- QFD(Quality Function Deployment)
- 회귀분석
- 신뢰성 분석
- 시계열 분석
- FMEA(Failure Mode and Effects Analysis)

또 교육 및 훈련을 실행하기 위해서는 다음과 같은 사항들을 결정하여야 한다.

- 강사는 어떤 조건을 충족시켜야 하는가?
- 무슨 과목을 가르칠 것인가?
- 누가 어떤 과목을 가르칠 것인가?
- 각 과목의 교재는 어떻게 결정할 것인가?
- 과목의 내용은 누가 어떻게 갱신할 것인가?
- 시험은 볼 것인가? 본다면 누가 제출하고 평가는 어떻게 할 것인가?
- 웹 교육을 실시할 것인가?
- 교육 및 훈련시스템을 누가 어떻게 계획하고 유지할 것인가?
- 강의실 설비는 어떻게 할 것인가?

국민카드는 식스 시그마의 성공적인 도입을 위해 자체적으로 식스 시그마 경영혁신 워크샵을 연 2회 실시하였다(한국능률협회, 2002). 그리고 전사적인 공감대를 형성하기 위해 사내 인트라넷을 통해 식스 시그마 교육을 홍보하여 직원이 관심을 갖도록 하였고, 2000년 11월에는 미국의 최우수 기업을 벤치마킹하였다.

사례 GE Capital Service의 식스 시그마

GE는 제조, 엔지니어링, 그리고 설계 이외에 다른 분야에서도 식스 시그마를 적용하는 것이 중요하다고 믿었다. 그래서 GE Capital Service(www.gecapital.com)는 세계에서 가장 우수한 금융 서비스업체가 되기 위해 식스 시그마를 도입하기로 결정했다. GE Capital은 28개의 독립사업부를 통해 장비관리, 소비자 서비스, 틈새시장 금융, 특수금융, 그리고 특수보험 분야에서 고객들에게 완전한 해결책을 제공함으로써 고객들의 생산성과 능률성을 향상시키는 다각화된 금융사업부이다. 전 세계적으로 다양한 금융서비스와 상품을 제공하는 GE Capital이 품질 및 고객만족을 증대시키기 위하여 식스 시그마 혁신전략을 이용해 결함을 줄이려는 노력은 서비스업계에서 타의 추종을 불허한다. GE Capital의 자회사인 1994년에 설립된 GE Capital Finance 일본 법인은 낮은 대금 회수율로 골치를 썩고 있었다. 일반적으로 신용판매 대금회수는 은행계좌를 거쳐 자동적으로 되나 잔액부족으로 지불되지 않는 경우가 약 6만 건 있었다. 이 회사는 이를 개선하기 위해 식스 시그마의 서비스개념을 도입하여, 고객 납입이 하루 24시간 가능토록 서비스를 획기적으로 개선하였다. 이 회사는 1997년 8월부터 편의점에서 정산지불을 가능하게 하고 입금처리 등 사무절차를 24시간 신속하게 처리할 수 있도록 아웃소싱(outsourcing) 서비스를 시작하였다. 그 결과 1997년 9월에 재청구시 편의점을 통해 입금한 사용자는 40%를 넘어 회수율이 극적으로 개선되었다.

GE Capital의 한 사업분야인 GE Capital 주택담보 금융회사(GE Capital Mortgage Corporation)의 직원들은 고객들로부터 연간 3십만 통의 전화를 받는다. 직원들은 오랫동안 자신들이 고객들을 능률적으로 대하였다고 믿었다. 자리에 없거나 또는 다른 전화를 받기 때문에 응답하지 못한 고객들에게는 나중에 리턴 콜(return call)을 하였다. 그러나 마스터 블랙벨트가 이끄는 한 팀이 서비스를 고객의 관점에서 조사해 보았더니, 그렇지 않았다. 많은 경우 리턴 콜을 했을 때 이미 고객들은 다른 금융회사와 접촉을 한 후였다. 하지만 이 팀은 42개 지점 중 한 지점에서 거의 완벽에 가까운 전화응답 기록이 있음을 발견했다. 그래서 팀은 이 지점의 시스템, 프로세스, 장비, 좌석 배치, 그리고 인적 구성을 분석했고, 그 결과를 다른 41개 지점들에 적용했다. 한 때 GE 주택담보 직원들과 통화할 수 있는 가능성을 24% 정도로 보았던 고객들이 이제는 첫 번째 전화에 통화할 수 있는 확률을 99%로 보고 있다. 이렇게 연결된 전화 중 40%는 즉시 거래로 연결되며, 이것은 결국 수백만 달러의 수익을 증대 시켰다.

1998년 GE Capital은 식스 시그마를 통해 3억 달러 이상의 순이익을 창출했는데, 이 수치는 1997년의 두 배에 달하는 것이었다.

오늘날까지 GE Capital은 식스 시그마 프로그램에 6백만 달러를 투자하였고, 전체 직원의 약 5%를 풀타임으로 품질관리에 투입했으며, 사업 전반에 걸쳐 식스 시그마 수준을 달성하기 위하여 5만 8천 명의 직원들로 하여금 2만8천여 개의 품질 프로젝트를 완성하도록 했다. 그 결과, GE Capital의 경쟁력은 엄청나게 향상되었고, 고객의 욕구에 대한 대응도 극적으로 개선되었다.

1990년 GE 총수입의 55%는 제트엔진, 세탁기, CT 스캐너, 터빈과 같은 제품들로부터 나왔고, 나머지 45%는 서비스분야에서 나왔다. 그러나 오늘날 GE Capital Services는 28개의 다양한 비즈니스를 행하고 있으며, 놀랍게도 GE 총이익 중 40%, 전체 매출액의 3분의 2를 차지하며, 전 세계에서 가장 수익성 높은 금융그룹이 되었다. 또 1990년과 2000년 사이에 GE의 총수입 중 제조분야가 차지하는 비중은 56%에서 32.2%로 축소되었으며, 금융서비스 분야의 비중은 26%에서 45.8%로 신장되었다.

8.10 보상과 인지시스템

보상과 인지는 또 다른 성과를 창출하는 중요한 요소이다. 그래서 식스 시그마는 구성원의 동기를 향상시키고, 또 다른 성과를 창출하기 위하여 강력한 보상과 인지시스템을 유지하는 것이 바람직하다. 보상시스템은 최고 경영자가 무엇에 중점을 두고 있는지를 보다 확실하게 구성원들에게 전달한다. 그래서 식스 시그마에서는 구성원들이 달성한 업적에 대해 보상 또는 인지를 한다. 이러한 보상과 인지시스템의 예로는 다음과 같은 것들을 들 수 있다.

- 인증 획득을 표시하는 핀 또는 증서
- 인사고과의 필수 요건으로 규정
- 스톡 옵션
- 선과에 대한 장려금
- 공로패
- 명단 게시
- 성과 발표

시티은행 서울지점은 채택된 아이디어를 제출하거나 또는 프로세스 품질 향상에 기여한 팀이나 개인에게 권리증을 제공한다. 그리고 권리증을 소지하고 있는 직원들은 언제든지 이를 현금으로 교환하거나 해외여행 경비로 활용할 수 있다.

KT는 식스 시그마를 연공서열을 파괴하고, 육성형 임원제 도입에 활용하고 있다. 하나의 예로, KT는 2004년 9월 1일자로 현장 영업에서 45명, 상품개발에서 3명, 식스 시그마(경영혁신)에서 10명이 각각 승진하였다. 이렇게 해서 식스 시그마를 통하여 사원들의 동기부여를 강화하고 있다.

참고문헌

강석진, "세계 제일의 초우량 기업 GE의 6시그마 경영전략과 비전," 식스 시그마 페스티벌, 한국능률협회컨설팅, 2002, 13-77.

고두균, 김상익, 서한손, 안병진, 이해와 적용: 식스 시그마 경영, 한국생산성본부, 1999.

박현, "변화관리와 식스 시그마 경영을 통한 서비스 부문 글로벌 경영품질 확보 방안," 2003년 대한민국 경영품질 컨퍼런스, 한국능률협회컨설팅, 23-32.

안영진, "식스 시그마는 하나의 도전, 결과는 사람에게 달려 있다," 식스 시그마 경영품질, 한국능률협회, 제11호, 2002, 45-48.

한국능률협회, "철저한 고객위주의 경영혁신으로 독보적인 가치 창출," 식스 시그마 경영품질, 2002, 81-83.

Blakeslee, Jr., Jerome A., "Implementing the Six Sigma solution," Quality Progress, ASQ, July 1999, 77-85.

Cooper, Nancy Page and Pat Noonan, "Do teams and Six Sigma go together?" Quality Progress, ASQ, June 2003, 25-28.

Deming, W. Edwards, Out of the Crisis, MIT, Center for Advanced Engineering Study, Cambridge, MA 02139, 1986.

Drucker, Peter F., 프로페셔널의 조건: 어떻게 자기 실현을 할 것인가, 이재규 옮김, 청림출판, 2000.

Hahn, G. J., W. J. Hill, and R. W. Hoerl, "The Impact of Six Sigma Improvement- A glimpse into the future of statistics," The American Statistician, August 1999, 208-215.

Harry, Michael and Richard Schroeder, 식스 시그마 기업혁명, 안영진 옮김, 김영사, 2000.

Juran, J. M. and F. M. Gryna, Juran' s Quality Control Handbook, fourth edition, McGraw-Hill, 1988.

Lynch, Donald P., Suzanne Bertolino, and Elaine T. Cloutier, "How to cope DMAIC projects," Quality Progress, ASQ, January 2003, 37-41.

Pande, Peter S., Robert P. Neuman, and Ronald R. Cavannagh, The Six Sigma way team field book, 심현택과 김창덕 옮김, 물푸레, 2002.

Schumpeter, Joseph A., Theorie der Wirtschaftlichen entwicklung, Aufl., 1926.

Snee, Ronald D., "Dealing with the Aachilles' Heel of Six Sigma initiatives," Quality Progress, ASQ, March 2001, 66-71.

Snee, Ronald D. and Roger W. Hoerl, Leading Six Sigma: A Step-by-Step Guide Based on Experience with GE and Other Six Sigma Companies, Prentice Hall, 2003.

Yashico Aoki 외, 식스 시그마 도입전략, 한국능률협회 6시그마 추진센터 옮김, 21세기 북스, 1998.

www.fedex.com/kr

www.iSixSigma.com

www.samsungeverland.com

제 9 장

프로세스 개선

제9장 프로세스 개선

식스 시그마를 기존의 품질 프로그램들과 비교할 때 불량에 대한 개념에 있어서 큰 차이가 있다. 기존 품질 프로그램들의 목표는 소비자에게 인도되는 최종 제품 및 서비스의 불량을 감소하는 것이다. 그래서 프로세스보다는 소비자에게 인도되는 제품의 불량에 대해서만 관심이 있었다. 이에 반해 식스 시그마는 최종 제품 및 서비스가 아닌 프로세스에 초점을 둔다. 왜냐하면 프로세스야말로 불량의 근본적인 원천이기 때문이다.

프로세스 지향적인 기업을 처음으로 언급한 사람은 Michael Porter(1985)였다. Porter는 가치사슬(value chain)의 가치를 향상하기 위하여 프로세스에 초점을 두었다.

프로세스는 시간이 흘러감에 따라 계속 변한다. 그러므로 기업은 프로세스를 잘 관리하여야 한다. 그리고 프로세스에 어떤 문제가 발생하였을 때 인위적으로 처리하지 말고 프로세스에 대한 문제점을 측정하고 데이터를 분석하여 잘 처리하도록 하여야 한다.

서비스 식스 시그마는 서비스 프로세스의 변동을 감소하여 고객만족을 향상시키고, 낭비를 제거하고, 수익성을 향상시킨다. 그러므로 프로세스는 서비스 식스 시그마의 목적을 달성하는 데 상당히 중요하다.

제9장에서는 프로세스에 대해 논하려고 한다. 특히 여기에서는 다음과 같은 주제들을 다루고자 한다.

- 서비스 프로세스의 특성
- 프로세스 중심 조직
- SIPOC 모형

9.1 서비스 프로세스의 특성

식스 시그마는 프로세스를 개선하기 때문에 경영자는 프로세스를 잘 알고 있어야 한다. 사실 프로세스는 서비스업체를 포함한 모든 조직에 전부 존재한다. 그런데 가끔 서비스업체의 경영자들은 우리 조직에서는 프로세스가 없다는 말을 하곤 한다. 이것은 사실 프로세스가 없는 것이 아니고 단순히 프로세스를 잘 인지하고 있지 못하기 때문이다. 과학적 관리법을 창안한 Frederick W. Taylor(1911)는 모든 과업은 예외 없이 전부 프로세스라고 하였다. 그래서 모든 과업을 동작연구 같은 과학적인 방법을 이용하여 분석하면 훨씬 더 효과적으로 수행할 수 있다고 하였다. 물론 오늘날 비즈니스 환경은 Taylor 시대와는 다르다. 그러나 직무 자체를 프로세스로 보는 견해는 변하지 않았다.

또 직무의 표준화가 잘 설정되어 있지 않다 하더라도, 서비스의 모든 직무는 당연히 프로세스로 구성되어 있다. 그래서 경영자는 프로세스를 잘 파악하고 이해하여야 한다. 왜냐하면 프로세스를 알아야 개선을 할 수 있기 때문이다.

그래서 서비스 경영자는 프로세스적 관점을 가지고 서비스 경영을 하여야 한다. 프로세스적 관점이란 모든 문제를 투입물(input), 프로세스, 산출물(output)의 관점에서 보는 것이다. 제조업체에서는 투입물인 원자재와 부품을 유형재화인 산출물로 전환시킨다. 이때 원자재와 부품의 품질은 산출물의 품질에 절대적인 영향을 끼친다. 그래서 제조업체에서는 공급업자에 대한 관리가 상당히 중요하다. 공급업자를 잘못 관리하면 완제품의 품질에 치명적인 결과를 가져오기 때문이다. 그러나 서비스업체에서는 투입물과 산출물이 제조업체처럼 그리 명확하지 않다. 특히 프로세스를 명확하게 눈으로 볼 수 있는 것도 아니다. 예를 들면, 구성원의 능력이 프로세스이며, 고객 욕구 만족이 산출물이 될 수 있다. 이 두 가지 다 정의하기도 또 측정하기도 어렵다. 프로세스인 구성원의 능력을 보자. 구성원의 능력은 선발 프로세스, 훈련 프로세스, 교육 프로세스, 전달 프로세스 등 다양한 프로세스들에 의해 결정된다.

또 서비스는 대개 표준화되어 있지는 않지만, 어떻게 수행하라고 지시를 받는다. 그러나 각 개인은 이 지시대로 하지 않고, 자기의 방식대로 한다. 그러므로 프로세스를 정의하려고 하면, 이 구성원들은 당연히 여기에 저항하게 된다. 거기다가 서비스 프로세스는 또 다양하게 분류가 되어 있다. 그래서 전체적으로 프로세스에 책임을 지는 사람이 없다. 그리고 대부분 프로세스의 일부를 담당하는 사람이 최종 책임을 지게 되는 경우가 많다. 예를 들어, 피자 배달이 늦어지면 피자를 배달한 사람이 늦은 데에 대해 책임을 진다. 그러나 사실은 문제를 일으킨 근본적인 원인을 파악하여 개선하여야 한다. 이것이 프로세스 분석의 중요한 쟁점이다.

또 서비스 프로세스는 관행적으로 어떤 데이터에 의하여 이루어지지 않았다. 그래서 서비스 프로세스에 관한 데이터를 획득하기가 상당히 어렵다. 이것은 서비스 프로세스의 개선을 어렵게 만든다.

제조업체에 비해 서비스 프로세스는 기계보다는 사람에 훨씬 많이 의존한다. 그래서 사람과 사람과의 관계가 상당히 중요하다. 그리고 이것은 기계에 비해 프로세스의 변동을 훨씬 심하게 만드는 요인이 된다.

서비스 식스 시그마는 먼저 서비스 프로세스를 정의하여야 한다. 제조에 비해 서비스 프로세스를 정의하는 것은 그리 쉽지 않다. 그러나 서비스 프로세스를 파악하고 정의를 내리지 못하면 식스 시그마를 실시할 수가 없다.

서비스 프로세스의 특성은 다음과 같다.

- 프로세스를 분명하게 정의하기가 상당히 어렵다. 왜냐하면 업무의 많은 부문이 기계보다는 사람의 손을 더 많이 필요로 하기 때문이다
- 각 프로세스에 대한 문서화가 잘 되어 있지 않다
- 고객과의 접촉이 많아 프로세스의 변동이 심하다
- 대체적으로 서비스 프로세스의 속도가 늦다
- 대기시간이 길다
- 프로세스를 계량화하기도 어렵고, 데이터를 수집하기도 어렵고, 측정하기도 어렵다
- 각자 자기 방식대로 서비스를 수행하기 때문에 프로세스를 표준화

하기가 어렵다
- 프로세스가 비교적 복잡하고 상이한 업무들로 구성되어 있다
- 평가하기가 쉽지 않다
- 사이클타임과 같은 시간의 단축이 상당히 중요하다. 여기에서는 개선의 비율과 단축된 시간의 양을 측정한다
- 서비스 프로세스에 대한 정보가 중요하다. 특히 양이 아닌 프로세스의 진행(얼마나 많은 전화 문의가 아니라 응대의 속도) 같은 정보가 중요하다
- 개선 목표를 정하기가 어려워 프로젝트를 정의하기가 어렵다
- 산출물이 비가시적이어서 프로세스적 관점으로 생각하기가 쉽지 않다

이렇게 서비스 프로세스에는 고객의 가치를 창출하지 않는 활동들이 상당히 많다. 그래서 개선의 여지가 상대적으로 많다. 또 위에서 보았듯이, 서비스 식스 시그마는 제조업체와는 다른 문제를 다루고, 기술도 다르다. 그래서 서비스 식스 시그마는 제조업체와는 달리 프로세스 설계를 향상하거나, 고객만족을 향상하거나, 서비스 시간을 감소하거나 또는 구성원의 실수를 감소하는 데 주로 이용된다.

특히 이 중에서 서비스 프로세스의 중요한 특성은 측정의 문제이다. 그러나 서비스 프로세스도 반드시 측정하여야 한다. 이런 점에서 Snee와 Hoerl(2003)은 서비스업체에서 측정의 단위로 반드시 수행하여야 할 네 가지 측정치로 정확성, 사이클타임, 비용, 그리고 고객만족을 들었다. 정확성(accuracy)은 오류가 없는 완전한 정보이다. 사이클타임(cycle time)은 어떤 직무를 수행하는 데 걸리는 시간이다. 비용(cost)은 서비스에 대한 가격이 아니라, 프로세스를 수행하는 데 소요되는 내부 비용이다. 대개 비용은 위에서 언급한 정확성과 사이클타임에 의해 결정된다. 그래서 사이클타임이 길면 길수록 또 오류가 많으면 많을수록 비용이 많이 발생한다. 고객만족(customer satisfaction)은 고객이 서비스에 대해 느끼는 만족도이다.

LG투자증권은 고객의 만족을 극대화하기 위한 프로세스를 설정하였다(그림 9-1 참조). 먼저 사명의 명확화부터 시작한다. 여기에서는 팀의 상품과

그림 9-1 LG투자증권의 고객만족 프로세스

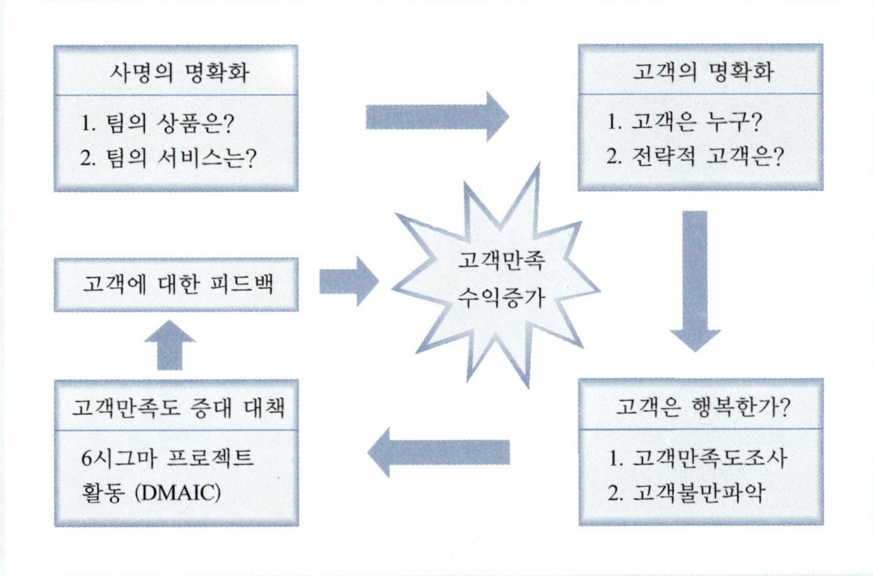

서비스를 규정한다. 그런 다음 고객을 분명하게 규정한다. 그리고 우리의 고객이 행복한지를 파악한다. 그리고 불만에 대한 대책을 수립하기 위해 식스 시그마 프로젝트를 실시한다. 그리고 나서 고객으로부터 피드백을 받는다. 이런 고객만족 프로세스는 궁극적으로 고객만족을 향상시키고, 수익을 증대시키고자 한다.

시티은행은 사이클 타임을 위의 정의보다는 광범위하게 정의하고 있다. 시티은행은 식스 시그마를 도입하면서 사이클 타임의 단축을 중요한 추진 목표 중 하나로 삼았다. 그러나 시티은행에서는 사이클 타임의 단축을 고객에게 서비스를 제공하는 시간 이외에 신상품을 개발하는 시간까지 포함하였다. 즉, 사이클 타임을 부가가치를 창출하지 않는 모든 업무를 제거하는 것으로 보았다. 이것은 앞에서 언급한 린과 연계되는 개념으로 볼 수 있다.

사례 은행에서의 복사 프로세스 분석

2000년 6월 한 달 동안 Bank One 은행에서 고객에게 결재된 수표를 복사한 건수가 21만여 건이나 되었다. 이렇게 복사 프로세스는 고객의 태도를 결정하는 중요한 요소이었다. 그런데 6월 달의 데이터를 조사해 보니, 거래의 10%가 잘못된 것을 복사한 것으로 나왔다. 그리고 어떤 날에는 이 비율이 25%까지 치솟기까지 하였다. 이 수치는 매월 적어도 만 명 이상의 불만족한 고객이 발생하는 것을 말해 주고 있다.

이 문제를 해결하기 위하여 CFT(cross functional team)가 구성되었다. 그리고 이 팀은 문제의 세 가지 주요한 원인을 다음처럼 파악하였다.

- 고객에게 약속한 일자에 복사를 못 해 주었다
- 고객이 복사한 것을 읽을 수가 없었다
- 은행에서 수표의 복사한 것을 가지고 있지 않았다

다음에는 프로세스 도표를 작성하였고, FMEA 기법을 이용하여 프로세스의 단계별로 불량 유형을 분석하였다. 그리고 다음과 같은 사실을 발견하였다.

- 2년이 지난 수표는 전산시스템에 입력이 안 되어 처리시간이 오래 걸리는 데도 고객에게 빨리 약속하였다
- 고객이 요청서의 기재 사항을 빠트리거나 잘못 기재하여 직원이 무엇을 복사할 것인지 모르는 경우가 많았다
- 벤더의 잘못으로 10% 정도의 복사가 과노출되었다

이 문제를 해결하기 위하여 데이터를 분석하고, 아이디어를 수집하였다. 그리고 다음과 같은 해결책을 제시하였다.

- 요청 소프트웨어를 개선하여 항목에 잘못 기재되는 것을 방지한다
- 새로운 프로세스를 개발하고 이 프로세스를 교육시킨다
- 추적시스템을 만들어 고객의 주문에 대한 모든 사항을 즉시 추적한다
- 장비에 대한 예방정비를 철저히 하여 문제가 발생하지 않도록 한다

프로젝트 팀은 이 해결책을 실행에 옮겼다. 그 결과, 불량률이 반으로 감소하였다. 그리고 다음과 같은 교훈을 얻었다. 첫째, 프로세스 분석이 상당히 중요하다. 둘째, 여러 부서의 사람들로 구성된 팀 해결이 중요하다. 셋째, 현실적인 기대치를 목표로 하였다.

출처: Michael L. George, Lean Six Sigma for Service: How to Use Lean Speed and Six Sigma Quality to Improve Services and Transactions, McGraw-Hill, 2003, 318-322.

사례 Acme의 가격 결정

산업 설비 및 기기를 생산하는 글로벌 기업인 Acme는 가격을 보다 합리적으로 결정하기 위해 식스 시그마를 도입하였다. 일년간 목표치를 50만 달러로 책정하였는데 이 목표를 3개월 만에 달성하였다. 그리고 1년간 달성한 수치는 무려 원래 목표의 12배 정도인 5백80만 달러나 되었다.

사실 고객이 원하는 가격을 가장 잘 아는 사람들은 고객과 늘 접촉하는 영업사원들이다. 그러나 가격은 영업사원이 결정하는 것이 아니고, 프라이싱(Pricing) 부서의 경영자와 분석전문가들이 결정한다. 그런데 이들은 고객과 접촉이 별로 없을 뿐만 아니라 시시각각 변하는 변화에 대응하는 속도가 너무 늦고, 또 필요한 체크를 종종 빠트린다.

Acme는 최근 시장 조건이 악화되어 가격결정에 애로가 많았다. 우선 주요 원자재인 철강과 석유의 가격이 폭등하여 연간 2천만 달러의 비용 증가가 발생하였다. 이 비용을 감당하기 위한 유일한 방법은 가격을 인상하는 것뿐이었다. 그러나 문제는 얼마나 인상하는가 이었다. 많이 올리면 고객을 경쟁자에게 빼앗기고, 적게 올리면 별 효과가 없다. 또 하나의 문제점은 수익분기점이었다.

Acme에서 판매하는 제품들의 가격은 사실 인쇄된 제품가격표에 나와 있다. 각각의 가격은 다양한 유형에 따라 전부 기재되어 있다. 그러나 실제 가격은 영업사원과 고객과의 협상에 의한 가격할인에 의해 결정되는데, 할인 폭을 결정할 때 영업사원은 회사에서 각 품목에 대해 이미 설정한 최대 할인 기준을 따라야 하며, 그 이상의 할인은 반드시 프라이싱 부서의 허락을 받아야 한다. 그래서 실제 가격은 상당히 다양하게 설정되고 있는 실정이다. 그런데 Acme에서는 매년 수만 건의 거래가 이루어지고 있기 때문에 이런 절차는 사실 상당한 문제가 되고 있다. 더구나 영업사원의 목표는 시장점유율이기 때문에 가급적 고객을 붙잡기 위해 할인을 많이 해 주려고 한다. 그러나 프라이싱 부서는 수익을 중시하기 때문에 그렇게 하지 못한다. 프라이싱 부서의 또 하나의 문제는 기업의 수익을 보장하는 할인 폭에 대해서 잘 알고 있지 못하다는 사실이다.

이 문제를 해결하기 위하여 경영자들은 회의를 소집하였다. 그런데 제조분야에서 식스 시그마를 도입하여 프로세스의 변동을 크게 감소하였다는 사실을 알게 되었다. 그리고 지금의 가격문제를 해결하는 데에도 아마 식스 시그마가 도움이 될 것이라고 생각하였다. 왜냐하면 가격결정 프로세스가 생산 프로세스와 유사하기 때문이다. 그래서 우선 북미의 한 공장에서 식스 시그마를 적용하기로 결정하였다. 프라이싱 부서의 경영자가 프로젝트 책임자로 임명되었고, 제조 부서에서 MBB가 차출되어 합류하였다. 그리고 임원이 스폰서 역할을 담당하였다.

첫 번째 단계는 문제를 명확하게 규정하고, 팀을 결성하고, 목표를 설정하는 것이다. 팀은 프라이싱, 재무, 마케팅, IT, 그리고 영업부서 사람들로 구성되었다. 또 결점을 프라이싱 부서가 허가한 가격보다 낮게 책정한 거래 또는 최대할인 기준보다 낮게 책정한 거래(프라이싱 부서의 허락을 받지 않고)로 정의하였다. 또 팀원들이 활동을 지원하기 위하여 운영위원회를 두었다. 운영위원회는 위원장인 프로젝트 스폰서를 중심으로 영업본부장, 재무부사장, 마케팅부사장 등으로 구성되었다. 그리고 첫 해의 재무목표를 수익 향상 50만 달러로 책정하였다.

두 번째 단계는 측정이다. 팀은 분석을 하기 위해 다양한 자료를 수집하였다. 그리고 가격을 결정하는 프로세스를 그려 보았다. 이 프로세스를 알기 위해 5개의 부서(IT, 영업, 프라이싱, 재무, 마케팅)에서 8명의 사람들과 인터뷰를 실시하였다. 이 맵의 각 단계에 있어서 x와 y를 명시하고, x를 통제하는 부서를 명기하였다. 이 맵의 최종 산출물은 고객과 약정한 최종가격이다. 이 프로세스 맵은〈그림 9-2〉와 같다.

세 번째 단계는 분석이다. Acme는 분석을 하기 위해 C&E(Cause and Effect) 매트릭스 기법을 활용하였다. 문제의 원인을 전부 파악하고 중요한 순서대로 명기하였다. 그리고 각 원인을 규명하고 해결책을 찾기 위해 워크숍을 열고 서로 의견을 나누었다. 분석 결과, 고객들은 소규모 거래에서는 높은 가격을 받아들인다는 사실을 알아냈다. 그래서 팀은 각기 규모가 다른 거래에 서로 다른 가격을 제시하여야 한다는 것을 알았다. 또 하나 알아낸 사실은 지역에 따라 가격이 상당히 상이하게 책정되었다는 것이다. 그래서 팀은 가격이 거래 규모뿐만 아니라 지역에 따라서도 서로 다르게 책정되어야 한다는 것을 파악하게 되었다.

네 번째 단계는 개선이다. 개선안은 프라이싱 사람들이 보다 명확하고 신속하게 가격을 결정하도록 명확한 새로운 가이드라인을 제시하고, 일부 예외적인 코드를 규정하는 것(적극적인 경쟁자에 대한)이었다. 또 프라이싱 부서의 허락을 받지 않고 고객과 책정한 거래에 대해서도 판매 오류 코드를 부여하였다. 또 프라이싱 부서가 24시간 이내에 가격 결정을 하여 영업부서에 통보하여야 한다는 규정을 만들었다.

그림 9-2 Acme의 가격 결정 프로세스 맵

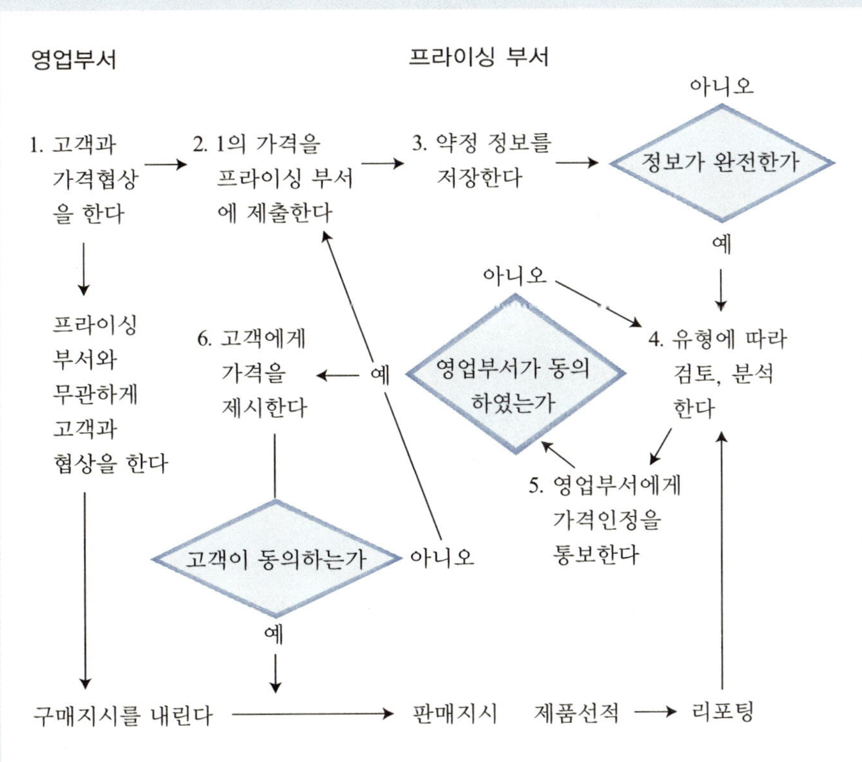

마지막 단계는 관리이다. Acme는 매달 임원들이 정기적으로 성과를 검토하도록 하였다.

Acme는 식스 시그마를 도입하여 커다란 성과를 달성하였다. 금전적인 성과 이외에 영업부서와 프라이싱 부서 간의 오랜 갈등이 사라졌다. 이 성공에 의하여 Acme는 북미의 한 공장의 식스 시그마 활동을 모든 공장에 도입하기로 하였다.

출처: ManMohan S. Sodhi and Navdeep S. Sodhi, "Six Sigma Pricing," Harvard Business Review, May 2005, 135-142.

9.2 프로세스 중심 조직

우선 서비스 프로세스를 개선하기 위해서는 먼저 조직의 형태를 파악하여야 한다. 그래서 기업이 기능 중심 조직인지 또는 프로세스 중심 조직인지를 파악하여야 한다.

〈그림 9-3〉에서 볼 수 있듯이, 기업의 가장 대표적인 조직 형태인 기능 중심 조직은 업무가 각 기능에 의해 관리된다. 그래서 경영자는 자연스럽게 업무 단위의 입장에서 자원을 관리하여 기능의 최적화에 주력하게 된다. 그리고 구성원들도 기능의 목적을 최적화하기 위해 노력하며, 공급업자나 고객의 입장은 고려하지 않게 된다. 그리고 각 부서는 각자의 평가 기준에 의하여 행동을 취한다. 그래서 영업부는 매출액 향상에만 관심이 있고, 구매부는 구매비용의 최소화에 중점을 두게 된다. 이런 조직은 대부분 명령과 통제에 의한 수직적인 구조를 가지고 있다. 그래서 계급 단계가 많아 의사결정이 늦어, 서비스의 사이클 타임이 길어지고 서비스 품질 수준이 떨어지게 된다. 그래서 이런 조직 구조하에서는 고객 서비스가 실종되고, 고객의 만족도가 떨어진다.

반면에 프로세스 중심의 조직에서는 업무가 고객 중심의 관점에서 프로세스에 의해 관리되기 때문에 경영자는 공급업자와 고객과의 관계를 생

그림 9-3 기능 중심 조직

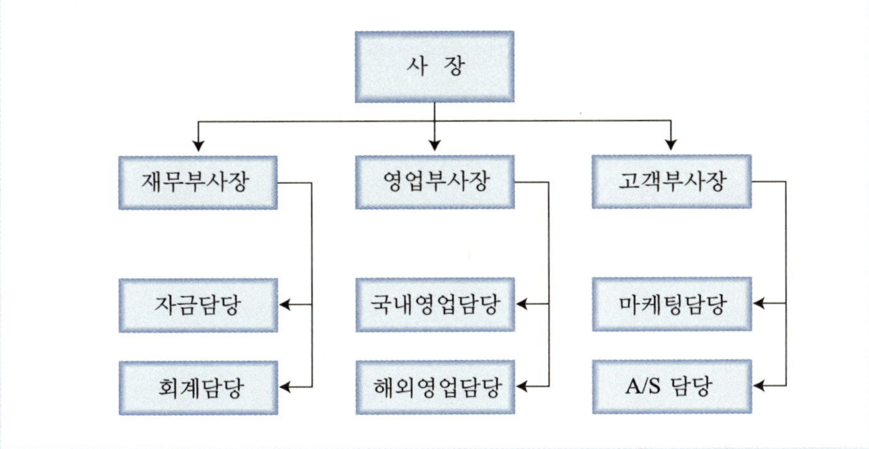

그림 9-4 프로세스 중심 조직

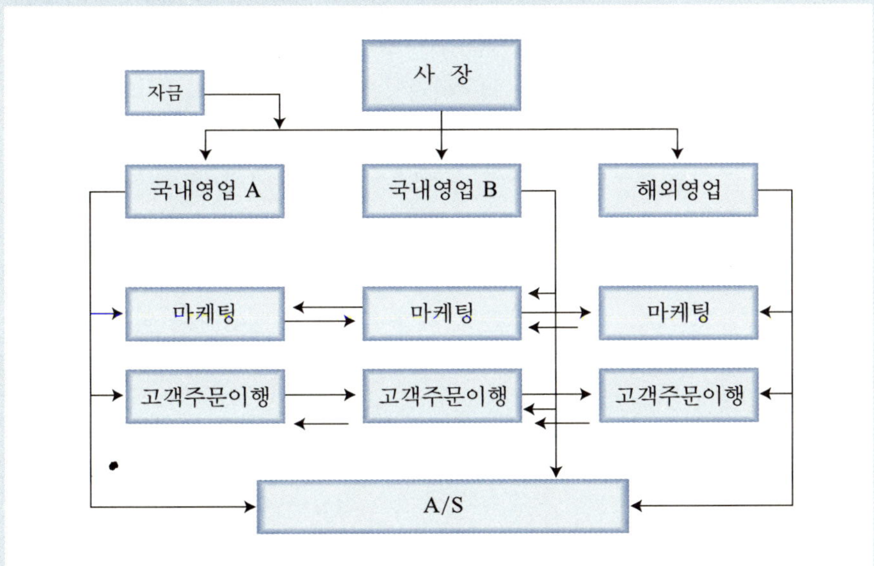

각하게 된다(그림 9-4 참조). 그리고 구성원들도 제품이나 서비스의 품질, 고객 서비스, 또는 예외적인 사태에 대해 민첩하게 대응하게 된다. 그래서 고객이 주문하여 서비스를 받기까지의 사이클 타임을 크게 감소시킬 수 있다.

과거 제약회사에서는 신약을 개발할 때 업무가 기능별로 분리되어 있었다. 그래서 동물 실험은 연구소가 하고, 환자에 대한 임상 실험은 개발부에서 담당하였다. 그리고 이 신약 개발에 대한 책임자가 명확하게 규정되지 않았다. 이것은 기능 중심의 조직으로서, 자원을 낭비하게 된다.

그러므로 서비스 프로세스를 근본적으로 개선하기 위해서는 먼저 기업의 조직이 기능 중심 조직에서 프로세스 중심 조직으로 바뀌어야 한다.

사례 시티은행 서울지점의 식스 시그마

1967년 설립된 시티은행 서울지점(www.citibank.co.kr)은 우리나라 은행 중 최초로 금융업무를 개시한 은행이다. 그리고 한국 은행 중 고객만족도가 상당히 높은 기업이다. 1996년 시티은행 서울지점의 영업 실적은 상당히 좋았다. 그러나 고객만족과 관련된 일부 지표가 좋지 않았다. 그래서 일부 고객이 경쟁 은행으로 이전할 위험성이 존재하고, 또 소매 금융 부문의 시장점유율이 감소하고 있었다. 이러한 문제점을 해결하기 위하여 시티은행에서는 1997년 식스 시그마를 추진하기 시작하였다. 그리고 식스 시그마의 추진 목표를 '재무성과'에만 국한하지 않고 '고객 만족'에 더 큰 목표를 두었다.

그리고 식스 시그마를 효과적으로 추진하기 위한 여섯 가지 전략을 수립하였다. 이 여섯 가지 전략은 강력한 리더십과 경영자의 의지, 사이클 타임의 감소, 전 종업원에 대한 교육 및 훈련, 사이클 타임과 피드백 타임 측정, 프로세스 개선, 그리고 재무적 이익 등이다.

구체적인 목표로는 사이클 타임과 결함률의 감소에 중점을 두었다. 그래서 2년 이내에 사이클 타임과 프로세스 결함을 기존의 10분의 1수준으로 감소하기로 하였다.

시티은행은 특히 전화통화의 실패율이 높다는 사실을 파악하고, 전화 성공률을 높이고자 하였다. 그래서 통화량이 많은 시간대에 인력을 집중으로 배치하였다. 또 프로세스를 개선하였다. 그래서 다섯 개의 연관된 부서가 공동으로 담당하였던 기존의 대출 업무 프로세스를 1개 부서가 전담하도록 변경하였다. 그래서 리드 타임을 크게 단축할 수 있었다. 또 회의 프로세스를 개선하기 위하여 회의의 효율성에 대한 여섯 개 항목의 '예/아니오' 질문을 통하여 결함을 조사하고 그 결과에 따라 회의 수 및 회의 시간을 크게 단축하였다.

이런 노력으로 1년 후 시티은행의 결함률은 10%에서 1%로 감소되었고, 사이클 타임은 1일에서 6분으로 크게 감소하였다. 보다 구체적으로 1998년 1월 시티은행 서울지점에 걸려온 고객 전화 4,375건 중 실패 전화는 350건으로 통계적으로 환산하면 2.91시그마 수준이었다. 그러나 1년 후 통화실패는 총통화 4,751건 중 103건으로 감소했다. 그리고 시그마 수준이 3.52 수준으로 향상되었다. 또 고객이 창구에서 기다리는 시간도 절반 가량 단축했다. 또 현금과 수출영업부의 업무처리시간 및 결점을 감소하는 프로젝트를 통하여 4백 만 달러의 수익을 거두었다.

사례 Bank One 은행의 서비스 식스 시그마

Bank One 은행은 치열한 경쟁에서 이기기 위해 식스 시그마를 도입하였다. 식스 시그마는 NEO(National Enterprise Operations)의 주도 아래 실행되었다. Bank One 은행이 처음에 식스 시그마를 도입한 이유는 단순히 생존의 문제이었다. 그래서 식스 시그마를 이용함으로써 불확실성을 감소하여 미래에 대한 예측의 확률을 높이고자 하였다. 그러나 식스 시그마를 도입한 지 2년이 지나 초점이 바뀌기 시작하였다. 이제는 단순한 생존이 아닌 보다 다른 방향으로 바뀌었다. 즉, 우수한 기초토대를 구축하고, 우수한 서비스 기업이 되며, 수익성을 향상하고, 높은 성과를 창출하는 문화를 구축하는 것으로 바뀌었다. 마찬가지로 평가 지표도 고객 욕구 충족에서 주식의 가치 등으로 바뀌었다.

식스 시그마를 도입하여 Bank One 은행이 가장 먼저 시도한 것은 성과를 측정하고 기회를 파악하는 것이었다. 그리고 먼저 'Focus 1.0'을 실시하였다. 'Focus 1.0'은 GE의 Workout과 유사한 운동이다. 그래서 'Focus 1.0'은 모든 구성원들로 하여금 우리 전부가 같은 배에 탄 것을 강조하고, 문제를 파악하고, 신속한 해결책을 찾도록 하는 단순하며 협동적인 문제 해결 전략이다.

그리고 2002년 초에 다음 단계인 'Focus 2.0'을 실시하였다. 'Focus 2.0'은 프로세스를 단순화하고, 프로세스의 속도를 증가하는 데 초점을 두었다. 가장 먼저 봉착한 첫 번째 문제는 프로세스에 대한 구성원들의 신뢰였다. 왜냐하면 아직까지 Bank One 에서는 지속적인 개선 프로그램을 실시한 적이 없기 때문이다. 신뢰감을 구축하기 위하여 Bank One 은행은 전체 프로세스를 대상으로 하지 않고, 하나의 프로젝트를 선정하여 실험하기로 하였다. 그래서 처음부터 전사적으로 식스 시그마에 대한 교육을 시키지도 않았고, 또 대규모의 프로젝트 팀을 구성하지도 않았다. 대신 소수의 전문가를 양성하였고, 변화를 위한 기업 문화를 구축하고자 하였다. 그래서 문제해결을 위한 가장 기초적인 방법론을 교육시키고, 식스 시그마 개념과 성과에 대해 조금씩 알리기 시작하였다. 그리고 소수 전문가에 의한 프로젝트의 성공을 전사적으로 알렸다.

다음으로는 각 부서의 핵심 경영자들에게 2일간 식스 시그마에 대한 기본적인 개념을 교육시켰다. 첫날에는 모든 사람들과의 면담을 통하여 각 부서의 목적, 현재 상황, 애로사항, 그리고 계획과 실적을 비교하였다. 둘째 날에는 'Focus 2.0'에 대해 교육시켰다. 그리고 각 부서에서 가장 중요한 프로젝트가 무엇인지 결정하도록 하였다.

다시 이 교육을 확대하여 5일간의 교육 프로그램을 만들었다. 이 프로그램의 목적은 다기능적인 관점에서 프로세스를 보도록 하는 것이다. 그리고 교육 대상은 프로세스에 영향을 주는 사람들로 하였다. 또 교육을 받는 사람은 완전히 모든 직무를 중지하고 교육을 받도록 하였다. 교육 첫째 날에는 사이클 타임의 중요성, 부가가치와 비부가가치 활동의 구분, 낭비 파악 등에 대해 교육하였다. 2일째에는 현재 프로세스를 진단하고, 문제해결 도구에 대해 교육받고, 아이디어를 창출하였다. 그리고 직접 프로세스를 따라 현장을 방문하였고, 현장에 있는 구성원들의 의견을 청취하였다. 그리고 프로세스 도표를 작성하여 프로세스를 분석하였다. 3일째에는 문제점을 파악하고, 브레인스토밍을 통해 해결책을 제시하였다. 그리고 이상적인 프로세스를 제시하였다. 4일째에는 시뮬레이션을 통해 해결책을 직접 실행하였다. 마지막 날에는 공식 보고서를 제출하였다.

식스 시그마의 도입으로 Bank One에서는 다음과 같은 성과를 거두었다. 사이클타임이 30-75% 감소하였고, 수익성이 향상되었고, 비용을 상당히 절감하였다. 또 이런 성과로 식스 시그마를 전 부서에 확대하기로 결정하였다.

출처: Michael L. George, Lean Six Sigma for Service: How to Use Lean Speed and Six Sigma Quality to Improve Services and Transactions, McGraw-Hill, 2003, 85-99.

9.3 SIPOC 모형

프로세스를 개선하기 위해서는 먼저 조직의 핵심 프로세스를 파악하여야 한다. 핵심 프로세스는 Pande 등(2000)의 SIPOC 프로세스 모형을 이용하여 파악할 수 있다. SIPOC 모형은 프로세스를 관리하고 개선하고자 현재 프로세스의 흐름을 개괄적으로 보여 주는 모형으로써, 프로세스의 출발점과 종점을 보여 준다.

SIPOC은 공급업자(suppliers), 투입물(inputs), 프로세스(processes), 산출물(outputs), 그리고 고객(customers)을 상징하는 문자의 약자이다(그림 9-5 참조). 공급업자(S)는 프로세스에 중요한 정보, 자재, 또는 다른 자원들을 제공하는 사람, 기업, 그리고 프로세스이다. 투입물(I)은 프로세스에 들어가는 물자 또는 정보이다. 프로세스(P)는 투입물을 보다 높은 가치를 지닌 산출물로 전환하는 일련의 단계이다. 이 단계는 가치를 창출할 수도 있고, 가

그림 9-5 SIPOC 모형

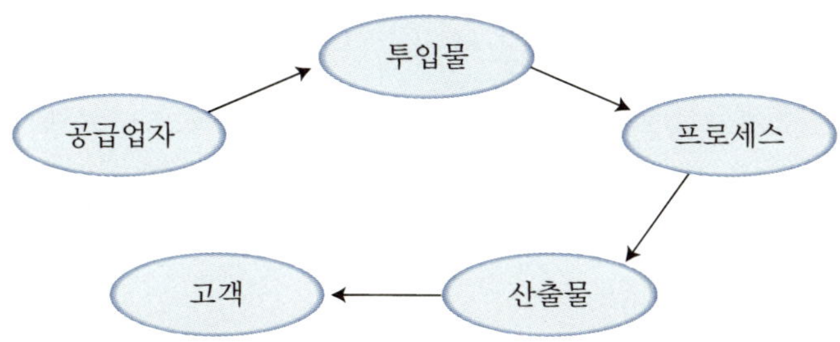

치를 창출하지 않을 수도 있다. 산출물(O)은 고객에게 보내지는 최종 서비스, 프로세스, 또는 정보이다. 고객(C)은 산출물을 받는 사람, 그룹 또는 프로세스이다.

공급업자와 투입물을 파악하기 위해 다음과 같은 질문들을 사용한다.

1. 프로세스에 들어가는 핵심 자재, 정보, 또는 자원은 무엇인가? 모든 핵심 프로세스에 가장 중요한 투입물은 운영되어지는 것들이다. 예를 들어, 대출회사에서는 대출청구서, 항공회사에서는 승객이 투입물이다. 또 이 예의 투입물에 대출회사의 고객 데이터, 항공회사의 승객 예약 등 프로세스의 성공에 아주 중요한 것들도 포함시킨다.
2. 프로세스에 절대적으로 중요한 요소들은 무엇인가? 즉, 프로세스에 치명적인 결과를 낳는 요소들은 무엇인가?
3. 이 요소들이 프로세스를 거치는 동안 소비되는가? 사용되는가? 아니면 산출물로써 고객에게까지 전달되는가?
4. 이런 투입물을 누가 공급하는가?

SIPOC은 사람들이 기업을 프로세스의 관점에서 보도록 도와주며, 일반적으로 다음처럼 세 가지 장점을 지니고 있다.

1. 조직의 다양한 기능들의 상호활동을 단일의 단순한 도표로 제시해 준다.
2. 모든 규모의 프로세스, 심지어 조직 전체에도 적용할 수 있는 하나의 틀을 제공해 준다.
3. 사람들로 하여금 조직의 '큰 그림' 그리고 물론 세부적인 그림까지도 볼 수 있도록 해 준다. 그래서 SIPOC 모형은 어떤 프로세스의 산출물과 이어지는 프로세스의 투입물을 연결함으로써 기업을 전체적으로 연결하는 고단계의 프로세스 도표를 개발하도록 해 준다.

SIPOC 모형을 작성할 때 반드시 하여야 할 일과 하지 말아야 할 일을 Pande 등(2002)은 다음처럼 말하였다.

먼저 반드시 하여야 할 일은 다음과 같다.

1. 프로세스의 시작과 끝을 분명히 한다.
2. 팀 전원이 참여하여 SIPOC 모형을 작성한다.
3. 팀 전원이 프로세스의 경계에 대해 합의한다.
4. 책임에 대한 소재가 분명하지 않으면 챔피언에게 자문을 구한다.

다음으로 하지 말아야 할 일은 다음과 같다.

1. 처음 시작할 때 너무 범위를 크게 잡지 않는다.
2. 처음부터 프로세스의 하부로 깊숙이 들어가지 않는다.

SIPOC 모형은 프로젝트 팀이 올바른 방향으로 가게 하기 위하여 반드시 챔피언이 의사결정 과정에 참여하여야 한다.

또 Ehrlich(2002)는 SIPOC 모형을 작성하는 단계를 다음처럼 설명하였다.

1. 프로세스에 포함된 주요한 활동들을 파악한다. 그리고 활동들을 반드시 '동사'를 사용하여 표현한다. 다시 말하지만, 프로세스란 투입물을 산출물로 전환시키는 과정이다.
2. 프로세스의 산출물을 파악한다. 산출물은 반드시 하나일 필요는 없다. 또 산출물은 청구서처럼 가시적일 수도 있고, 정보처럼 비가시적일 수도 있다.
3. 프로세스의 투입물을 결정한다.
4. 투입물의 공급업자를 파악한다. 공급업자는 산출물의 고객일 수도 있다.
5. 고객의 욕구를 문서화한다. 그러나 고객의 욕구는 의견이 아닌 데이터에 의해 파악되어야 한다.

사례 Wal-Mart의 SIPOC

〈그림 9-6〉은 Wal-Mart에서 사용하는 SIPOC 프로세스이다. Wal-Mart는 전 세계의 낮은 비용의 공급업자들로부터 상품을 공급받아 운송업

체에 보관하고, 이 상품들을 Wal-Mart에 진열하여 소비자들에게 판매한다.

그림 9-6 Wal-Mart에서의 SIPOC

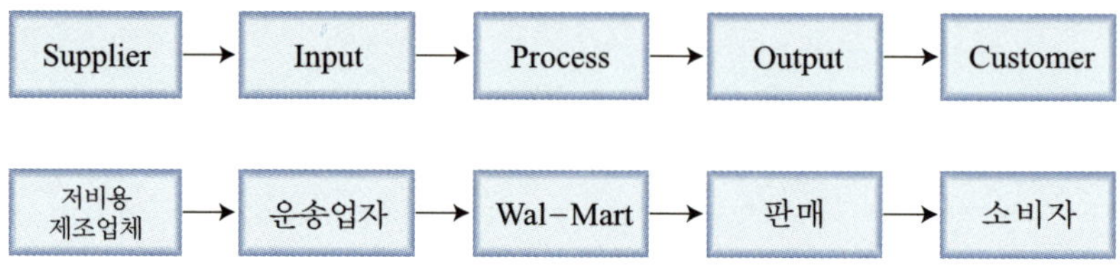

출처: Fred Patton, "Does Six Sigma Work in Service Industries?" Quality Progress, ASQ, September 2005, 55-60.

사례 농협중앙회의 프로세스 혁신

농협중앙회는 내부와 외부 고객의 만족을 향상하기 위해서 내부와 외부에 존재하는 업무 등 여러 프로세스를 혁신하기로 결정하였다. 그래서 농협중앙회는 대표이사별 주무 부서와 각 계통 사무소의 협조를 얻어 농업인과 고객과의 접점별 프로세스를 분석하여 프로세스 맵을 작성하였고, 직원 입장에서의 업무처리 프로세스를 분석하여 매뉴얼화 작업을 추진하였다. 그리고 '1부서 1 프로세스 개선' 운동을 전개함에 있어서 본부 부서별에서 1인 이상 반드시 개선 전문가 과정과 프로젝트에 참여하도록 하였다. 또 우수 프로젝트 발표회 등을 개최하여 핵심 프로세스의 개선을 향상시켰다. 그리고 성과가 탁월한 주무 부서의 담당자나 실무자에게는 시상 대상에 포함하여 선정 및 포상하고 이를 업적평가시 가점하였다.

사례 일본 시그마루 식품 영업부

일본 시그마루 식품 영업부에서 근무하는 입사 4년생인 신쵸는 회의 때문에 고민이 많았다. 영업 현장에서 고객과 더 대화하고 싶은데 너무나

표 9-1 회의 목적 달성도 매트릭스

지표치	판정 기준
3	회의 목적을 100% 달성한 경우
2	회의 목적을 80% 달성한 경우
1	회의 목적을 30% 달성한 경우
0	회의 목적을 전혀 달성하지 못한 경우

잦은 회의 때문에 그렇지를 못하였기 때문이다. 사장에게 건의도 하여 보았지만 근거 부족으로 거절당하였다. 그러다가 어떤 거래선에서 식스 시그마라는 개념을 알고 식스 시그마를 이용하여 문제를 풀어보고자 하였다.

스즈키 실장과 상담하면서 일단 시험 삼아 회의로 인해 야기되는 시간적 손실과 거래선과의 약속을 파기하여 발생하는 기회비용을 계산해 보기로 하였다. 시간적 손실은 임금으로 계산하고, 기회비용은 식스 시그마에서 말하는 COPQ(Cost of Poor Quality)로 계산하면 되었다.

다음에는 팀을 구성하였고, 팀원들은 모여서 회의를 어떻게 평가할 것인가에 대해 논의하였다. 그리고 회의 목적 달성도에 대한 매트릭스를 작성하였다. 이 매트릭스는 〈표 9-1〉에 나와 있다.

'0' 은 회의 자체가 실패한 것이다. 그래서 이런 회의는 목적 달성도를 '2' 이상으로 올려야 한다. 보다 구체적으로 팀은 팀의 목적과 회의 목적을 사전에 보다 명확히 하고, 목적 달성 비율을 지금보다 20% 정도 증가시키기로 하였다.

다음으로는 다음처럼 '회의 혁신 대책' 을 마련하였다. 첫째, 회의를 주관하는 사람이 회의 목적과 달성 목표를 사전에 전달한다. 둘째, 차기 이월 과제와 담당자를 분명하게 결정한다. 셋째, 시간을 초과할 때에는 1회당 회의를 주관하는 사람에게 500엔의 벌금을 부과한다.

1개월 후, 회의 목적 달성도가 개선되었고, 회의 개최 건수가 감소하였고, 회의 비용도 감소되었다. 그리고 영업을 할 수 있는 시간이 증가되었다. 즉, 약 10% 정도의 업무시간이 회의에서 영업 시간으로 대체되었다.

출처: 다이아몬드 6시그마 연구회, 「기업회생」의 비밀: 6시그마(영업 · 서비스 편), 권재진과 이병희 역, 새로운 사람들, 2002.

사례 KT의 재활용품 관리 프로세스 개선을 위한 SIPOC 모형

KT 강북본부는 재활용품 관리 프로세스를 개선하기 위해 식스 시그마를 이용하였다. 그리고 개선 범위를 지정하기 위하여 SIPOC 모형을 〈그림 9-7〉처럼 활용하였다. KT는 SIPOC 분석을 프로세스를 분석하기 위해 공급자와 고객 관계를 입출력 관계로 정의하였다.

그림 9-7 KT의 SIPOC 모형

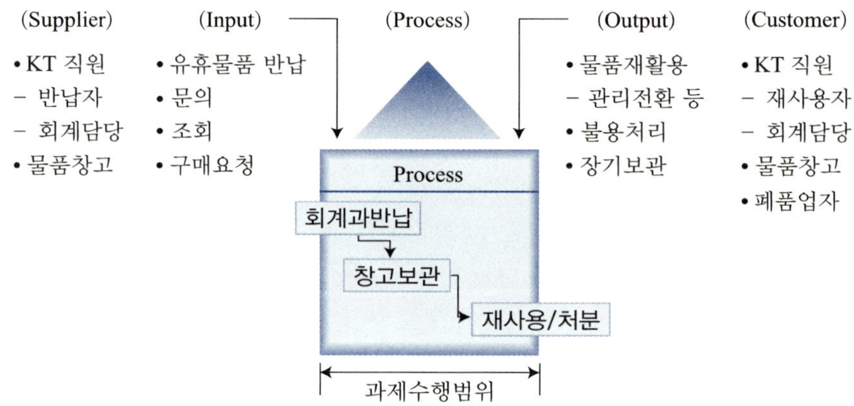

참고문헌

다이아몬드 6시그마 연구회, 「기업회생」의 비밀: 6시그마(영업 · 서비스 편), 권재진과 이병희 역, 새로운 사람들, 2002.

Benitez, Yanira, Leslie Forrester, Carolyn Hurst, and Debra Turpin, "Hospitalreduces medication errors using DMAIC and QFD," Quality Progress, ASQ, January 2007, 39-45.

Carlzon, Jan., Moments of Truth, New York, NY: Ballinger, 1987.

Ehrlich, Betsi Harris, Transactional Six Sigma and Lean Servicing: Leveraging Manufacturing Concepts to Achieve World-Class Service, St. Lucie Press, 2002.

George, Michael L., Lean Six Sigma for Service: How to Use Lean Speed and Six Sigma Quality to Improve Services and Transactions, McGraw-Hill, 2003.

Pande, Peter S., Robert P. Neuman, and Ronald R. Cavanagh, The Six Sigma Way: How GE, Motorola, and Other Top Companies Are Honing Their Performance, McGraw-Hill, 2000.

Pande, Peter S., Robert P. Neuman, and Ronald R. Cavannagh, The Six Sigma Way Team Field Book, 심현택과 김창덕 옮김, 물푸레, 2002.

Patton, Fred, "Does Six Sigma work in service industries?" Quality Progress, ASQ, September 2005, 55-60

Porter, Michael, Competitive Advantage: Creating and Sustaining Superior Performance, Free Press, New York, 1985.

Snee, Ronald D. and Roger W. Hoerl, Leading Six Sigma: A Step-by-Step Guide Based on Experience with GE and Other Six Sigma Companies, Prentice Hall, 2003.

Sodhi, ManMohan S. and Navdeep S. Sodhi, "Six Sigma Pricing," Harvard Business Review, May 2005, 135-142.

Taylor, Frederick F., The Principles of Scientific Management, Dover Pubns, 1911.

제10장

식스 시그마 도구

제10장　식스 시그마 도구

식스 시그마는 과학적인 접근방법이다. 문제의 징후를 일시적으로 제거하는 것이 아니고, 문제의 원인을 파악하고 완전히 제거하는 방법이다. 그래서 식스 시그마를 도입하고 실행하려면 과학적인 도구가 필요하다. 이것은 식스 시그마를 도입하고자 하는 모든 조직에게 필수적이다. 그래서 식스 시그마를 도입하고자 하는 서비스 기업도 예외가 될 수 없다. 이러한 점이 서비스 기업들이 식스 시그마를 도입하기를 꺼려하는 중요한 이유 중 하나이다. 그러나 제조업체처럼 복잡하고 세밀한 도구를 서비스 기업은 필요로 하지 않는다. 즉, 서비스 기업도 과학적인 도구를 필요로 하지만, 제조 기업보다는 훨씬 단순한 도구를 사용한다.

그러면 어떤 과학적인 도구가 필요한가? 제10장에서는 서비스 기업에 필요한 최소한의 식스 시그마 도구를 소개하고자 한다. 그래서 여기에서는 다음과 같은 주제들을 다루고자 한다.

- 통계의 필요성
- Pareto 도표
- MP
- 프로세스 도표
- 특성요인도
- 5왜 방법
- 품질기능전개
- FMEA
- Multi-vari 분석
- 브레인스토밍

- 실험계획
- PDCA 사이클

10.1 통계의 필요성

식스 시그마에서는 통계를 상당히 많이 사용하므로 조직원들에게 통계에 대해 많은 교육과 훈련을 시켜야 한다. 통계는 Excel, SPSS, 또는 Minitab과 같은 기존의 통계 프로그램을 활용하면 된다. Excel과 Minitab은 Bass(2007), Minitab은 임성욱 등(2007)을 참조하기 바란다. 그러나 통계에 대한 교육과 훈련, 그리고 워크숍과 세미나 등을 할 때에는 계획을 잘 수립하여야 훨씬 좋은 성과를 얻을 수 있다. 그래서 Snee(2000)는 통계에 관한 훈련과 워크숍, 또는 세미나를 설계할 때에 고려하여야 할 네 가지 원리를 다음처럼 제시하였다.

① 확실한 목적에 의하여 과목들을 설계한다.

② 과목의 내용은 통계적인 사고력과 바라는 목적들을 달성하는 도구들에 초점을 둔다.

③ 세부적 기법보다는 전반적인 통계 기법을 먼저 가르친다.

④ 발표, 강의, 실험, 토의, 비유, 사례, 그리고 프로젝트 등과 같은 다양한 방법들을 사용한다.

모든 과목에서는 명백하게 그 과목의 목적과 계량적인 목표들을 설정한다. 만약 식스 시그마 프로젝트의 과목이라면, 목적을 분명히 설정하고 프로젝트를 수행하는 데 도움이 되는 내용들을 포함시킨다. 그리고 내용은 통계적인 사고력을 함양하는 개념들을 강조한다. ASQ 사전(1996)에 의하면, 통계적 사고력(statistical thinking)은 "모든 활동은 상호 연계된 프로세스들의 시스템 안에서 발생하고, 모든 프로세스에는 항상 변동이 존재하고, 이러한 변동을 이해하고 감소하는 것이 성공의 열쇠라는 근본적인 원리에 입각한 학습과 행동의 철학"이라고 하였다. 즉, 통계적 사고력의 세 가지 핵심 요소는 프로세스와 변동, 그리고 데이터이다. 그래서 단순하게 확률 이론이나 가설검증을 무작정 가르칠 것이 아니라, 변동과 프로세스 개선의 실질적인 효과에 대해 가르쳐야 한다고 하였다. 그래서 먼저 프로세스를 전반적으로 향상시키는 기법을 가르치고, 다음에 세부적인 기법을 가르치는 것이 효과적이라고 하였다. 일반적으로 사람들은 구체적인 문제에서 추상적인 문제로, 그리고 전체를 배운 다음에 보다 상세한 문제를 배울 때 학습 효과가 높다. 그러므로 통계를 교육시킬 때에도 이런 방식으로 하는 것이 바람직하다. 통계를 전달하는 방법도 다양하게 하는 것이 바람직하다. 왜냐하면 사람들은 다양한 사고과정과 학습 스타일을 가지고 있기 때문이다. 이것은 사람들이 각자 뇌의 어떤 부분을 더 많이 사용하느냐에 달려 있다.

10.2 Pareto 도표

Pareto 도표(Pareto Chart)는 문제를 일으킨 원인들을 파악하고, 그 원인 중에서 가장 주요한 원인을 파악하게 해 주는 기법이다. Pareto 기법은 이탈리아의 경제학자인 Vilfredo Pareto의 이름을 따서 Juran이 지은 명칭이다. 1906년 Pareto는 이탈리아의 Milan시에서 '부의 분배'에 관한 연구를 하였다. 연구 결과 Pareto는 Milan시에서 단지 20%의 주민들이 Milan시 전체 재산의 80%를 소유하고 있는 사실을 발견하였다. Pareto는 이것을 '80/20 법칙'이라고 하였다. 즉, 80%의 문제점들이 20%의 요인에 의해서 발생한다는 것이다(그림 10-1 참조).

이 연구 결과는 Juran이 품질관리에 처음으로 적용하였던 1934년까지 주로 경제분석에 적용되었다. 그 후 다른 부문에도 확대 적용되었으며, "소수가 전체의 대부분을 소유하고 있다"는 Pareto 법칙이 나왔다. Pareto 법칙은 "전체 중에서 중요한 것은 단지 소수이고 나머지 대부분은 사소한 것이다(vital few and trivial many)"라는 것이다.

그림 10-1 80/20 법칙

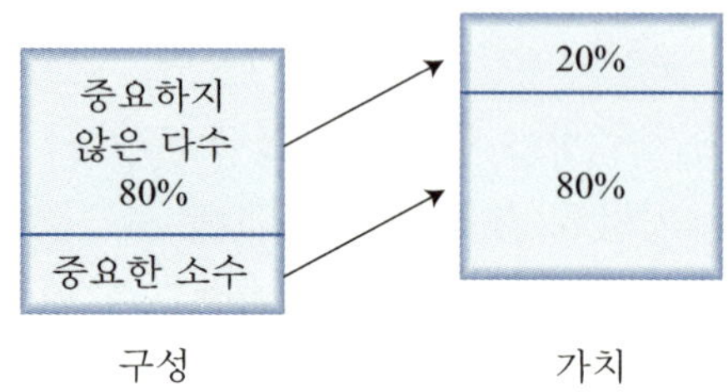

기업에서 개선하고자 하는 분야는 상당히 많다. 그러나 기업이 지니고 있는 한계 때문에 그 모든 문제들을 한꺼번에 개선할 수 없는 경우가 많다. 그러면 어떤 문제부터 먼저 해결하여야 하는가? Pareto 도표는 바로 여기에 대한 해답을 제공해 준다. 즉, Pareto 도표는 가장 심각한 문제를 일으키는 핵심적인 원인들을 파악하는 데 효과적이다. 가장 핵심적인 원인을 파악하게 함으로써 가장 빠른 시간 내에 고객 서비스를 향상시킬 수 있게 한다. 이렇게 Pareto 도표는 문제의 핵심적인 원인을 발견하게 해 주는 기법이다. Pareto 도표는 다음처럼 작성한다.

① Pareto 도표에 그릴 품목들을 전부 파악한다.

② Pareto 도표에 필요한 기간을 명확하게 명시한다.

③ 특정 기간 동안 각 품목이 발생한 총 횟수를 계산한다.

④ 종이에 Y축과 X축의 이차원도표를 그린다. 왼쪽의 Y축에는 빈도를 그리고 오른쪽 Y축에는 누적 빈도의 백분율을 나타낸다. 그리고 각 축에 측정치를 표시하고, 각 축을 균등하게 필요한 만큼 나눈다.

⑤ X축에 ①에서 분류한 품목들을 명기한다. 그리고 제일 왼쪽에 발생빈도가 가장 많은 품목을, 다음에는 두 번째로 빈도가 많은 품목을 명기한다. 이 과정을 모든 품목을 전부 명기할 때까지 되풀이한다.

⑥ 각 품목에 대한 막대그림을 그린다. 각 막대그림의 높이는 해당되는 품목의 발생빈도를 나타내며, 각 막대그림의 넓이는 반드시 같아야 하고, 각 막대그림은 옆의 막대그림과 붙어져서 그려야 한다.

⑦ 각 품목에 대한 발생빈도가 가산됨에 따라 도표에 누적된 선도표를 그린다.
⑧ 도표의 이름을 명기하고 자료의 출처를 간명하게 밝힌다.

Pareto 도표는 다음과 같은 효과가 있다.
① 모든 사람들의 협조를 이끄는 데 상당히 효과적이다.
② 기업의 자원을 효과적이고 능률적으로 이용할 수 있게 한다.
③ 기업에서 발생하는 모든 문제들을 파악하고 개선한다.
④ 추진하였던 개선이 실제로 달성되었는지를 확인하게 해 준다.

10.3 MP

기업이 만족시켜야 할 고객의 욕구는 상당히 다양하다. 그런데 기업은 이 다양한 욕구를 동시에 충족시키기가 어렵다. 그래서 고객의 욕구를 그룹으로 분류한 다음 순차적으로 해결한다. MP(Multi-generation Plan)은 이렇게 목표를 순차적으로 설정하고 달성하도록 하는 기법이다. 그래서 현재 프로젝트의 범위를 명확하게 하고, 다음에 실시할 프로젝트의 목표를 파악하게 해 준다.

10.4 프로세스 도표

프로세스 도표(process map)는 프로세스의 전반적인 흐름을 기호를 이용하여 보여 주는 그림으로써, 프로세스에 있어서 부가가치를 창출하지 않는 부문을 보여 준다. 비부가가치는 서비스의 가치를 증진시키지 않지만 프로세스의 한계로 되풀이되어 발생한다. 즉, 잘못된 일을 자꾸 되풀이하는 것이다.

예를 들면, 회계부서에서 오류를 지속적으로 발견하는 작업 등이다.

프로세스 도표를 처음으로 작성할 때에는 프로세스의 큰 흐름을 보는 것이기 때문에 핵심 프로세스 단계만 파악하는 것이 바람직하다. 그러나 추후에 보다 정밀한 분석이 필요하다고 생각되는 경우에는 핵심 프로세스 단계를 보다 세밀하게 분류하여야 한다. 그리고 항상 프로세스의 투입물과 산출물을 명기하여야 한다.

Ehrlich(2002)는 프로세스 도표를 작성할 때 고려하여야 할 점을 다음처럼 설명하였다. 첫째, 프로세스 활동을 직접 수행하는 사람을 반드시 포함시킨다. 둘째, 측정단계에 있어서는 이상적인 프로세스 형태가 아닌 실제 프로세스 도표를 작성하여야 한다. 셋째, 참여한 사람들로 하여금 현재 수행하고 있는 과업의 프로세스를 작성하도록 한다. 넷째, 프로세스의 시작과 끝을 결정한다.

프로세스 도표에서 사용하는 기호는 〈그림 10-2〉와 같다.

그림 10-2 프로세스 도표에서 사용하는 기호들

기 호	이 름	기 술
	주활동	과업 또는 활동
	보조활동	주활동의 대체 방법
	재고/저장	원자재, 부품, 완제품, 재공품 재고
	결정	'예/아니오'를 결정하는 점
	방향	활동의 흐름 방향
	시작과 끝	프로세스의 시작과 끝
	지연	프로세스의 지연

10.5 특성요인도

1953년 일본 동경대의 Ishikawa 교수에 의해서 처음 고안된 특성요인도(cause-and-effect diagram)는 문제를 원인과 결과의 관계로 파악해 분석하는 도표로써, 일본뿐만 아니라 전 세계에 걸쳐 널리 사용되는 기법이다. 특성요인도는 핵심적인 문제를 일으키는 잠재적인 원인들을 파악하고, 그러한 원인들간에 존재하는 상호관계를 분석하는 도표이다. 특성요인도를 작성할 때에는 가능한 잠재적인 원인들을 전부 파악하여야 한다.

특성요인도는 원인결과도표, CE(cause-and-effect)도표, 또는 Ishikawa 도표라고도 한다. 특성요인도의 생선머리에는 핵심적인 문제를, 잠재적 원인들의 주요 범주는 생선뼈의 골격에 그리고 구체적인 요인들은 생선의 잔가지에 표시한다.

일반적으로 측정되는 결과는 시간, 오류 또는 불량과 같은 서비스 품질의 특성이다. 그리고 원인은 결과를 일으키는 프로세스의 오류 또는 사람과 같은 요소(factors)들이다. 여기서 원인이란 어떤 결과를 발생시키는, 또는 어떤 결과에 영향을 끼치는 근본적인 조건이나 또는 자극을 말한다.

특성요인도는 참석자들로 하여금 자유스럽게 모든 의견을 개진케 함으로써 결과를 야기하는 가능한 모든 원인들을 전부 열거한다. 참석자들은 자기의 경험이나 주관적인 판단 또는 상상력을 동원하여 가능하다고 생각되는 원인들을 매우 자유스럽게 말한다. 목적은 어떤 결과에 영향을 끼치는 모든 원인들을 전부 파악하는 데 있다.

이제 하나의 예를 들어 특성요인도를 작성해 본다. 어느 호텔의 고객만족에 영향을 끼치는 요소들을 파악하기 위하여 특성요인도를 사용하기로 한다. 〈그림 10-3〉처럼 고객만족에 영향을 끼치는 요소로 설비, 구성원, 시스템, 그리고 가격을 결정하였다.

일반적으로 결과는 가장 오른쪽 사각형에 기입한다. 이 예에서는 고객만족이 결과이므로 제일 오른쪽 사각형에 고객만족을 기입하였다.

그림 10-3 특성요인도

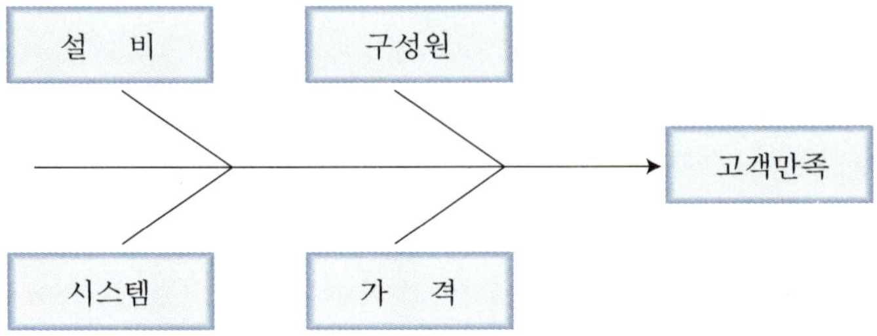

단계 1: 경영자가 개선하고 통제하고자 하는 특성을 결정한다.
(여기에서는 고객만족이다)

단계 2: 오른쪽에 고객만족을 기록한다. 그리고 왼쪽으로부터 오른쪽의 품질 특성에 주화살표를 그린다.

단계 3: 고객만족에 영향을 끼치는 가장 중요한 요소들을 기록하고, 이 요소들로부터 주화살표까지 부화살표를 그린다.

단계 4: 각 요소의 원인인 부요소를 기록하고, 또 부요소를 야기하는 부부요소를 계속 필요할 때까지 되풀이한다. 그리고 부요소에서 부화살표에 이르는 부부화살표를 그리고, 또 부부요소에서 부부화살표에 이르는 부부부화살표를 필요할 때까지 되풀이한다.

단계 5: 마지막으로 품질 특성의 변동을 일으키는 모든 원인들을 하나도 빠지지 않고 전부 포함하였는지를 검토한다. 만약 빠진 원인들이 있으면 특성요인도에 포함시키고, 그렇지 않으면 특성요인도의 작성을 완료한다.

특성요인도는 다음과 같은 성과를 제공한다.

① 교육적으로 매우 유용하다.

② 사용자에게 좋은 문제 거리를 제공한다.

③ 문제점을 명확히 표기하고, 또 문제를 야기하는 원인들을 적극적으

로 파악하게 한다.

④ 프로세스의 흐름을 보다 명확하게 파악하여 공정을 개선한다.

⑤ 동기를 부여하고, 구성원간의 의사소통을 증진시킨다.

10.6 5왜 방법

'5왜 방법'은 문제를 일으키는 원인이 무엇인지를 파악하기 위하여 왜를 다섯 번 물어보라는 뜻이지만, 진정한 의미는 문제를 발생시키는 원인을 파악할 때까지 지속적으로 의문을 가지고 해결하라는 것이다. 이 방법은 순서적으로 문제의 원인을 추궁하여 궁극적으로 가장 기본적인 원인을 발견할 때까지 끊임없이 의문을 던지는 것이다.

10.7 품질기능전개

품질기능전개(QFD: quality function deployment)는 제품은 고객의 욕구와 기호를 반영하여야 한다는 믿음에 근거하여 창안된 개념이다. 이러한 목적을 달성하기 위해서는 제품과 서비스의 품질에 영향을 끼치는 조직내부와 외부의 모든 관련자들을 전부 포함시켜 제품과 서비스를 설계하는 초기단계부터 서로 협조를 하여야 한다.

Cohen(1995)은 QFD를 "개발팀이 고객의 욕구와 니즈를 분명하게 기술할 수 있도록 체계적으로 제품을 계획하고 개발하며, 또 각 제품과 서비스가 고객의 욕구를 얼마나 잘 충족하는지를 조직적으로 평가하는 기법"이라고 정의하였다. 그래서 QFD는 품질을 설계와 생산의 중요한 요소로 만든다. 그리고 품질이 설계단계에서부터 확실하게 제품 및 서비스에 주입되도록 만든다. 그래서 고객의 목소리를 제품설계에 반영시키는 중요한 방법이다.

QFD는 다음과 같은 성과를 기업에 제공한다. 부서간의 장벽을 제거하고 협조심을 일깨워 준다. 제품 및 서비스의 품질이 안정화되고 개선된다. 매출액이 향상된다. 고객만족이 증가한다. 전형적인 설계방법에 비해 신제품 개발에 소요되는 시간이 감소된다. 설계비용이 감소된다. 조직을 고객이라는 공통된 언어로 통합시킨다. 고객의 소리를 기업의 전략에 반영한다. 그리고 설계변경의 횟수가 줄어든다.

QDF의 목적을 달성하기 위하여 개발된 기법이 품질의 집인 HOQ(the house of quality)이다. HOQ는 부서와 부서간의 계획과 의사소통을 원활히 하는 수단을 제공하는 방법으로 일종의 개념적인 지도이다. HOQ는 〈그림 10-4〉에서 볼 수 있듯이 여러 개의 요소들로 구성되어 있다.

QFD는 고객의 욕구로부터 시작한다. 고객의 욕구는 대개 고객과의 개별 면담이나 포커스그룹을 통해 비계량적으로 파악된다. 기업은 또 제품을 실제로 사용하는 고객뿐만 아니라, 공급업자, 정부, 판매업자, 그리고 미래 고객의 소리까지도 고려하여야 한다. 수집된 고객의 욕구는 유형별로 분류한 다음, 유사도표를 사용해 조직화한다.

그림 10-4 품질의 집

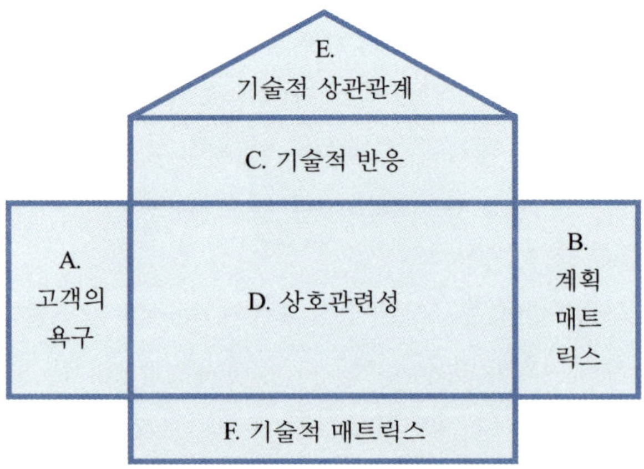

출처: Lou Cohen, Quality Function Deployment: How to Make QFD Work for You, Addison-Wesley Publishing Company, 1995.

계획 매트릭스(planning matrix)는 기업이 현재 공급하는 서비스에 대해 파악된 고객 욕구에 대한 상대적 중요성과 만족도를 표시한다. 그래서 고객의 욕구가 상대적으로 얼마나 중요하고, 우리 조직이 고객의 욕구를 경쟁자들에 비해 얼마나 잘 충족시키고 있는지를 기술한다.

기술적 반응은 조직의 내적이며 기술적인 언어로서, 고객의 욕구를 조직의 기술적인 언어로 번역하는 단계이다. 기술적 반응이라고 하는 것은 고객의 욕구에 대해 기업이 기술적으로 어떻게 반응할 것인가를 나타내기 때문에 그렇게 표현되었다. 이것을 검토하기 위해서는 고객의 욕구를 만족시킬 수 있는 기업의 프로세스 능력을 검토하여야 한다.

상호관련성은 각각의 기술적 반응이 소비자의 욕구에 끼치는 영향력을 측정하여 평가한다. 이러한 영향력은 보통 기호에 의해 표시되며, 이 기호는 다시 영향력의 정도를 나타내는 숫자로도 표시된다.

기술적 상관관계에서는 어떤 부서와 부서가 서로 협의하여야 하는가를 시각적으로 보여 준다. 즉, C의 각 항목간에 있어서의 상호관련성과 상호의존성을 보여 준다. E는 QFD의 제일 위쪽에 있기 때문에 QFD의 지붕이라고 불린다.

기술적 매트릭스는 경쟁자와 자사를 비교하고 경쟁자와 경쟁하기 위해 어떻게 하여야 할 것인가를 보여 준다. 기술적 매트릭스에서는 다음과 같은 4개의 항목을 포함한다. (1) 기술적 반응의 우선순위, (2) 벤치마킹, (3) 자사의 현재 위치, 그리고 (4) 목표 등이다.

10.8 FMEA

서비스 프로세스는 항상 제 기능을 유지하여야 한다. 그래야 고객이 원하는 품질의 서비스를 생산할 수 있다. 그런데 가끔 서비스나 프로세스에 이상이 생겨 문제가 발생한다. 이런 경우 고객은 불만을 느끼게 된다. 그러므로 기업은 문제가 발생하지 않도록 미리 예방 대책을 수립하여 모든 유형의 문제를 사전에 파악하고 예방하여 고객에게 최대의 만족감을 주도록 하여야 한다. 이렇게 문제를 사전에 파악하고 예방하기 위한 기법들 중 하나가 FMEA이다.

FMEA(failure mode and effects analysis)는 문제의 유형과 메커니즘, 그리고 결과에 대해 중점을 두어, 문제를 사전에 예방하는 기법이다. 여기에서 유형(mode)이란 문제의 물리적인 형태를 말하고, 메커니즘(mechanism)은 문제를 야기시킨 과정을 말한다. 보다 더 구체적으로 설명하면, FMEA는 발생할 수 있는 가능한 모든 문제의 유형과 메커니즘을 파악하고, 발생한 문제가 서비스 품질에 어떤 영향을 끼치는지, 그리고 각각의 문제를 어떻게 알아내고, 어떻게 해서 문제를 사전에 예방할 수 있는지를 연구하는 기법이다. 영향이란 문제가 발생하였을 때 서비스에 나타나는 반응을 말한다. 그래서 FMEA는 궁극적으로 문제가 전혀 발생하지 않도록 하거나 또는 적어도 문제의 발생 정도를 경감시키려고 한다.

이제 〈표 10-1〉에서 유통회사의 회계 프로세스를 대상으로 FMEA 표를 작성해 본다.

표 10-1 유통회사의 회계 프로세스에 대한 FMEA

프로세스	문제의 유형	메커니즘	결 과
봉급	부정확한 임금	오기	구성원의 불만족
영수증	부정확한 명세서	실수	고객의 불만
지불계정	과소지불	오기	납품업체 불만족

10.9 Multi-vari 분석

Multi-vari 분석은 핵심 프로세스, 투입물, 산출물 등에 관련된 데이터를 수집하고, 회귀분석 또는 가설검정 같은 통계적인 기법을 이용하여 산출물에 가장 영향을 많이 끼치는 요인들을 파악하여 프로세스를 분석하는 기법이다.

10.10 브레인스토밍

개선을 하기 위해서는 창의적인 아이디어를 필요로 한다. 아이디어를 신속하게 창안하는 중요한 방법 중 하나가 브레인스토밍이다. Osborn에 의해서 제창된 브레인스토밍(brainstorming)은 종업원들로부터 문제를 해결하기 위한 다양한 아이디어를 얻기 위해 널리 사용하는 집단사고 기법이다. 브레인스토밍은 이렇게 집단으로 아이디어를 창출하여 새로운 가능성을 도출하고자 할 때 사용한다. 브레인스토밍은 아이디어의 수를 최대로 수집하고자 하는 기법이기 때문에, 아이디어의 질보다는 수에 그리고 단일의 해결책보다는 다양한 해결책을 구하는 데 중점을 둔다. 그래서 브레인스토밍을 하는 데 있어서 나쁜 아이디어는 존재하지 않는다. 그리고 수집할 아이디어의 수와 시간을 미리 정하는 것이 바람직하다.

브레인스토밍의 단계는 다음과 같다.

① 주제의 목적을 참가자 모두가 확실하게 알도록 한다.

② 참가자 모두가 주제를 확실히 이해하고 있는지 확인한다.

③ 참가자 모두 자유로이 아이디어를 제안하도록 분위기를 조성한다.

④ 모든 사람들에게 브레인스토밍의 규칙을 인지시킨다.

- 타인의 아이디어에 대해 비판을 하지 않는다
- 타인의 아이디어에 자기의 의견을 덧붙일 수 있다
- 아이디어에 대한 극히 부분적인 설명을 제외하고는 타인의 아이디어에 대해 평가를 하지 않으며, 절대로 긴 설명도 용납하지 않는다
- 멍청한 아이디어는 절대로 없다
- 반드시 모든 사람들이 최소한 하나 이상의 아이디어를 제안한다
- 어떤 아이디어도 환영이다. 실현성은 둘째이다
- 1-2분 정도의 시간을 줘 각 사람들에게 자기의 아이디어를 정리하도록 한다
- 돌아가면서 각 사람들로부터 하나의 아이디어를 수집하며, 모든 아이디어를 전부 수집할 때까지 이 과정을 되풀이한다. 한 번 돈 다음

에는 순서대로 하지 않아도 된다
- 각 아이디어를 기록한다. 비슷한 아이디어는 발언자들의 동의를 얻어 함께 처리한다
- 각 아이디어에 대한 평가를 실시한다
- 중복되거나 실현성이나 관련성이 없는 아이디어를 제거한다
- 아이디어를 항목별로 분류하고, 투표에 의해 순위를 매긴다. 투표를 하기 전에는 각 아이디어에 대한 장단점을 평가한다

브레인스토밍을 보다 효과적으로 운영하기 위해서는 수집한 아이디어를 모든 사람들이 볼 수 있는 곳에 기록하는 것이 좋다. 그리고 각각의 아이디어 옆에 그 아이디어를 말한 사람의 이름을 적어 두는 것이 좋다.

Hunt(1992)는 브레인스토밍의 목적은 대안과 최선안에 대해 상세하게 논의하는 것이 아니라고 말하였다. 이렇게 브레인스토밍은 새로운 아이디어를 타진하여 새로운 전략의 수립을 가능케 하고, 모든 사람들로 하여금 아이디어의 창출에 참여케 함으로써 참여의식을 높이고자 하는 기법이다.

또 브레인스토밍을 변형하여 만든 여러 가지 방법들이 있다. 채널(channel) 브레인스토밍은 규모가 큰 주문제의 관리를 보다 용이하게 하기 위하여 주문제의 하위 항목에 참가자들이 보다 더 집중하도록 하는 방법이다. 유사(analogy) 브레인스토밍은 민감한 문제를 해결하는 데 야기되는 긴장을 해소하기 위하여 개발된 방법으로, 참가자들이 직접 민감한 문제를 다루지 않고 유사한 문제에 집중하도록 하는 방법이다. 그리고 후에 유사한 문제의 해결책을 본래 문제에 적용시킨다. 역해결(anti-solution) 브레인스토밍은 거꾸로 제품 및 서비스의 기능을 나쁘게 만드는 방법을 강구하도록 한다. 이렇게 하여 제품과 서비스의 불량을 방지하는 아이디어를 파악할 수 있다. 브레인라이팅(brainwriting)은 말 대신 용지를 이용하여 아이디어를 쓰게 하는 방법이다. 이것은 말하기를 좋아하지 않는 사람들에게 상당히 유용하다. 가정파괴(assumption busting)는 현재의 현상에 의문을 품고, 미래에 도전하는 아이디어를 창출하는 방법이다.

10.11 실험계획

실험계획인 DOE(Design of Experiments)는 변동을 감소하기 위하여 공차를 줄이는 통계적인 방법이다. 실험을 통해서 어떤 현상의 결과와 그 결과를 발생시키는 원인을 파악할 수 있다. 그러나 시행착오적인 실험은 비능률적이고 효과가 낮다. 그래서 보다 효과적인 성과를 얻기 위해서는 실험을 통계적인 원리에 입각하여 계획적이고 체계적으로 설계하여야 한다. 그래야만 그 결과에 대한 과학적인 증명을 할 수 있다. 이것이 실험계획(design of experiments)이다(안영진, 2003).

실험에는 설계변수와 노이즈변수라는 두 가지 변수가 있다. 설계변수는 통제가 가능한 변수이고, 노이즈(noise)변수는 통제할 수 없는 변수이다. 실험계획은 설계변수를 조직적으로 변화시켜, 이 변화가 공정의 결과에 어떤 영향을 끼치는지를 파악하는 기법이다. 통계적으로 잘 설계된 실험은 공정의 품질을 가장 좋게 하는 설계변수의 값들을 파악해 품질특성에 발생하는 변동을 감소시킨다.

실험계획은 실험의 목표를 수립하고 가설을 설정함으로써 시작된다. 가설은 귀무가설과 대립가설로 분류된다. 실험에 의하여 귀무가설이 기각될 때까지는 귀무가설이 유효하다. 그리고 가설을 입증하기 위해서는 실험에 관련된 요소들과 반응을 결정하여야 한다. 실험의 인자(factors)들은 독립변수(independent variables)라 하며, 수치로 측정이 가능할 수도 있고, 그렇지 않을 수도 있다. 실험의 반응(response)은 주어진 조건과 독립변수 하에서 나타난 측정치이거나 결과이다.

실험계획은 보통 다음처럼 여섯 단계를 거쳐 실행된다.

① 실험의 목적을 설정한다.

② 품질에 영향을 끼치는 설계변수와 시스템의 품질특성을 결정한다.

③ 실험계획의 모형을 설계한다. 즉, 설계변수와 품질특성간의 관계를 보여 주는 모형을 작성한다. 모형은 대개 회귀분석이나 시계열 분석과 같은 통계적인 기법들을 사용하여 작성된다.

④ 설계변수와 설계변수의 상호작용이 품질특성에 어떤 영향을 끼치는지를 조사한다. 이 조사는 관리도를 사용하여 이루어진다.

⑤ 어떤 변수가 품질에 어떤 영향을 끼치고 있는지를 분석한다. 실험계획은 독립변수에 변동을 주면서 실험결과의 변동을 파악하고자 한다.

⑥ 분석한 것을 해석한다.

10.12 PDCA 사이클

PDCA 사이클은 의사결정의 가장 기본적이며 가장 널리 알려진 그리고 가장 많이 사용하고 있는 모형이다. PDCA 사이클은 계획(Plan)-실행(Do)-검토(Check)-재실행(Action)의 약자로서, 계획을 수립하고, 그 계획을 실행에 옮기고, 계획과 실행과의 차이를 파악하고, 갭이 있을 때 시정조치를 취하여 새로운 표준을 창출하는 일련의 사이클이다. 즉, 과업을 지속적으로 향상시키는 기법이다(안영진, 2007).

PDCA 사이클은 Shewhart에 의해 개발되었는데, Deming이 현재 사용

그림 10-5 Ishikawa 교수의 품질을 개선하는 6단계

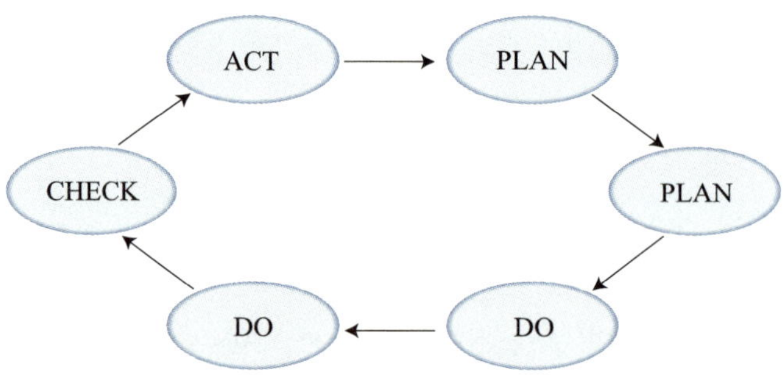

출처: www.skymark.com

하고 있는 형태로 개조하여 지금은 Deming 사이클이라고 부린다. PDCA 사이클은 상당히 단순하지만 많은 기업들에서 문제를 해결하는 아주 효과적인 기법으로 사용되고 있다.

Ishikawa 교수는 PDCA 사이클을 더 확장하여 품질을 개선하는 6단계를 개발하였다(www.skymark.com). 즉, PPDDCA이다. PPDDCA는 목적과 목표를 결정하는 계획(plan)-방법을 결정하는 계획(plan)-훈련시키는 실행(do)-계획을 실천에 옮기는 실행(do)-실행의 효과인 검토(check)-적절한 조치를 취하는 재실행(act)이다. 〈그림 10-5〉는 Ishikawa 교수의 품질을 개선하는 6단계를 보여주고 있다.

참고문헌

안영진, 경영품질론, 박영사, 2007.

Bass, Issa, Six Sigma Statistics with EXCEL and MINITAB, McGraw-Hill International, 2007.

Cohen, Lou, Quality Function Deployment: How to Make QFD Work for You, Addison-Wesley Publishing Company, 1995.

Ehrlich, Betsi Harris, Transactional Six Sigma and Lean Servicing: Leveraging Manufacturing Concepts to Achieve World-Class Service, St. Lucie Press, 2002.

Hunt, V. D., Quality in America: How to Implement a Competitive Quality Program, Homewood, IL: Business Irwin One, 1992.

Snee, Ronald, "Six Sigma Improves Both Statistical Training and Processes," Quality Progress, ASQ, October 2000, 68-72.

www.skymark.com

제11장

경영혁신전략

제11장 경영혁신전략

식스 시그마는 수익성을 향상하기 위한 확실하고 구체적인 방법을 제공하는데, 이것을 혁신전략이라 한다. 혁신전략은 문제를 해결하는 기본적인 방법이다. 이 방법은 PDCA(plan-do-control-action) 사이클로서, Shewhart에 의해 시작되었고, 후에 Deming 사이클로 다시 불리게 되었다. Harry와 Schroeder(2000)는 8가지 혁신전략(인식, 정의, 측정, 분석, 개선, 관리, 표준화, 통합화)을 제시하였다. 이렇게 식스 시그마는 혁신전략을 이용하여 식스 시그마의 목적을 가장 효과적으로 달성하도록 하고 있다. 그래서 식스 시그마를 도입하고자 하는 모든 조직은 혁신전략을 사용하여야 한다. 물론 모든 방법이 DMAIC로 통일되는 것은 아니다. 용어는 기업에 따라 다를지라도 기본적인 방법은 동일하다. 하나의 예로 Goel 등(2004)은 사무간접부문에는 DMAIE(Define-Measure-Analyze-Innovate-Embed) 방법론을 사용하여야 한다고 주장하였다. 또 American Express는 L(Leverage)을 첨가하여 DMAICL을 사용한다(Hayler와 Nichols, 2005).

이렇게 식스 시그마 혁신전략은 문제를 해결하는 효과적이고 효율적인 방법론이며, 이미 세계의 많은 기업들에게서 효과가 검증된 조직적이고 과학적인 방법이다. 비록 서비스업체는 무형재화인 서비스를 다루지만, 혁신전략의 적용은 제조업 못지 않은 효과를 서비스업체에게 가져다 준다.

제11장에서는 경영혁신전략을 논하고자 한다. 특히 여기에서는 다음과 같은 주제들을 설명하고자 한다.

- DMAIC
- D(정의)
- M(측정)

- A(분석)
- I(개선)
- C(관리)

11.1 DMAIC

DMAIC는 기존의 프로세스를 개선하는 방법론이다. 프로세스의 개선은 곧 서비스 품질의 개선을 의미한다. 식스 시그마는 결과에 중점을 두지 않고, 과정을 개선하여 결과의 품질을 향상시킨다. DMAIC는 체계적이며 구체적인 방법이어서, 상당히 균일한 프로젝트 성과를 달성하게 한다. 또 DMAIC는 구체적인 데이터를 이용하기 때문에 프로젝트의 결과도 상당히 합리적이고 타당성이 있다고 할 수 있다. 특히 DMAIC는 서비스업체의 프로세스를 개선하는 강력한 도구로 사용될 수 있다.

DMAIC를 사용하기 위해서는 통계적인 지식이 필요하다. 물론 제조업체에 비해 서비스업체에서는 통계를 사용하는 빈도가 훨씬 약하다. 하지만 서비스업체에서도 기본적인 통계 지식을 이용하여야 식스 시그마의 목적을 보다 효과적으로 달성할 수 있다.

그럼 먼저 통계란 무엇인가? 통계는 자료 속에 있는 변동을 분석하고 결론을 도출하는 과학으로서, 기업의 경쟁력을 강화하는 중요한 도구이다. 제조업체나 서비스업체를 불문하고 프로세스의 변동이 발생하지 않는 업체는 거의 없다. 변동은 항상 발생하게 마련이다. 그래서 변동의 원인을 파악하는 데 통계의 역할은 상당히 중요하다. 이렇게 통계는 변동을 파악하고, 변동에 대한 추론과 의사결정을 가능하게 한다.

통계는 자료를 필요로 한다. 식스 시그마에서도 자료를 중시한다. Barabba와 Zaltman(1991)은 "통계는 사람들에게 호기심과 창의력을 유발시킨다. 그래서 의사결정은 자료에 의해서 이루어져야 한다"고 하였다. 물론 자료는 시기 적절하고 유용한 자료이어야 한다.

자료를 수집할 때 편견은 잘못된 의사결정을 내리게 하므로, 다음과 같은 문제점들을 이해하고 유의하여야 한다. 첫 번째는 인지편견이다. 인지편견(perception bias)은 자료를 수집하는 사람이 자기의 인지에 의해서 자료를 왜곡되게 수집하는 경향을 말한다. 두 번째는 불완전한 자료로 인해 발생하는 과오이다. 불완전한 자료는 무응답으로 인한 충분하지 못한 샘플 때문에 발생한다. 세 번째는 자료를 수집하는 방법이 결과에 영향을 끼치는 상호작용편견(interaction bias)이며, 네 번째는 샘플링 과오이다. 샘플링 과오는 대표성이 없는 샘플을 추출함으로써 발생하는 과오이다. 그러므로 자료를 수집할 때에는 위와 같은 과오를 범하지 않도록 유의하여야 한다.

11.2 D(정의)

정의(define)단계에서는 프로젝트의 목적 및 프로젝트에 관한 모든 것을 결정하고, 프로젝트 승인을 받는 단계이다. 즉, 프로젝트 계획, CTQ, 예비 프로세스 도표, 프로젝트 팀, 그리고 평가지표를 결정하고, 공식적으로 승인을 받는다. 특히 이 단계에서는 고객을 정의하여 해결하고자 하는 품질특성을 확정한다.

프로젝트 계획에서는 프로젝트의 목표, 당위성, 프로젝트의 범위, 프로젝트를 수행하는 기간, 프로젝트에 대한 가정, 소요되는 자원, 기대효과, 의사소통 계획, 프로젝트 팀원, 그리고 제약점 등을 명기한다.

목표는 가급적 아주 구체적으로 명기되는 것이 바람직하다. 당위성은 왜 이 프로젝트를 수행하여야 하는가를 설명한다. 그래서 이 프로젝트를 하지 않음으로써 발생하는 문제점들을 명시한다. 기대 효과는 반드시 금전적인 효과를 포함하여야 한다. Ehrlich(2002)는 측정을 하는 데 있어서 SMART 기준을 제시하였다. 즉, 자세하고(specific), 측정가능하고(measurable), 달성할 수 있고(attainable), 관련성이 있고(relevant), 그리고 기간 내에 할 수 있어야 한다(time-bound). 의사소통 계획은 의사소통의 책임자, 의사 소통할 내용, 전달방법, 받는 사람, 그리고 갱신하는 사람 등을 구체적으로 명기한다. 프로젝트의 범위는 프로젝트의 시작과 끝을 명기하는 것이다. 프로젝트의 범위를 결정하는 두 가지 방법은 SIPOC 모형과 MP가 있다. SIPOC 모형에 대해서는 제9장을 참고하고, MP는 제10장을 참조하기 바란다. 그리고 프로젝트 계획은 대개 챔피언이 작성한다.

CTQ(critical-to-quality)는 당연히 고객의 관점에서 선정되어야 한다. 그래서 항상 고객의 욕구를 파악하는 것으로부터 시작하여야 한다. 시티은행 서울지점은 식스 시그마를 도입할 때 가장 먼저 고객에게 은행을 선정하는 기준과 서비스의 품질을 묻는 방법으로 문제점을 찾았다. 그리고 CTQ는 다양한 사람들로부터 수집된다. 특히 기업의 VOC(Voice of Customer)에서 획득한 고객의 불만과 설문조사 또는 면담에서 획득한 고객의 욕구는 CTQ의 중요한 요소이다. VOC에 대해서는 제7장을 참조하기 바란다.

그런데 서비스의 CTQ는 유형재화의 CTQ에 비해 상당히 무형이다. 왜냐하면 고객의 욕구는 일반적으로 추상적이고 상당히 모호하기 때문이다. 예를 들어, 신속함, 정확성, 친절함, 또는 청결함 등처럼 측정하기가 상당히 어렵다. 그래서 이런 무형의 요소들을 측정이 가능한 CTQ로 전환하여야 한다. 예를 들어 얼마나 신속하게 피자를 배달하여야 고객의 불만이 발생하지 않을까? 단순하게 고객이 기분 나쁘지 않도록 빨리 배달하여야 한다는 것은 모호한 설정이다. 그래서 20분 이내에 배달하여야 한다. 이렇게 확실하게 수치를 결정하여야 한다. 또 지금 정의한 CTQ가 고객의 만족을 어느 정도 충족시킬 것인지를 보다 세부적으로 정하여야 한다. 예를 들어, 은행에서 고객이 기다리는 시간에 대해 2분 이내이면 아주 만족하고, 5분 이내이면 적당히 만족하고, 10분 이내이면 불만족을 느끼고, 15분이 넘으면 불만족이 상당히 높다는 것이다. 이러한 CTQ의 범위와 고객의 만족도와의 관계를 설정하고 프로젝트 팀의 모든 팀원들이 이것을 확실하게 이해하도록 하여야 한다.

예비 프로세스 도표는 서비스 프로세스를 파악하기 위하여 작성된다. 프로세스 도표는 프로세스에 관련된 핵심적인 사람과 활동을 파악함으로써 프로세스와 프로세스의 성과를 파악하게 해 준다. 여기에서는 앞에서 언급한 SIPOC 모형을 사용하는 것이 좋다. SIPOC 모형을 이용하여 현재 프로세스를 파악하고 개선책을 찾도록 한다. 그러나 예비 프로세스 도표는 프로세스를 상세하게 분석하는 것이 아니고, 개괄적인 큰 흐름을 파악하고자 하는 것이다. 또 하나 여기에서 중요한 것은 프로세스를 고객의 관점에서 보아야 한다는 점이다. 그래서 GE Korea에서는 GE가 생각하는 프로세스와 고객이 생각하는 프로세스가 동일한지를 검토하고 있다.

프로젝트 팀에서는 프로젝트 팀에서 일할 식스 시그마 전문가와 팀원들을 명기한다. 식스 시그마 프로젝트는 1-2명의 인원으로 목적을 달성하기가 어렵다. 그래서 반드시 팀을 구성하여 프로젝트를 수행하여야 한다. 또 프로세스를 가장 잘 아는 사람을 팀에 포함시키는 것이 상당히 중요하다. 그래야만 프로세스를 효과적으로 개선할 수 있다. 팀원의 수도 너무 작아서도 안 되지만, 너무 많아서도 안 된다. 또 팀원들이 프로젝트의 목적을 초기부터 분명하게 인식하여야 한다.

수행한 프로젝트가 성공하였는지를 평가하는 지표를 제시하여야 한다. 그래서 프로젝트가 끝난 후, 이 지표에 의해 평가를 받도록 하여야 한다. 대개 고객만족, 사이클타임, 시그마 수준, 재무지표 등의 평가 지표를 사용한다.

또 정의단계에서는 프로세스를 파악하고 선정하는 모든 행위를 문서화한다. 정의단계는 식스 시그마의 성공에 상당히 중요하다. 왜냐하면 정의단계에서 프로젝트의 목적과 기대 성과를 분명하게 명시하지 않으면 프로젝트가 성공하기 어렵기 때문이다.

Citi bank에서는 정의단계에서 다음과 같은 사항을 결정한다.

- 조직의 핵심적 문제는 무엇인가?
- 개선 목표는 무엇인가?
- 프로젝트의 범위는 무엇인가?
- 프로젝트 스케줄은 어떻게 되는가?
- 팀의 멤버는 누구인가?

KT에서는 정의단계에서 다음과 같은 사항을 결정한다.

- 과제 선정 배경은 무엇인가?
- 과제를 정의한다
- 과제를 등록한다
- 챔피언을 승인한다
- 과제를 공식화한다

CTQ

식스 시그마는 프로세스의 변동을 감소하여 완벽한 프로세스를 추구한다. 그러면 어떻게 하여 프로세스를 개선할 수 있을까? 여기에서 개선의 대상이 되는 것을 CTQ라 한다. CTQ(critical to quality)는 기업이 개선의 대상으로 선정한 핵심품질요소이다. CTQ는 대개 주요 고객의 핵심 요구 사항 또는 기업의 가치를 증진시키는 핵심 프로세스이다. 그래서 식스 시그마는 선정된 개개의 CTQ를 파악하고 개선하는 것이다.

CTQ는 종속변수이며, 결과를 나타낸다. 그리고 보통 'big Y'로 표시한다. 그리고 CTQ에 영향을 주는 독립변수인 원인을 'X'로 표시한다. 그래서 식스 시그마는 'Y'에 영향을 끼치는 'X' 인자들을 파악하여, 문제를 발생시키는 원인 인자들을 개선하는 것이다.

삼성화재는 CTQ를 정할 때 기업의 가치를 향상시키는 요소를 기준으로 삼았다. LG 유통은 계산대 운영을 효율화하기 위해 계산대에서 기다리는 손님의 숫자를 개선 대상으로 설정하였다. 그래서 조사한 결과 계산대에서 3명 이상이 대기할 경우에 고객 불만이 증가한다는 사실을 파악하였다. 그래서 이를 최소화하고자 하였다. 삼성에버랜드는 고객의 30-40%인 어린이 고객의 안전을 위해 완벽한 안전시스템을 구현하고자 하였다. 삼성캐피탈은 대금 결제 시간을 감소하고자 하였다.

국민카드는 해지 고객에 대한 문제점을 해결하기 위해 먼저 해지 고객에 대한 설문 조사를 실시하였다(한국능률협회, 2002). 그리고 이 조사 결과에 의거하여 신규카드를 심사하는 데 소요되는 기간을 단축하는 프로젝트를 포함하여 철저하게 고객의 입장에서 정의된 핵심 프로젝트 10개를 선정하였다.

철도청도 문제를 정의하기 위하여 고객에 대한 조사를 실시하였다. 그래서 설문 조사와 환경 분석을 통하여 고객의 소리를 수집하고, 그 결과에 기인하여 철도청의 내부 역량을 파악하였다. 그리고 CTQ를 결정하고, 우선순위를 정하여 개선 과제를 선정하였다.

시티은행 서울지점은 고객과의 설문 조사에서 고객이 시티은행에 전화를 하였을 때 담당자와 연결이 잘 되지 않는 통화실패 사례가 지나치게 많다는 문제점을 파악하게 되었다. 그래서 통화실패의 원인을 분석하고자 하였다. 그리고 전화 응대 프로세스에 있어서 전화 벨이 세 번 울릴 때까지 또는 15초 이내에 받지 않을 경우를 결함으로 결정하여 측정하였다. 그리고 이런 문제점을 분석하고 해결하기 위하여 특성요인도, Paret 그림 등 통계적 기법을 활용하여 원인을 분석한 후 대책을 실시하였다.

사례　구매부서에서의 식스 시그마

Lockheed Martin사의 구매부서는 최종 제품 원가의 50% 이상을 차지하는 원자재와 부품을 외부에서 구매하는 관계로 전체 비용과 능률에 엄청난 영향을 끼치고 있다. 그러나 구매부서는 그 중요성에도 불구하고 기업체에서 그리 큰 주목을 받지 못했다. 그러나 Lockheed Martin사는 구매부서의 능률과 효율을 향상하기 위하여 식스 시그마를 도입하였다.

가장 먼저 구매부서에서 한 일은 현재의 구매 프로세스를 파악하는 것이었다. 그래서 내부에서 구매 요구서가 요청되는 순간부터 구매요구가 실현되는 순간까지 구매 프로세스에 대한 프로세스 도표를 작성하였다. 보다 구체적으로 프로세스가 실제로 어떻게 작동되고, 가치는 어디에서 창출되고, 개선을 어디에서 할 수 있는지 파악하고자 하였다.

프로세스 도표를 작성하기 위하여 많은 데이터를 수집하였다. 그리고 프로세스 도표를 작성하여 보니, 곳곳에 낭비가 많이 발생하고 있는 것을 발견할 수 있었다. 하나의 예로, 4일 걸리는 프로세스 중에서 가치를 창출하는 실제 시간은 14분밖에 되지 않는 것을 발견하였다. 이것은 생산성을

2배로 증가하여도 사실은 별 의미가 없다는 것을 뜻한다.

또 리드타임에 대한 측정지표도 시스템에 구매 요청이 입력되는 순간부터 시작하는 지표 하나만 사용하고 있었다. 그러나 실제로 구매 요청이 구매자에게 전달되는 시간이 며칠 걸릴 때가 많았다. 이것은 통제할 수 없는 요인에 대해 구매자가 책임을 지는 것을 의미하기 때문에 구매자들 사이에 상당한 불만이 많았다. 그래서 이제는 총 사이클타임과 구매자 사이클타임의 2개 지표를 사용하기로 하였다. 이것은 여러 부서의 사람들이 프로세스를 파악하고 분석하는 데 큰 도움이 되었다.

또 자료를 수집하여 보니, 총 구매요구서의 41%는 50달러 미만 품목이고, 또 다른 38%는 5백 달러 미만 품목이었다. 그래서 절반 이상의 품목에 대한 주문비용이 오히려 해당 품목의 구매비용보다 높았다.

또 주문자의 실수로 구매요구서를 반환하는 사례가 많았다. 이것은 결국 부가가치를 창출하지 않는 활동으로 판명되었다. 또 우선순위도 시급성에 의하지 않고, 단순히 주문일자에 의해 결정되었다.

식스 시그마 팀은 우선 전임제 전문가로 하여금 가치가 작지만 수량이 많은 품목에 대한 프로세스를 개선하기로 하였다. 그래서 전자시스템을 이용하거나 신용카드에 의한 구매제도를 제안하였다. 또 보이는 경영을 실시하여 모든 사람들이 항상 구매 현황을 볼 수 있도록 하였다. 또 많은 사람들을 훈련시키고, 새로운 프로세스를 개발하였고, 표준화를 실시하였고, 고객 정보를 수집하였다.

출처: Michael L. George, Lean Six Sigma for Service: How to Use Lean Speed and Six Sigma Quality to Improve Services and Transactions, McGraw-Hill, 2003, 313-317.

사례 미국 Southside 병원에서의 식스 시그마 (D)

Godin, Raven, Sweetapple과 Del Giudice(2004)는 미국 뉴욕주 Bay Shore에 있는 Southside 병원에서 2002년에 식스 시그마를 도입한 사례를 자세하게 설명하고 있다. 이제 여기에서는 이 병원에서 도입한 DMAIC 전략을 소개하고자 한다. 여기에서는 먼저 D전략을 소개하고, 다음부터 차례로 MAIC를 소개하고자 한다.

Southside 병원의 핵의학과에서는 방사선을 이용하여 신체의 비정상적인 부분을 감지하거나 또는 심장의 근육을 검사하기 위한 압력검사를 실시하고 있다. 그런데 의사와 직원들로부터 압력검사에 걸리는 시간(검사를 주문하는 시간에서 방사선 전문가가 검사결과에 서명할 때까지)이 너무 길다는 불평이 나왔다. 이것은 환자의 입원기간을 길게 하여 환자의 불만을 초래한다. 그래서 2002년 3월 핵의학과에서는 6개월 동안에 압력검사시간을 감소하기 위하여 식스 시그마를 도입하기로 결정하였다. 그리고 압력검사는 주문, 검사, 해독, 서명의 4가지 주요 단계로 이루어지고 있음을 밝혀냈다.

정의(D)단계에서 먼저 1명의 블랙벨트와 3명의 그린벨트로 팀을 구성하였다. 그리고 추후 분석의 기초를 다지기 위해 VOC, CTQ 나무, 그리고 프로세스매핑을 이용하기로 하였다. 먼저 의사, 방사선기사, 그리고 직원들과의 대화를 통하여 검사시간의 USL(upper specification limit)을 36시간으

그림 11-1 CTQ 나무

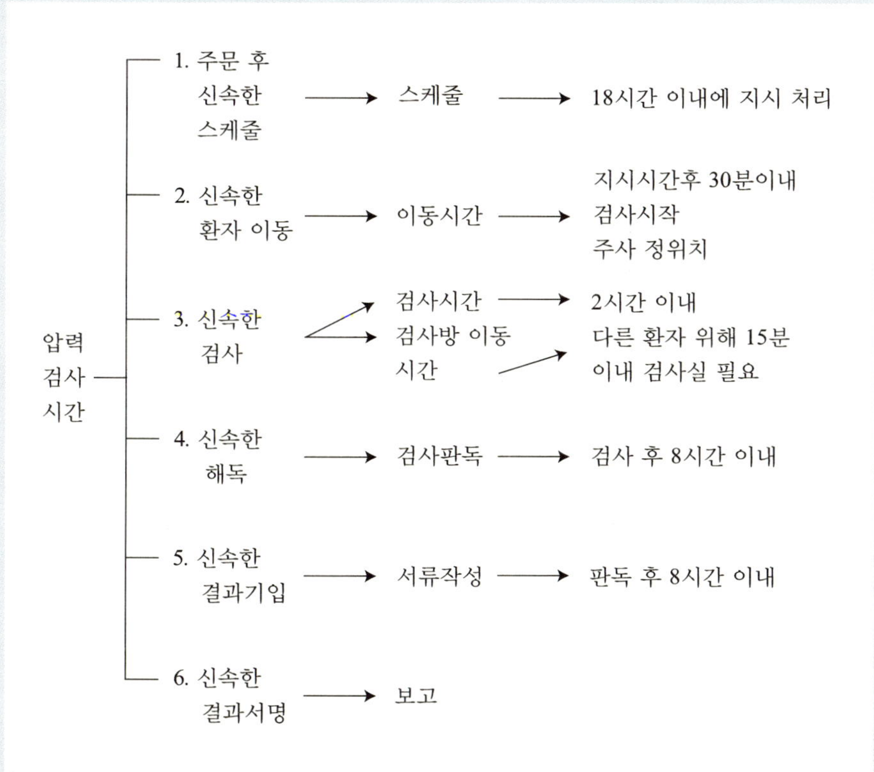

표 11-1 프로세스 맵

공급업자	투입물	프로세스	산출물	고 객
의사 간호사 동위원소 공급업자 이동하는 사람	환자 동위원소 지시서 검사 스케줄	지시 검사서 운반된 환자 스캔 압력검사 압력스캔 결과판독 결과 기록	이미지 구두 보고 기록 방사선과 소견	환자 가족 의사 동위원소 공급자

로 설정하였다. 다음에는 VOC를 이용하여 프로세스 결과에 영향을 끼치는 고객의 주요한 6개 요구사항과 독립변수들을 나열한 CTQ 나무를 만들었다(그림 11-1 참조).

또 프로세스에 관련된 단계들을 팀에게 확실하게 보여주기 위하여 SIPOC 모형을 이용한 프로세스 맵을 작성하였다(표 11-1 참조).

출처: Godin, Eric, Dennis Raven, Carolyn Sweetapple, and Frank R. Del Giudice, "Faster Test Results," Quality Progress, January 2004, 33-39.

11.3 M(측정)

서비스 프로세스의 특성에서 보았듯이 서비스 프로세스를 측정하는 것은 쉽지 않다. 왜냐하면 고객이 느끼는 서비스는 다양한 유형 및 무형의 요소들에 의해서 결정되기 때문이다. 제품의 품질은 물리적인 속성을 지니고 있어서 측정하기가 비교적 용이하지만, 서비스 품질은 고객의 심리적인 요소 및 서비스의 무형적인 특성 때문에 측정하기가 상당히 어렵다. 그래서 측정은 특히 서비스업체에서 소홀히 하기 쉬운 단계이다.

그러나 서비스 경영을 하려면 서비스 품질을 반드시 측정하여야 한다. 측정할 수 없는 서비스 품질은 계획을 수립할 수도 없고, 향상시킬 수도 없다. 서비스이니까 측정하기가 어렵다고 말해서는 안 된다. 측정하지 못하는 것은 잘 알지 못하는 것을 의미하며, 관리하거나 또는 개선하지 못하는 것을 의미한다. 측정하지 않으면 관리도 개선도 할 수 없다. 그래서 모든 것을 측정하여야 한다. 그래서 서비스 활동이라 하더라도 개선하기를 원하는 모든 활동은 반드시 계량적으로 측정하여야 한다. 특히 고객의 느낌을 측정하는 것이 불가능하지는 않다 하더라도 상당히 어렵다. 그러나 측정하지 않으면 알 수가 없다. 이것이 경영의 기본이다. 그리고 서비스 식스 시그마는 데이터에 의한 경영이다. 그래서 데이터를 반드시 수집하고, 그 데이터에 의거해 결정을 내려야 한다. 그리고 서비스업체에서의 데이터는 조금 광범위하게 볼 필요가 있다. 너무 수치로만 생각하면 어려울 수가 있기 때문이다. 그래서 다이아몬드 식스 시그마 연구회(2002)에서는 데이터를 사실의 집약으로 보아야 한다고 하였다. 그래서 정성적인 데이터를 점차로 정량적으로 만들어야 한다고 하였다.

과거에 하지 않았던 측정을 하려고 하면 다음과 같은 반응이 구성원들로부터 나온다고 Lawton(2002)이 언급하였다.

- 측정하면 다음부터는 기업이 그것을 무기로 이용할 것이다
- 시간 낭비이다
- 우리 일과 관련이 없다
- 거의 불가능하거나 또는 너무 어렵다
- 측정한다 해도 개선과 관련이 없다

그러나 앞에서도 언급하였지만, 측정을 하지 않는 것은 관리 또는 개선을 하지 않는 것과 똑같다. 그러므로 서비스업체의 경영자는 구성원들을 설득하여 측정의 중요성을 설명하고, 구성원들로 하여금 모든 행위에 대한 목표를 설정하고, 측정하고, 개선하도록 하여야 한다.

Lawton(2002)은 또 측정이 좋은 측정이 되기 위해서는 다음과 같은 측정이 되어야 한다고 주장하였다.

- 기업의 전략과 연계되어야 한다
- 고객의 가치와 연계되어야 한다
- 유지하기 쉬워야 한다

- 이해하기 쉬워야 한다
- 개선에 사용되어야 한다
- 영원히 보관되지 않는다

서비스에 식스 시그마를 적용하기 위해서는 과거에 하지 않았던 모든 프로세스를 전부 이해하고, 측정하여야 한다. 여기에 서비스 식스 시그마의 강점이 있다.

측정(measure)단계에서는 프로세스의 현재 성과를 파악하기 위하여 주요품질지표에 대한 데이터를 수집하고, 프로세스 성과 목표를 설정하는 단계이다. 그리고 프로세스의 현재 수준과 목표를 비교하고, 차이를 파악하여 식스 시그마 프로젝트에 반영한다.

그러면 무엇을 측정하여야 할까? 이것은 기업의 특성에 따라 다양하게 결정된다. 그러나 서비스업체에서는 주로 사이클타임, 비용, 정확성, 재고, 수요 변동, 결재 등을 측정한다. 사이클타임(cycle time)은 고객의 관점에서 어떤 직무를 수행하는 데 걸리는 총 시간을 말한다. 예를 들면, 신용카드 회사의 고객 응대 전화의 사이클타임은 단순히 고객의 전화에 답하고 일처리를 모두 끝내는 시간이 아니다. 이것은 완전히 기업의 입장에서 본 사이클타임이다. 고객의 관점에서 본 사이클타임은 고객이 전화를 걸기 시작해서 모든 고객의 욕구가 해결되어 고객이 전화를 끊을 때까지 걸린 시간이다. 정확성은 수집한 자료 및 정보의 신뢰성이다. 그리고 비용은 사이클타임과 정확성에 의해 결정된다. 그래서 정확성이 떨어지면 질수록 또 사이클타임이 길면 길수록 비용은 증가하게 된다. 또 산출물이 비가시적인 경우에는 고객만족 지표를 사용하는 것이 바람직하다. 재고는 주로 현재 진행 중인 작업으로서, 프로세스에 투입되었으나 종료되지 않은 작업이다. 수요 변동(demand variation)은 수요가 프로세스에 들어오는 행태이다.

다음에는 프로세스의 결점이 무엇인지를 확실하게 정의하고 측정한다. 여기에서는 특히 프로세스에서 일하는 사람들이 무엇을 하고 있는지를 관찰하는 것이 중요하다. Lockheed Martin은 프로세스를 관찰하기 위해 프로세스 관찰 도표를 이용하였다. 그리고 현재 프로세스에 대한 상세한 프로세스 도표를 작성한다. 이것은 앞의 정의단계에서 작성한 예비 프로세스 도표를 보다 확장한 것이다. 프로세스 도표는 현재의 프로세스에 있어서 결점이 어디에서 발생하고 있는지를 파악하게 해 준다. 프로세스 도표에 대해서는 다음에서 자세히 설명하기로 한다. 그리고 나서 프로세스의 투입물과 산출물을 파악하고, 또 투입물과 산출물의 관계를 파악한다. 이것은 SIPOC 모형에서 파악할 수 있다. 특히 식스 시그마에서는 투입물을 독립변수인 'X' 라 하고, 산출물을 종속변수인 'Y' 라 부른다. 'Y' 는 CTQ의 특성을 나타낸다. 특히 Pareto 도표를 사용하면 주요한 X를 파악할 수 있다.

측정단계에서는 주로 프로세스 도표, 특성요인도, 히스토그램(histogram), "5왜 방법," 체크시트(check sheet), 품질기능전개(QFD) 등과 같은 통계적인 기법을 사용한다.

또 측정단계에서는 품질코스트시스템과 연계하여 품질에 관련된 데이터를 수집하고 측정하는 것이 바람직하다. 품질코스트에 대해서는 이미 제7장에서 설명하였다.

삼성화재는 결과치에 대한 지표로서 과거부터 사용되어 오던 KPI(Key Performance Index)를 사용하였다. 즉, 고객만족과 같은 지표를 'Y' 로 결정하였다. 그러나 측정은 사용 지표에 따라 하기 쉬운 것이 있는가 하면, 어려운 것도 있다. 예를 들어 콜센터(call center)에서의 전화 신호 횟수는 측정하기가 상당히 쉽다. 그래서 모든 보험회사들이 전화 신호 횟수를 측정하고 있다. 하지만 기존의 자료가 없으면 측정하기가 상당히 어려운 부문도 많이 있다.

그런데 측정치는 반드시 기업과 고객의 가치를 향상시키는 것이어야 한다. 위의 삼성화재의 예를 들어 이 점을 설명하도록 한다. 예를 들어, 콜센터에서 고객 서비스를 향상하기 위하여 벨이 5번 울리기 전에 반드시 고객의 전화에 응답하여야 한다는 규정을 두었다고 하자. 그래서 벨이 5번 울리기 전에 고객의 전화에 응답하는 율이 좋아졌다. 하지만 직원이 직접 고객과 대화하지 않은 채, 많은 전화가 기다리라는 기계음에 의해 고객이 무작정 기다린다면 고객 서비스를 향상시키는 것과는 별 관련성이 없어진다. 그러므로 측정은 단순히 기업 내부 프로세스의 능률을 향상시키면 안 되고,

반드시 기업의 전략이나 고객의 가치를 향상시키는 것과 연계되어야 한다.

Citi bank에서는 측정단계에서 다음과 같은 사항을 결정한다.

- 조직의 핵심 프로세스는 무엇인가?
- 수익성을 향상하기 위한 데이터를 수집한다

KT에서는 측정단계에서 다음과 같은 사항을 결정한다.

- CTQ를 확인한다
- CTQ의 현 수준을 평가한다

표 11-2 시그마 전환표

시그마 수준	장기 수율 (%)	DPMO	시그마 수준	장기 수율 (%)	DPMO	시그마 수준	장기 수율 (%)	DPMO
1.0	30.2	697,600	2.0	69.12	308,800	3.0	93.31	66,800
1.1	34.0	660,100	2.1	72.56	274,400	3.1	94.52	54,800
1.2	37.9	621,400	2.2	75.79	242,100	3.2	95.54	44,600
1.3	41.9	581,800	2.3	78.81	211,900	3.3	96.41	35,900
1.4	45.8	541,700	2.4	81.59	184,100	3.4	97.13	28,700
1.5	49.9	501,300	2.5	84.13	158,700	3.5	97.72	22,800
1.6	53.9	461,100	2.6	86.43	135,700	3.6	98.21	17,900
1.7	57.9	421,400	2.7	88.49	115,100	3.7	98.61	13,900
1.8	61.7	382,600	2.8	90.32	96,800	3.8	98.93	10,700
1.9	65.5	344,900	2.9	91.92	80,800	3.9	99.18	8,200
4.0	99.379	6,210	5.0	99.97673	233	6.0	99.99966	3.4
4.1	99.533	4,660	5.1	99.98408	159			
4.2	99.653	3,470	5.2	99.98922	108			
4.3	99.744	2,550	5.3	99.99273	72.4			
4.4	99.813	1,870	5.4	99.99519	48.1			
4.5	99.865	1,350	5.5	99.99683	31.7			
4.6	99.903	965	5.6	99.99793	20.7			
4.7	99.9312	685	5.7	99.99867	13.55			
4.8	99.9516	485	5.8	99.99915	8.55			
4.9	99.9663	340	5.9	99.99946	5.42			

- 잠재 원인 변수를 발굴한다

시그마 수준 측정

CTQ가 결정되면, 이 CTQ에 대한 시그마 수준을 측정하여야 한다. 시그마 수준을 측정하려면 먼저 결점을 정의하여야 한다. 결점(defects)은 고객의 CTQ가 충족되지 못하는 모든 경우를 말한다. 다음에는 서비스 단위를 결정하여야 한다. 서비스 단위는 고객으로부터 걸려오는 전화 또는 청구서 등이 될 수 있다. 이제 이런 정보에 의해 시그마 수준을 결정하여야 한다. 〈표 11-2〉는 불량률을 가지고 시그마 수준을 결정할 때 사용하는 시그마 전환표이다.

사례 건축허가 프로세스 개선

1980년대와 1990년대 Fort Wayne시는 시의 많은 기업체들이 도산하는 것을 목격하여야만 했다. 시의 장기적인 발전을 위해서는 기업체의 도산을 막는 것이 시급하였다. 그래서 Fort Wayne시는 다른 시의 운영방법을 벤치마킹하였다. 그 중 파악한 한 가지가 신축건물허가 프로세스이었다. Fort Wayne시에서는 보통 50-60일 소요되는 프로세스가 인근 작은 시에서는 5-10일밖에 걸리지 않은 사실을 발견하였다. 그래서 많은 기업들이 Fort Wayne시를 떠나 다른 시에 공장이나 사무실을 건축하려고 하는 사실도 파악하였다. 이것은 시의 재정과 취업률에 큰 영향을 끼쳤다.

이 문제를 해결하기 위하여 Fort Wayne시는 가장 먼저 다른 시의 건축허가 담당자들의 포커스그룹, 그리고 건설업자들의 포커스그룹을 통하여 고객의 소리를 수집하였다. 그리고 프로젝트 팀에서는 CTQ를 다음처럼 정하였다.

- 적절한 건축 허가
- 상담시 아주 우수한 서비스
- 시기적절하고 정확한 검토
- 시와 고객과의 의사소통 품질 향상

그리고 프로세스 도표를 작성하였고, 프로세스에서 고객의 욕구 만족에 가장 영향을 많이 끼치는 부문을 파악하였다. 그리고 다음과 같은 부문이 중요하다고 결정하였다.

- 허가 신청서 서류 검토
- 관련 부서 결정
- 검토시 사용하는 도구와 가이드라인
- 검토한 다음 고객에게 피드백하는 커뮤니케이션

그리고 프로세스가 수많은 지연과 부가가치를 창출하지 않는 업무로 구성되어 있다는 사실을 파악하였다. 그리고 다음과 같은 개선안을 제시하였다.

- 고객의 허가 요청서에 미기재된 사항이 없도록 펀치 리스트(punch list)를 개발한다
- 고객의 요청서를 보다 효과적으로 추적하기 위해 새로운 소프트웨어를 개발한다
- 허가를 단순한 것과 복잡한 것으로 분류한다
- 시의 각 부서의 신속한 협조와 의사소통을 위하여 프로세스를 개선한다
- 사이클타임을 측정하고 검토하기 위하여 정기적으로 데이터를 수집한다

이러한 개선안을 실행에 옮겼고, 또 다음과 같은 성과를 거두었다. 먼저 리드타임이 엄청나게 감소하였다. 그리고 비용도 감소하였으며, 고객의 반응이 상당히 뒤바뀌었다. 또 이 프로젝트를 통하여 다음과 같은 교훈을 얻었다. 첫째, 즉각적으로 문제를 개선하여야 한다. 둘째, CFT가 중요하다. 셋째, 프로세스에 중점을 두어야 한다. 넷째, 신뢰성을 얻기 위하여 데이터를 사용한다. 다섯째, 고객과 직접 접촉한다.

출처: Michael L. George, Lean Six Sigma for Service: How to Use Lean Speed and Six Sigma Quality to Improve Services and Transactions, McGraw-Hill, 2003, 323-327.

사례 미국 Southside 병원에서의 식스 시그마 (M)

측정단계에서 팀은 압력검사에 대한 통계적 정보를 수집하였다. 초기 자료에 의하면 평균압력검사시간은 68시간이고, 변동은 최대 32시간으로 나타났다. 그러나 많은 수치들은 평균 이하에서 나타났다. 이것은 단기 프로세스 능력이 좋아 개선의 여지가 있는 것으로 판단되었다. 자료를 분석한 다음 팀은 압력검사시간에 영향을 많이 끼치는 4가지 중요한 요인들을 파악하였다. 의사의 검사지시서, 검사시간, 필름 판독시간, 최종 사인 등 4가지이었다. 그리고 보다 세부적인 목표 수립을 위하여 이 요인들에 대한 프로세스 맵을 〈표 11-3〉처럼 작성하였다.

표 11-3 프로세스 맵

요 인	목표시간	실제시간	기 회
검사지시서	18시간	28시간	10시간
검사시간	2시간	2시간	0시간
필름 판독시간	8시간	11시간	3시간
최종사인	8시간	27시간	16시간
총	36시간	68시간	29시간

그리고 USL 때문에 36시간 이상 걸리는 검사는 전부 불량으로 간주하였다. 그리고 Z스코어를 이용하여 각 요인들에 대한 DPMO(defects per million opportunities)를 계산하였다. 그리고 모든 요인들에 대한 목표를 2,7로 정하였다.

출처: Eric Godin, Dennis Raven, Carolyn Sweetapple, and Frank R. Del Giudice, "Faster Test Results," Quality Progress, January 2004, 33-39.

11.4 A(분석)

분석(analyze)단계에서는 앞의 측정단계에서 수집한 데이터를 과학적으로 분석하여 새로운 정보와 지식을 만드는 것이다. 즉, 'Y'와 'X' 간의 관계를 규명하기 위한 가설을 세워 이를 통계적으로 검정하여 주요원인변수를 도출하는 것이다. 수집한 데이터는 단순히 별 의미가 없는 데이터일 뿐이다. 데이터는 분석단계를 거쳐 의미를 가진 정보 및 지식으로 전환되어야 한다. 즉, 문제를 발생시키는 핵심적인 원인들을 파악하는 것이다. 다시 말해, 분석단계에서는 측정단계에서 수집한 자료 및 프로세스 도표를 통해 문제의 성격과 원인을 규명하고, 그리고 파악한 실제 문제점을 통계적인 문제로 전환시키고 문제들의 속성을 파악하는 것이다. 그래서 분석단계에서는 'Y'에 영향을 끼치는 인자 'X'를 결정한다. 즉, 원인인자에 대한 통계적 검정을 실시하는 것이다. 분석단계에서 유의할 점은 항상 수집한 데이터에 의해 분석을 하여야지, 개인의 경험이나 직관에 의해서 결정을 내리면 안 된다는 것이다.

보다 구체적으로 분석단계에서는 프로세스를 분석하고, 가설을 검정하고, 그리고 변수간의 관계를 분석한다. 프로세스 분석은 프로세스에 있어서 부가가치를 창출하는 부문과 창출하지 않는 활동, 고객과의 접점, 불량서비스, 그리고 프로세스의 흐름을 지연시키는 곳을 파악한다. 그래서 부가가치를 창출하지 않는 낭비적인 활동들을 가급적 제거하여야 한다. 그럼 부가가치를 창출하는 활동과 그렇지 않은 활동을 어떻게 구별할 수 있는가? Ehrlich(2002)는 부가가치를 창출하는 활동이란 고객의 가치를 증진시키고, 투입물을 산출물로 전환시키고, 그리고 처음부터 문제없이 잘 이루어지는 활동이라고 하였다.

George(2003)도 서비스 프로세스를 개선하면서 낭비를 감소하여야 한다고 하였다. 그리고 서비스 프로세스에서 개선하여야 할 7가지 유형의 낭비를 다음처럼 설명하였다.

- 고객이 요구하는 것보다 더 많은 가치를 부여하는 과잉 프로세스
- 정보, 물자, 원자재 등의 불필요한 이동
- 사람의 불필요한 움직임
- 고객만족을 위해 필요한 것보다 더 많은 재고
- 지연시간

- 고객의 욕구를 만족시키지 못하는 모든 유형의 서비스 결함
- 현재 필요한 것보다 더 많이 창출하는 서비스

고객과의 접점은 MOT를 참조하기 바란다. 프로세스의 흐름을 지연시키는 시간은 사이클타임에서 실제 일을 하는 시간을 뺀 차이이다. 대개 사이클타임에서 실제 일을 하는 시간이 약 10-20%밖에 안 되고, 나머지 80-90%는 지연시간이다. 가설검정은 설정한 가설에 대한 통계적인 검정으로서, Z 테스트, t 테스트, F 테스트 등을 많이 사용한다.

분석단계에서 자주 사용하는 통계 기법은 FMEA, 회귀분석, multi-vari 분석 등이다. 통계적인 분석을 많이 하는 분석단계에서는 미니탭(Minitab)이나 엑셀(Excel)과 같은 통계 소프트웨어를 사용하는 것이 좋다.

삼성화재는 'X'를 결정하는 데 어려움이 많다고 하였다. 이것은 너무나도 많은 변수들이 존재하기 때문이라고 하였다. 또 하나 어려운 점은 가지적인 'X'를 개선하여도, 'Y'에 대한 효과가 보험업의 특성상 늦게 나타난다는 것이다. 즉, 시간이 경과하여야만 결과가 나타난다는 것이다.

예를 들어 주문 응답에 대한 불평 많은 어떤 기업의 해외영업부에서는 먼저 QR(quick response) 지수를 개발하였다. 그래서 서비스에 대한 표준을 3일로 정하였다. 그리고 3일 이내에 응답하지 못한 건은 불량으로 처리하고 시그마 수준을 계산하였다. 이렇게 식스 시그마는 문제를 명확하게 정의하고 계량화한 다음 표준을 설정하여야 한다.

그러나 어떤 경우에는 분석하는 것이 용이할 수 있다. 시티은행 서울지점은 통화 실패의 원인을 분석하기 위하여 시간대별 통화 실패건수를 분석하였다. 그리고 오전 9시30분에서 11시까지 통화실패 건수가 제일 많다는 사실을 인지하고, 이를 감소하기 위해 고객전화가 많은 시간대에 조사부서 인력을 온라인팀에 집중적으로 투입하였다.

Citi bank에서는 분석단계에서 다음과 같은 사항을 결정한다.

- 데이터를 분류하고 분석한다
- 현재의 프로세스를 분석한다

• 문제의 원인에 대한 도표를 작성한다

KT에서는 분석단계에서 다음과 같은 사항을 결정한다.

• 분석 계획을 수립한다
• 근본 원인을 분석한다
• 소수지만 중요한 원인 변수를 도출한다

사례 미국 Southside 병원에서의 식스 시그마 (A)

분석단계에서는 주요한 독립변수들을 파악하는 것이다. 팀은 분석을 위해 특성요인도, C/I 매트릭스, 회귀분석 등을 사용하기로 하였다. 먼저 결과변수에 가장 변동을 많이 주는 독립변수들을 파악하기 위하여 특성요인도를 작성하였다(그림 11-2 참조).

또 회귀분석 등을 이용하여 팀은 검사에 가장 영향을 많이 끼치는 변수로 환자가 검사실로 이동하는 시간과 판독에서 결과에 서명하기까지 걸리는 시간에 문제가 있음을 발견하였다.

그림 11-2 특성요인도

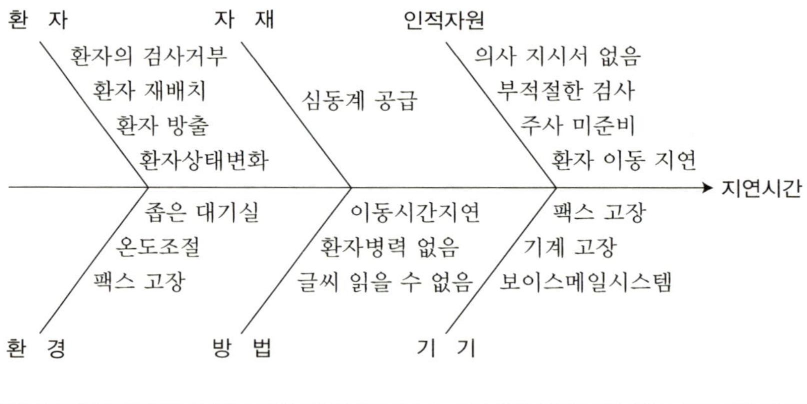

출처: Eric Godin, Dennis Raven, Carolyn Sweetapple, and Frank R. Del Giudice, "Faster Test Results," Quality Progress, January 2004, 33-39.

11.5 I(개선)

개선(improve)단계는 전의 측정과 분석 단계에서 파악한 문제의 원인들을 해결하기 위한 방법을 강구하여 프로세스의 성과를 실제적으로 개선하는 것이다. 그러므로 개선단계에서는 먼저 문제를 발생시키는 근본적인 원인들을 파악하고 있어야 한다. 개선단계는 DMAIC에서 실질적으로 프로세스 개선을 추구하는 유일한 과정이다. 그래서 개선단계의 결과는 개선된 프로세스를 창출하는 것이다. 그리고 개선된 프로세스는 기업의 전략과 연계되고, 수익성을 창출하거나 비용을 감소하여야 한다. 그런데 이 과정은 상당한 시일이 걸릴 수도 있다. 왜냐하면 프로세스마다 일일이 직접 개선책을 시행하고 오류를 시정하는 과정을 거쳐야 하기 때문이다.

개선책을 추구할 때에는 다음과 같은 사항을 고려하는 것이 바람직하다.

- 결재 단계를 축소한다
- 직무를 기능에 의하지 말고, 프로세스의 흐름에 의해 설계한다
- 프로세스 흐름에 대한 책임자를 확실하게 설정한다
- 평가하는 횟수를 줄이거나 제거한다
- 프로세스의 흐름을 원활히 하기 위해 병목 현상을 파악하고 제거한다

개선단계에서는 브레인스토밍, DOE, RSM과 같은 방법론이 자주 사용된다. 특히 서비스업체에서 DOE는 상당한 성과를 거두고 있다.

서비스업체에서 개선의 목표를 정하는 것이 어려울 수도 있다. 그래서 삼성화재는 개선의 목표를 구성원의 합의에 의해 결정한다. 이것은 혹시 있을지도 모를 불만을 제거하기 위한 노력이다. GE Korea(박현, 2003)에서는 개선단계에서 다음과 같은 사항을 결정한다.

- 원인 제거 및 개선을 위한 방법은 무엇인가?
- 개선안을 어떻게 실행할 것인가?
- 구체적인 실행안은 무엇인가?
- 개선안이 실질적인 효과가 있는가?

- 파일럿 테스트는 어떻게 하는가?

Citi bank에서는 개선단계에서 다음과 같은 사항을 결정한다.

- 개선할 프로세스를 설정한다
- 실행 계획을 수립한다
- 파일럿 테스트를 실행한다

KT에서는 개선단계에서 다음과 같은 사항을 결정한다.

- 개선안을 수립한다
- 최적조건을 도출하고 최적대안을 선정한다
- 파일럿 테스트를 실시한다

사례 미국 Southside 병원에서의 식스 시그마 (I)

앞에서 파악한 자료들에 의거하여 팀은 개선단계에서 개선을 위한 다양한 기회들을 파악하게 되었다. 그 중 몇 가지를 열거하면 다음과 같다.

- 팩스로 온 환자의 기록 중 읽을 수 없는 기록이 많다
- 미리 조정된 압력검사 스케줄이 존재하지 않는다
- 환자에 대한 교육이 필요하다
- 방사선 기사가 필요할 때 없다
- 주사가 제때 공급되지 않는다
- 검사기록이 정리되어 있지 않다
- 보이스 메일 시스템에 고장이 잦다

또 팀은 병원 전체의 시스템 개선 및 원격 컴퓨터 시스템 등 미래의 개선을 위한 방안도 강구하였다.

출처: Eric Godin, Dennis Raven, Carolyn Sweetapple, and Frank R. Del Giudice, "Faster Test Results," Quality Progress, January 2004, 33-39.

11.6 C(관리)

관리(control)단계는 개선된 프로세스로 인해 기대하는 효과가 실제로 발생하였는지를 결정하고, 동일한 문제들이 재발하는 것을 방지하기 위해 개선 결과를 표준화하고 문서화하여 전 사업장으로 확산하는 단계이다. 개선된 프로세스가 어떤 효과도 창출하지 않는다면 아무런 의미가 없다. 그러므로 개선단계에서 창안한 개선안을 실제로 현장에 적용하여 결과를 창출하고, 문제가 다시 발생하는 것을 방지하기 위한 것이다.

George(2003)는 서비스 기업에서 반드시 체크하여야 할 관리 단계의 6가지 부문을 다음처럼 설명하였다.

1. 개선된 프로세스가 문서화되었는지 확인한다. 그리고 문서화를 규칙적으로 실행하고 있는지도 확인한다
2. 성과는 재무적인 수치로 환원한다
3. 성과가 일선 현장에서 직접 실현되고 있는지 확인한다
4. 비정상적인 결과를 추적하는 자동 모니터 시스템을 설치한다
5. 소규모로 개선안을 실행시킨다
6. 관리 계획을 개발한다

관리단계에서는 관리계획, 관리도, 프로세스 스코어카드 등의 기법을 사용한다. 관리계획(control plan)은 성과지표와 CTQ를 지속적으로 추적하여 계획대로 결과가 나오는지를 관리하는 보고서이다. 프로세스 스코어카드(process scorecard)는 핵심 프로세스 측정치의 성과에 대한 기대치와 실제치를 요약한 보고서이다.

Citi bank에서는 관리단계에서 다음과 같은 사항을 결정한다.

- 결과를 평가한다
- 프로세스 소유자가 모니터링을 실시한다

KT에서는 관리단계에서 다음과 같은 사항을 결정한다.

- 관리 계획을 수립한다
- 개선 결과를 확인한다
- 문서화하고 정보를 공유한다

사례 미국 Southside 병원에서의 식스 시그마 (C)

관리단계에서 팀은 설정한 목표가 달성되고 유지되는가를 확실히 하는데 있었다. 그래서 새로운 개선안이 효과를 보기 위해 체크리스트, 모니터링시스템, 프로세스 관리도 등을 도입하였다. 결과적으로 검사시간을 획기적으로 단축시켰고, 비용도 감소하였다. 그러나 검사의 품질은 동일하게 유지하였다. 그리고 더 나아가 더 많은 6 시그마 프로젝트를 수행하기로 하였다.

출처: Eric Godin, Dennis Raven, Carolyn Sweetapple, and Frank R. Del Giudice, "Faster Test Results," Quality Progress, January 2004, 33-39.

사례 삼성에버랜드의 '판타스틱 윙스'

2007년 삼성에버랜드 동물원은 20여종의 1천여 마리 새들을 훈련한 맹금류 공연 '판타스틱 윙스'를 새로 선보였다. 지금까지의 침팬지나 물개 위주의 공연으로는 고객들을 더 이상 모집하기 어렵다고 보고 새로운 공연을 물색하였다. 그러던 중 동물의 행동이나 습성에 맞춘 공연을 한다면 동물들이 보다 수준 높은 공연을 보여 줄 것이라는 제안이 나왔다. 특히 독수리나 매 같은 맹금류인 경우 고객들이 맹금류를 볼 수 있다는 것만으로도 재미를 느낄 것이라고 생각했다. 그래서 국내 최초로 독수리와 매를 활용한 공연을 기획하게 되었다. 그러나 문제가 있었다. 국내에 맹금류 전문가가 없어 맹금류를 훈련시키는 것이 쉽지 않았다. 그래서 외국의 사례를 찾아 겨우 공연 시나리오를 작성하였다. 그러나 훈련을 시작한 지 3개월이 지나도 전혀 효과가 없었다. 그리고 개막일은 점점 다가오고 있었다.

그러다가 동물공연팀장이 생각해 낸 것이 식스 시그마이었다. 식스 시그마를 이용하면 문제를 해결할 수 있을 것 같았다. 그래서 MBB에게 도움을 청하였다. 팀은 DMAIC를 적용하였다.

1. Define 단계

먼저 CTQ를 선정하였다. CTQ는 고객이 중요하다고 생각하는 품질이나 서비스를 말하는 것으로서, 〈표 11-4〉에 따라 CTQ를 선정하였다.

그리고 다음으로 프로젝트 추진계획을 수립하였다. 추진계획에는 추진배경, 문제 및 목표기술, 프로젝트 범위, 팀 구성, 프로젝트 추진 일정, 프로젝트로 인한 예상성과 등을 명기하였다. 다음에는 관련부서와 조율 및 합의를 거친 뒤 식스 시그마 관리프로그램인 '시그마 파크' 라는 시스템에 등록하고, 승인을 받았다. 그 뒤 프로젝트를 공식화하여 프로젝트 추진의 가치를 인정받았다.

2. Measure 단계

먼저 프로젝트 Y를 선정하였다. CTQ를 가장 잘 표현할 수 있는 지표인 프로젝트 Y를 비행이탈률로 선정하고 '맹금류 비행 시 정해진 코스에서 1미터 떨어진 경우가 몇 번 발생하는가' 로 정의하였다. 다음으로 데이터를 수집하여 현 수준을 확인하였다. 비행이탈률 측정 결과 70%가 제대로 날지 못하고 있음을 발견하였으며, 현재 수준이 0.98시그마임을 파악했다. 다음으로

표 11-4 CTQ 선정

고객이 누구인가?	고객의 니즈는?	고객의 요구는?	전개 및 CCRs 도출	CTQ
에버랜드를 방문한 고객	재미있는 공연을 보고 싶다	비행, 낚아채기	비행 • 자유비행, • 선회비행, • 고공직활강	• 비행성공률 • 훈련완성도
맹금류 조련사	맹금류의 훈련성과를 높이고 싶다	비행, 낚아채기	먹이 낚아채기 • 고공미끼 • 지상미끼 • 수중미끼	

도전적인 목표를 설정하였다. 즉, 비행성공률 100%로 목표를 설정했다.

3. Analyze 단계

먼저 주요 인자를 발굴하였다. 이것은 특성요인도와 X-Y 매트릭스를 이용하였다. 그래서 주요 인자가 풍속의 영향, 코스별 차이, 사료의 종류, 체중의 적정성, 미끼의 종류이라는 것을 파악하였다. 다시 잠재인자도 다양한 통계도구를 사용하여 분석하였다. 즉, 미끼종류, 풍속, 체중, 코스, 사료종류, 품종별, 숙련도별, 연령별, 시간대별, 사료 크기별 등이 파악되었다. 다음으로는 가장 핵심의 소수 인자를 선정했다. 이것은 비행경사도, 루어 미끼의 무게, 공연일 풍속, 맹금의 체중, 맹금의 사료 등이었다.

4. Improve 단계

먼저 각각의 핵심 소수인자에 대한 문제를 해결할 개선 아이디어를 도출하였다. 그리고 최선의 대안을 선정하였다. 일부 인자에 대한 예는 〈표 11-5〉와 같다.

표 11-5 최적안 분석

Vital Few X' s	최적안
코스(비행경사도)	비행경사도를 30도로 실시
루어 미끼의 무게	루어 미끼의 무게를 400g으로 사용
비행맹금의 사용	훈련 시는 닭고기를 사용하고, 체중관리 시는 소고기를 사용

다음으로 결과를 검증하였다. 최적안을 파일럿 시험을 이용하여 〈표 11-6〉과 같은 결과를 얻어냈다. 하지만 이 결과는 다음 단계인 관리단계에서 보다 장기적으로 관찰되어야 한다.

표 11-6 결 과

	개선 전	개선 후
σ수준	0.98σ	3.15σ
이탈불량률	70%	4.93%
DPMO	700,000	49,383

* DPMO : Defect Per Million Opportunity (백만 기회당 결함수)

5. Control 단계

먼저 시그마 프로젝트의 성과를 지속적으로 유지하고 관리하기 위해 〈표 11-7〉처럼 관리계획을 수립하였다.

표 11-7 관리계획 수립

프로세스명: 맹금류 조련 프로세스					담당자: 한 과장				최초작성일자: 00/0/0
담당팀: 00팀					전화번호: 00-000-0000				개정일자:
프로세스단계	관리 항목	관리 규격	시그마 수준	측정 방법	Gage R&R	샘플 크기	샘플 주기	관리 방법	조치계획
비행	이탈률	목표: 10%	Z=0.02	실적 조사	–	100%	매일	P 관리도	– 월연 분석 후 대책 수립
공연준비	체중 관리	적정 체중 유지	–	실적 조사	–	100%	매일	실적 체크	– 매뉴얼 원칙에 따른 관리 – 상한선은 넘지 않음(하한선은10%까지 허용)
공연준비	미끼 관리	400g	–	실적 조사	–	100%	매일	실적 체크	– 주문 제작 – 일부 루어 해외수업 – 개체별 루어의 차등 적용
공연준비	풍속	상한: 5m/sec	Z=0.02	실적 조사	–	100%	매일	실적 체크	– 초속 5m이상 시 비행중지

그리고 문서화하고 공유하였다. 팀은 계속 문서화와 공유를 통해 개선 후 연간 예상 성과와 차기 과제, 아이디어가 공유된 완료 보고서 등을 추진하였다.

출처: 삼성에버랜드 경영혁신팀, 6시그마로 이뤄낸 기적 Fantastic Wings, 2007.

참고문헌

박현, "변화관리와 6 시그마 경영을 통한 서비스 부문 글로벌 경영품질 확보 방안," 2003년 대한민국 경영품질 컨퍼런스, 한국능률협회컨설팅, 23-32.

삼성에버랜드 경영혁신팀, 6시그마로 이뤄낸 기적 판타스틱 윙즈, 크레듀, 2007.

안영진, 경영품질론: 6 시그마와 TQM, 박영사, 2003.

임성욱, 윤성필, 인승철, 김건호, 설영덕. 미니텝14와 서비스 식스 시그마, 자유아카데미, 2007.

한국능률협회, 능률협회컨설팅 6 시그마 패스티발, 2002.

다이아몬드 6시그마 연구회, 기업회생의 비밀: 6시그마(영업 · 서비스 편), 권재진과 이병희 역, 새로운 사람들, 2002.

ASQ Statistics Division, Glossary and Tables for Statistical Quality Control, Milwaukee: ASQ Quality Press, 1996.

Barabba, Vincent P. and Gerald Zaltman, Hearing the Voice of the Market, Boston: Harvard Business School Press, 1991.

Ehrlich, Betsi Harris, Transactional Six Sigma and Lean Servicing: Leveraging Manufacturing Concepts to Achieve World-Class Service, St. Lucie Press, 2002.

George, Michael L., Lean Six Sigma for Service: How to Use Lean Speed and Six Sigma Quality to Improve Services and Transactions, McGraw-Hill, 2003.

Goel, Parveen S., Praveen Gupta, Rajeev Jain, and Rajesh K. Tyagi, Six Sigma for Transactions and Service, McGraw-Hill Companies, 2004.

Godin, Eric, Dennis Raven, Carolyn Sweetapple, and Frank R. Del Giudice, "Faster Test Results," Quality Progress, January 2004, 33-39.

Harry, Michael and Richard Schroeder, 6 시그마 기업혁명, 안영진 옮김, 김영사, 2000.

Hayler, Rowland and Michael Nichols, What is Six Sigma Process Management?, McGraw-Hill, 2005.

Lawton, Robin, "Balance Your Balanced Scorecard," Quality Progress, ASQ,

March 2002, 66-71.

Patton, Fred, "Does Six Sigma Work in Service Industries?" Quality Progress, ASQ, September 2005, 55-60.

Snee, Ronald, "Six Sigma Improves Both Statistical Training and Processes," Quality Progress, ASQ, October 2000, 68-72.

Yilmaz, Mustafa R. and Sangit Chatterjee, "Six Sigma Beyond Manufacturing ? A Concept for Robust Management," Quality Management Journal, Vol. 7, No. 3, 2000, 67-78.

제12장

DFSS

제12장 DFSS

이제 세계의 많은 기업들은 단순히 제품을 판매하지 않고, 서비스를 판매하고 있다. 이것은 설계의 중요성을 그 어느 때보다도 부각시켰다. 이런 점에서 설계는 상당히 중요하다고 할 수 있다. 이런 시대에 부응하는 설계 개념인 식스 시그마 설계인 DFSS(Design For Six Sigma)는 혁신이다. 왜냐하면 DFSS는 새로운 제품, 서비스, 프로세스를 창출하기 때문이다. 지금까지 현존하는 어떤 설계 기법보다도 DFSS는 보다 저렴하고, 우수하고, 혁신적인 제품과 서비스를 설계한다. DFSS는 경쟁의 우위를 차지하기 위하여 이미 세계의 많은 초우량 기업들이 시행하고 있다. 그리고 DFSS의 성능은 GE, Delphi, Dow Chemical, Motorola, Automotive Systems과 같은 세계의 많은 기업들에 의해 입증되었고, 지금도 도입하는 기업들의 수가 점차로 증가하고 있는 실정이다. 한국에서도 LG전자, 삼성전기, 삼성 SDI와 같은 기업에서 DFSS를 효과적으로 이용하고 있다.

그러나 DFSS를 실행에 옮기는 것은 말처럼 그리 쉽지 않다. 왜냐하면 DFSS는 창의력을 가장 중요시하기 때문이다. 특히 한국의 교육시스템은 창의력을 소홀히 하는 시스템이어서 한국 기업들이 DFSS를 도입하여 성과를 거두는 것은 더 어려울지도 모른다.

최근 경영자들은 품질의 문제가 생산이 아닌 설계에서 더 많이 발생한다는 사실을 알았다. 그래서 제품 및 서비스 그리고 프로세스 설계 단계에서부터 품질에 중점을 두어야 한다는 사실을 인지하였다. 즉, 제품 및 서비스의 설계품질 그리고 프로세스의 설계가 좋아야 제품 및 서비스의 품질이 좋아지게 된다. 그럼에도 불구하고 아직도 대부분의 기업들은 제품 및 서비스의 원가에 중요한 설계에 단지 예산의 5% 정도밖에 배정하고 있지 않다.

정부에서도 예산의 상당한 부분을 사후 조정하는 데 배정하고 있다. 식스 시그마를 추진하는 기업은 설계품질의 개선 없이는 절대로 식스 시그마의 목표를 달성할 수 없다. 여기에서 설계는 서비스 자체뿐 아니라 프로세스 설계까지 포함한다.

그러나 설계품질은 설계기사의 노력에만 의해 향상되는 것이 아니다. 과거에는 설계가 설계기사만의 일이라고 간주하였다. 그러나 이러한 생각은 잘못된 것이다. 이제 설계는 모든 사람들의 일이 되었다. 그래서 마케팅, 연구개발, 엔지니어, 구매, 수송 등 다른 사람들의 의견이 절대적으로 필요하다.

또 DFSS는 꼭 제품이나 프로세스만 설계하는 것은 아니다. 우리가 하는 모든 직무, 보고서, 발표 등도 전부 DFSS로 볼 수 있다. 그래서 DFSS는 우리가 하고 있는 모든 분야에 적용될 수 있다. 특히 제조 활동은 물론이고 서비스 활동에도 동일하게 적용될 수 있다. 그래서 고객 서비스, 사무간접 부문, 일상적인 상거래 등 모든 분야에 적용된다.

이렇게 식스 시그마 설계는 기업의 모든 부서가 협동으로 의사결정을 하는 동시설계 과정이다. 그래서 제품과 서비스 설계, 그리고 프로세스 설계를 동시에 진행한다. 이것은 기업에 설계변동과 생산 사이클타임의 감소, 그리고 품질향상과 비용감소의 효과를 제공해 준다.

제12장에서는 DFSS에 대해 논하고자 한다. 특히 여기에서는 다음과 같은 주제들을 다루고자 한다.

- DFSS의 필요성
- DFSS란 무엇인가?
- DFSS의 응용
- DMADV
- IDDOV
- TRIZ

12.1 DFSS의 필요성

Peter Drucker는 식스 시그마의 최대의 장점은 품질을 설계단계에서부터 집어 넣는 것이라고 하였다(Watson, 2002). 그래서 GE, AlliedSignal, Caterpillar과 같은 기업에서는 많은 시간과 자금을 DFSS에 투자하고 있다.

또 Harry와 Schroeder(2000)는 식스 시그마 목표를 달성하기 위해서는 반드시 식스 시그마 설계(DFSS: design for six sigma)를 도입하여야 한다고 주장하였다. 특히 이들은 5 시그마 벽을 넘어설 수 있는 유일한 방법으로 식스 시그마 설계를 사용하여야 한다고 주장하였다. 그래서 DFSS를 이용해서 초기부터 제품 및 서비스를 재설계하여야 한다고 하였다. 이것은 어떻게 보면 기업이 왜 DFSS를 도입하여야 하는지를 단적으로 표현해 주는 이유이다. 식스 시그마에 도달하기 위해서는 DFSS를 반드시 도입하여야 한다는 것이다. 그러나 DFSS를 식스 시그마를 이용한 다음에 이용하는 것으로 생각해서는 안 된다. 식스 시그마와 DFSS는 서로 상이한 기법으로 동시에 사용할 수도 있다.

Ehrlich(2002)는 DMAIC 대신 DFSS를 이용하여야 할 경우를 다음처럼 말하였다. 첫째, 개선할 기존의 프로세스가 없다. 둘째, 기존 프로세스의 시그마 수준이 너무 낮아 개선할 필요성이 존재하지 않는다. 셋째, 기존 프로세스의 수준이 너무 높아 더 이상 개선하기가 어렵다. 이 때에는 DMAIC를 사용하지 말고 DFSS를 사용하여야 한다고 하였다. 그래서 단기적인 문제는 식스 시그마로 해결하지만, 장기적인 면에서는 DFSS를 이용하여야 한다.

DFSS는 이렇게 해서 고객들의 기대치를 기대 이상으로 충족하고, 자원을 효율적으로 사용하게 하며, 누적 수율을 향상시키고, 설계의 복잡성을 감소하여 제조하기 쉽게 하고, 변동의 폭을 감소하여, 궁극적으로 기업의 수익성을 향상시킨다.

12.2 DFSS란 무엇인가?

앞에서도 이미 언급하였지만, 식스 시그마는 수익성을 향상하기 위하여 기존의 프로세스를 지속적으로 개선하는 것이다. 그러나 DFSS는 식스 시그마와 완전히 다른 방법론이다. 즉, DFSS는 초기부터 새로운 프로세스 자체를 개발하거나 기존의 프로세스를 재설계하는 것이다. 그래서 후에 문제점이 발생하는 것을 미리 예방하는 것이다. 그래서 DFSS는 처음부터 오류가 없는 프로세스를 개발하여 후에 문제가 발생하지 않도록 하는 방법이다. 고장난 것을 수리하는 것은 식스 시그마이고, 고장이 발생하지 않도록 설계하는 것은 DFSS이다.

Harry와 Schroeder(2000)는 DFSS를 제품 및 서비스를 설계하는 엄밀한 방법으로서, 처음부터 기업들로 하여금 고객의 기대를 충족시킬 수 있도록 하는 프로세스라고 정의하였다. 그리고 DFSS의 세 가지 목적을 다음처럼 설명하였다. 첫째, 자원을 능률적으로 사용한다. 둘째, 복잡성과 수량에 관계없이 높은 수율을 발생시킨다. 셋째, 프로세스 변동이 발생하지 않는 로바스트 설계를 가능하게 한다.

GE에서는 DFSS를 다음처럼 설명하였다(Treichler 등, 2002). DFSS의 핵심은 초기 단계에서부터 설계품질을 측정하고, 품질개선을 꾀하는 것으로서, 훨씬 후에 문제를 개선하는 것보다 식스 시그마 수준을 훨씬 능률적이고 경제적으로 달성하게 해 주는 방법이다. Ehrlich(2002)는 고객의 CTQ에 초점을 두어 새로운 제품과 프로세스를 구축하는 조직화된 방법이라고 DFSS를 정의하였다.

Gitlow, Levine 그리고 Popovich(2006)는 "DFSS는 지속적으로 신뢰할 수 있고, 항상 고객의 기대 수준을 초과하는 새로운 제품, 서비스, 프로세스를 완전히 새로 설계하거나 또는 기존의 제품, 서비스, 프로세스를 개선하여 새로운 사양을 집어 넣는 것"이라고 정의하였다.

설계 자체도 하나의 프로세스이다. 그래서 식스 시그마를 설계과정에 도입하여 동일한 효과를 거두고자 한다. 그러나 일반적인 DMAIC를 설계과정에 적용하면 측정에 문제가 생긴다. 왜냐하면 측정을 할 기존의 프로세스가 존재하지 않기 때문이다. 그래서 DMAIC의 변형을 취하여야 한다. 그리고 DFSS도 DMAIC처럼 일련의 단계를 거쳐 실행된다. 다음에서 설명할 GE의 DMADV는 이 경우의 예를 보여 준다. 또 DFSS는 제품뿐만 아니라 프로세스를 설계하는 데 모두 유용하다.

12.3 DFSS의 응용

앞에서 이미 말하였듯이, DFSS는 모든 분야에 전부 적용할 수 있다. 그래서 제조업체는 물론이고, 서비스 분야에도 적용할 수 있다. Chowdhury(2002)는 DFSS를 적용할 수 있는 분야를 비즈니스 거래, 제조 프로세스, 그리고 자재, 하드웨어 및 소프트웨어를 포함한 엔지니어 제품 등 세 개의 분야를 열거하였다.

첫 번째 분야는 비즈니스 거래이다. 비즈니스 거래(business transactions)는 기업의 내부 프로세스와 파트너, 공급업자 또는 고객에게 제공하는 외부 서비스를 말한다. 기업의 내부 프로세스는 주로 식스 시그마의 DMAIC에 의해 개선된다. 그러나 DMAIC는 기존의 프로세스를 전제로 개선하기 때문에 단기적인 성과는 높지만 한계가 있다. 이러한 한계점을 극복하게 하는 방법이 바로 DFSS이다.

두 번째 분야는 제조 프로세스이다. DFSS는 제품과 프로세스 설계의 개선을 동시에 추구한다. 그래서 여기에서는 기존의 제조 프로세스를 근본적으로 개선한다.

세 번째는 자재, 하드웨어 및 소프트웨어를 포함한 엔지니어 제품이다. 여기에서는 단순히 변동만 감소하는 것이 아니고, 자재, 하드웨어, 그리고 소프트웨어의 기능과 성능의 최적화를 도모한다. 즉, 고장이 없는 제품을 만들 뿐만 아니라, 동시에 성능까지 향상하는 것이다. 또 DFSS는 DOE(Design of Experiments)를 이용하여 제품설계를 한다.

그러나 서비스 분야에서 DFSS를 적용하는 것은 그리 쉽지 않다. 일반적으로 설계에서도 식스 시그마를 적용하려면 식스 시그마에 대해 상당한 경험을 구축하여야 한다. 그런데 Faltin과 Faltin(2003)은 DFSS의 적용이 기업의 회계 부정을 방지하는 방법으로 사용될 수 있다고 하였다. 이것은 당시 미국에서 WorldCom, Enron, Adelphia 등 많은 기업들이 회계의 부정으로 기업의 사회적 책임에 대한 사회적 관심을 불러 일으켰기 때문에 나왔다. 이러한 기업들로 하여금 미국 기업들에 대한 국제적 불신이 나왔다. 이런 불신을 감소하고, 기업 재정의 투명성을 보장하기 위하여 회계시스템의 투명성이 강조되었다. 이들은 구체적으로 DMADV의 적용을 추천하였다. 다음에서는 DMADV를 설명하도록 한다.

12.4 DMADV

DFSS를 추진하는 단계는 식스 시그마와 다르다. 식스 시그마에서는 경영혁신 전략인 DMAIC를 사용하지만 DFSS에서는 다른 단계를 사용한다. 여기에서는 DMADV에 대해 설명하도록 한다.

DMADV는 GE에서 개발되었다. GE에서는 1997년부터 DFSS를 도입하였다. 그리고 이미 2만여 명의 직원들이 DFSS 교육을 이수하였다. 그리고 1998년 글로벌 초일류 기업이 되기 위하여 미래에 신제품 및 서비스 개발에 DFSS를 적극적으로 활용할 것을 공표하였다. 1999년에는 GE Medical Systems에서 DFSS를 이용한 7개의 제품을 출시하였다. 이 제품들은 고객의 욕구를 더 잘 반영하였고, 시장의 출시 기간도 많이 단축하였다. 그리고 사상 최대의 수익을 기록하였다. 2000년도에 GE Medical Systems에서는 22개의 DFSS를 이용한 제품을 역시 출시하였다. 가장 대표적인 제품은 유방암을 조기 진단하는 독보적인 X-ray 시스템인 Innov이다.

GE에서는 일반적인 혁신전략인 DMAIC를 연구개발센터에 DMADV로 변형하여 사용하였다. DMADV는 D(Define)-M(Measure)-A(Analyze)-

D(Design)-V(Verify)이다. D(정의)단계는 DMAIC의 정의단계와 유사하다. 그러나 DMAIC에서는 기존의 프로세스를 개선하지만 DMADV에서는 새로운 서비스를 설계하는 것이기 때문에 더 복잡하다. M(측정)단계에서는 CTQ를 결정하고, CTQ를 측정할 측정시스템을 설정한다. 그러나 기존의 서비스 설계를 개선하지 않는 한 기존의 프로세스를 측정하지는 않는다. A(분석)단계는 M에서 설정한 CTQ의 최적 설계를 수행하는 것이다. 그리고 최종설계는 다음의 D(설계)단계에서 완성된다. V(검증)단계는 실제 상황에서 새로운 설계를 테스트하여 설계 능력을 검증하는 단계이다. 학교에서 인터넷을 이용하여 수강신청을 하도록 하는 새로운 프로세스는 검증단계라 할 수 있다. 그러나 검증단계에서 오류가 발생하는 경우에는 다시 이전의 단계로 되돌아가 다시 시작하여야 한다.

〈표 12-1〉은 DMAIC와 DMADV를 비교한 표이다. 이 표는 DMAIC와 DMADV의 차이점을 잘 설명하고 있다.

DFSS를 사용하여 GE Medical Systems에서는 LightSpeed CT Scanner를 개발하여 큰 성과를 거두었다.

DMADV는 설계 이외에 또 다른 영역에도 적용될 수 있다. 그 한 가지 예가 기업의 재무보고서이다. Faltin과 Faltin(2003)은 WorldCom의 도산 예

표 12-1 DMAIC와 DMADV 비교

DMAIC 기존 프로세스를 서서히 개선	DMADV 보다 급격하게 기존 프로세스를 개선하거나 또는 새로운 프로세스 설계
D – 프로젝트와 고객 목표 정의	D – 프로젝트와 고객 목표 정의
M – 현 성과 결정하기 위해 프로세스 측정	M – 고객 니즈와 특성 파악 및 측정
A – 모든 결점의 근원 파악 및 분석	A – 고객 니즈 충족하는 프로세스 옵션 분석
I – 결점 제거하여 프로세스 개선	D – 고객 니즈 충족하기 위해 프로세스를 상세하게 정의
C – 미래 프로세스 성과 관리	V – 고객 니즈 충족하기 위해 설계 성과와 능력 입증

출처: Six Sigma, www.isixsigma.com

를 DMADV를 이용하여 설명하였다. 그래서 WorldCom이 식스 시그마 개념을 도입하여 회계보고서를 작성하였더라면 아마 도산하지 않았을 것이라고 하였다. 그래서 이들은 DMADV의 단계를 이용하여 기업성과추적시스템을 도입하여야 한다고 주장하였다. 즉, D단계에서는 목표를 분명히 설정하고, 핵심 이해관계자들을 파악하고, 각 핵심 이해관계자들의 대표들로 포커스 그룹을 구성하고, 이들로부터 회계뿐 아니라 기업의 다양한 성과 지표들에 대한 목표를 설정하고, 그리고 이 목표들을 기업의 최우선 목표로 설정한다. M 단계에서는 위의 목표들(big Y' s)에 대한 기본적인 수치를 결정하고, 이 목표들을 관리하기 위한 요소들을 파악하고, 이 요소들에 대한 데이터를 수집한다. 대개 big Y는 손익계산서, 현금흐름, 대차대조표, 주식분석, 구매 등의 지표를 말한다. A단계에서는 각 요소들이 목표에 어떤 영향을 끼치는지를 상세하게 분석한다. D단계에서는 기업의 이해관계자들에게 보다 투명한 기업성과보고서를 제출하기 위해 지속적으로 추적하여야 주요한 지표들을 파악한다. V단계에서는 신뢰성 있는 보고서를 작성한다.

12.5 IDDOV

여기에서는 또 다른 중요한 방법론인 IDDOV에 대해 설명하도록 한다.

Identify(I)

첫 번째 단계는 파악(identify)이다. 파악단계의 목적은 처음부터 일을 올바르게 시작하고, 팀의 목적을 명확하게 하는 데 있다. 그래서 파악단계에서는 프로젝트의 목적, 범위, 계획, 일정, 예산, 필요로 하는 자원, 수행기간, 기대되는 성과 등을 명시한다. 특히 DFSS에서의 프로젝트의 목적은 식스 시그마의 프로젝트의 목적에 비해 장기적이어야 한다. 주로 목적은 수익성, 고객만족, 낭비, 기술 등으로 표현한다. 기대되는 성과는 가격, 비용, 판매량 등으로 표시한다. 또 고객의 욕구를 파악하고, CTQ의 잠재적인 요인들을 파악한다. 여기에서는 QFD를 주로 사용한다.

Define(D)

두 번째 단계는 정의(define)이다. 정의단계에서는 고객의 욕구를 분명히 파악하고, 고객의 추상적인 욕구를 제품 및 서비스의 구체적인 특성으로 전환하는 것이다. 고객의 욕구는 주로 VOC를 통해 수집된다. 그리고 고객의 욕구를 중요한 순으로 순위를 매긴 다음 기술적인 용어로 전환시킨다. 그리고 고객의 욕구에 대한 목표를 설정한다. 여기에서도 QFD를 주로 사용한다.

Develop(D)

세 번째 단계는 개발(develop)이다. 개발단계에서는 창의적인 발상으로 고객의 욕구를 충족시키는 다양한 모형을 개발하고, 이 다양한 모형을 객관적인 방법에 의해 평가하고, 그 중에서 최선의 모형을 선택하는 것이다. 창의적인 아이디어를 수집하는 방법으로는 브레인스토밍, TRIZ 등이 있다. 브레인스토밍에 대해서는 제10장을 참조하기 바란다.

최선의 모형을 선택하기 위해서는 먼저 실현이 불가능한 모형을 차례로 제거하고, 점차로 대체안을 가장 유망한 2-3개로 축소한다. 불가능을 정하는 기준은 법규, 안전, 예산, 기술, 회사 방침 등에 의거하여 정한다. 그리고 비용, 효과, 위험성 등을 고려하여 최선의 모형을 선정한다.

Optimize(O)

네 번째 단계는 최적화(optimize)이다. 최적화 단계에서는 로바스트 설계를 이용하여 앞에서 선정한 모형의 설계를 최적화하는 것이다. 로바스트 설계(robust design)는 이상적인 기능을 파악함으로써 시작된다. 제품은 물리적인 법칙, 그리고 프로세스는 에너지 전환 법칙이나 또는 정보의 흐름에 의해 이상적인 기능을 파악한다. 다음으로는 에너지나 정보 전환의 변동을 극소화하는 설계를 추구한다.

Verify (V)

마지막 단계는 검증(verify)이다. 검증단계에서는 최적화된 설계가 우리가 바라는 대로 제대로 작동되는지를 확인하고, 관리하는 것이다. 그래서 설계를 검증하고, 프로세스의 능력을 증명하고, 파일럿 실험을 수행한다. 프로세스 능력은 설비의 능력뿐만 아니라, 사람의 능력, 실험기기의 성능까지 모두 포함한다. 그리고 가장 낮은 비용으로 생산 및 정보의 흐름을 원활하게 하는 설계를 목표로 한다. 파일럿 실험은 엔지니어, 생산, 구매, 그리고 서비스 부서의 사람들이 모여 함께 하여야 한다. 그리고 고객까지 포함하면 더 바람직하다.

검증단계는 법규 준수, 소비자 보호, 안전 문제 등으로 인하여 절대적으로 필요한 단계이다. 또 설계가 정말로 고객의 욕구를 충족시키고 있는지도 확인하여야 한다.

또 DFSS가 다른 기법과 다른 점은 사후적인 아닌 예방적인 기법이라는 것이다. 그래서 DFSS의 검증단계는 결점이 없는 설계를 만든다는 점에서 상당히 중요한 단계이다. 그리고 DFSS는 품질은 설계에서 집어 넣어야지, 도중에 고쳐서 집어 넣는 것이 아니라는 것을 말해준다. 그래서 제품과 프로세스 설계는 반드시 검증단계 이전에 완성되어야 한다.

12.6 TRIZ

아이디어를 개발하는 하나의 방법으로 TRIZ가 있다. TRIZ(Theory of Inventive Problem Solving)는 Genrich Altshuller에 의해 개발되었다. Altshuller(1999)는 수천 건의 특허 신청서를 분석하여 창의력을 키우는 요인들을 찾아내어 일련의 원칙들을 개발하였다. 특히 기업 내에서 발생하는 갈등과 문제점 등을 해결하는 40개의 창조적인 원리들을 개발하였다. 이 원리는 모든 분야의 설계와 창의적인 해결책을 추구하는 데 전부 적용될 수 있다. TRIZ는 또 현 기업의 안정성을 파괴하지 않고 창의적인 해결책을 제시할 수 있다. TRIZ가 효과적인 이유는 다음과 같은 사실에 기인한다. 대부분의 설계자들이 직면하는 일반적인 문제들의 90% 이상은 이미 다른 기업체나 산업에서 발생하여 해결된 문제들이다.

TRIZ는 다음처럼 세 가지 전제 조건을 지니고 있다고 Chowdhury(2002)는 설명하였다.

- '이상적' 인 설계는 시스템 없이도 원하는 기능을 가져다 준다
- 혁신적인 설계는 상충되는 문제점들을 해결한다
- 시스템 설계의 과거, 현재, 그리고 미래를 보는 것이 중요하다

TRIZ는 먼저 ISQ(Innovative Situation Questionnaire)라고 하는 설문서로부터 시작한다. ISQ는 문제를 해결하기 위해 모든 정보를 수집하도록 설계된 설문서이다. 기업의 문제가 정의되면 이것을 일반적인 문제로 전환시킨다. 그리고 일반적인 문제에 대한 해결책을 찾은 후 이것을 다시 원래 기업 문제의 해결책으로 전환한다. TRIZ는 상세한 설계 해결책을 제공하지는 않는다. 그러나 팀으로 하여금 혁신에 집중하도록 만든다.

참고문헌

Altshuller, Genrich, The Innovation Algorithm: TRIZ, Systematic Innovation and Technical Creativity, Worcester, Mass.: Technical Innovation Center, 1999.

Chowdhury, Subir, Design For Six Sigma: The Revolutionary Process For Achieving Extraordinary Profits, Dearborn Trade Publishing, 2002.

Ehrlich, Betsi Harris, Transactional Six Sigma and Lean Servicing: Leveraging Manufacturing Concepts to Achieve World-Class Service, St. Lucie Press, 2002.

El-Haik, Basem and David M. Roy, Service Design for Six Sigma: A Roadmap for Excellence, John Wiley & Sons, Inc., 2005.

Faltin, Donna M. and Frederick W. Faltin, "Toe the Line: No More WorldComs," Quality Progress, ASQ, January 2003, 29-35.

Gitlow, Howard S., David M. Levine and Edward A. Popovich, Design for Six Sigma for Green Belts and Champions: Applications for Service Operations-Foundations, Tools, DMADV, Cases and Certifications, Prentice Hall, 2006.

Harry, Michael and Richard Schroeder, 6 시그마 기업혁명, 안영진 옮김, 김영사, 2000.

Treichler, David, Ronald Carmichael, Antone Kusmanoff, John Lewis, and Gwendolyn Berthiez, "Design for Six Sigma: 15 Lessons Learned," Quality Progress, January 2002, 33-42.

Watson, Gregory H., "Peter F. Drucker: Delivering Value to Customers," Harvard Business Review, May 2002, 55-61.

Yang, Kai, Design for Six Sigma for Service, McGraw-Hill, 2005.

Six Sigma, www.isixsigma.com

제13장

서비스 식스 시그마 도입

제13장 서비스 식스 시그마 도입

서비스 식스 시그마는 위에서 말한 서비스의 특성 때문에 도입하기가 그리 쉽지 않다. 그러나 서비스업체에서의 식스 시그마도 제조업체에서의 식스 시그마와 마찬가지로 프로세스를 개선하는 것이다. 그러므로 서비스 프로세스를 파악하고 개선하여야 한다.

제13장은 식스 시그마를 도입하고자 하는 서비스업체에게 도입 단계에 대한 설명이다. 그래서 이 단계를 참조하면 좋은 결과가 있을 것으로 기대된다. 특히 여기에서는 다음과 같은 주제들을 다루고자 한다.

- 전사적 또는 부분적 도입
- 서비스 식스 시그마 도입 단계
- 서비스 식스 시그마 성과
- 서비스 식스 시그마 평가시스템
- 공급업자의 중요성

13.1 전사적 또는 부분적 도입

서비스 식스 시그마를 도입하기 위해서는 전사적으로 도입하는 것이 좋다. 대개 서비스업체에는 제조업체의 품질보증부와 같은 부서가 없다. 사실 품질보증부가 있는 제조업체에서도 식스 시그마를 도입하는 데 품질보증부가 주관하는 것은 그리 바람직하지 않다. 왜냐하면 식스 시그마는 품질 전략이 아니고 경영혁신 전략이기 때문이다. 그러므로 서비스 식스 시그마의 도입은 가급적 전사적인 차원에서 도입하는 것이 좋다. 즉 기획부서에서 하는 것이 바람직하다. 그래야만 식스 시그마가 전사적으로 홍보되고 전파될 수 있다. 일반적으로 제조업체에 있어서도 제조나 연구개발에 비해 사무간접부문에 있어서 식스 시그마는 호응도가 비교적 낮다. 그러므로 식스 시그마가 제조 기법이라는 인식을 심어 주는 것은 바람직하지 않다.

Snee와 Hoerl(2003)도 식스 시그마를 부분적이 아닌 전사적으로 도입하는 것이 바람직하다고 하였다. 부분적인 도입은 기업의 한 부서 또는 한 조직 단위 차원에서 식스 시그마를 도입하는 것이다. 장기적으로 볼 때 식스 시그마를 전사적으로 도입하여야 기대하는 효과를 달성할 수 있다. 그래서 부분적으로 도입하는 것은 반드시 후에 전사적 도입을 전제로 하여야 한다고 하였다.

물론 부분적인 도입이 항상 식스 시그마의 실패를 가져오는 것은 아니다. Snee와 Parikh(2001)은 부분적으로 식스 시그마를 도입하였지만 성공한 기업에 대해 언급하였다. 그리고 식스 시그마를 전사적으로 그리고 부분적으로 도입하는 것의 강점과 한계를 〈표 13-1〉처럼 설명하였다.

그러나 전사적으로 식스 시그마를 도입하기 위해서는 최고경영자의 결정이 따라야 한다. 최고경영자가 아닌 경영자는 그렇게 할 권한을 가지고 있지 않다. 또 모든 구성원들에게 식스 시그마 교육을 시켜야 한다. 그러나

표 13-1 전사적 그리고 부분적 도입의 강점과 한계

	전사적 도입	부분적 도입
강점	• 무엇을 하고 있는지 조직이 안다 • 비전과 방향이 명확하다 • 쉽게 자원을 획득할 수 있다 • 6-8개월 이내에 큰 성과를 거둘 수 있다	• 자원이 많이 소요되지 않는다 • 모든 경영진의 참여가 필요하지 않다 • 중간경영자에 의하여 도입될 수 있다
한계	• 최고경영자의 확고한 의지가 필요하다 • 우선순위를 재설정하여야 한다 • 일을 하는 데 있어서 경영진의 변화가 따라야 한다	• 전임의 BB 활동이 어렵다 • 경영진의 참여를 얻기가 힘들다 • 성과가 작다 • 자원을 획득하기가 어렵다

출처: Ronald D. Snee and Roger W. Hoerl, Leading Six Sigma: A Step-by-Step Guide Based on Experience With GE and Other Six Sigma Companies, Prentice Hall, 2003, 62.

이것은 시간과 자원이 많이 소요되므로 일시에 하지 말고, 장기적인 계획에 의거하여 실시하도록 한다.

또 서비스업체에서 전사적인 아닌 부분적으로 식스 시그마를 도입할 때에는 가급적이면 영업부에서부터 시작하는 것이 바람직하다. 왜냐하면 우선 영업부서에서 성과를 계량적으로 측정하기가 다른 부서에 비해 상대적으로 쉽고, 성과도 비교적 빨리 파악할 수 있기 때문이다. 그리고 여기에서 얻은 지식과 성과를 회계, 물류, 인력자원, 법률, 마케팅, 환경 등 다른 부서로 확대하여 적용하도록 하여야 한다. 그러나 가장 먼저 적용한 곳에서 모든 구성원들이 믿을 수 있는 성과를 얻고, 자신감을 갖도록 하는 것이 상당히 중요하다. 그래야만 전사적인 확대가 가능해지기 때문이다.

GE Capital Service가 식스 시그마를 도입하였을 때 가장 먼저 한 일은 체계적인 마스터 블랙벨트 훈련 프로그램(master black belts program)이었다. 그리고 이 프로그램을 블랙벨트, 그린벨트 등으로 점차 확대해 나갔다. 그리고 가장 마지막으로 금융서비스 분야까지 확대해 나갔다. GE Capital Services에서는 고객과의 접촉이 대부분 전화로 이루어진다는 사실을 확인하고, 고객과의 전화서비스를 개선하는 데 최대의 역점을 두었다. 하나의 방안으로 고객과의 통화 내용을 기록할 수 있게 하는 간단한 체크리스트를 개발하였다. 이 체크리스트를 이용하여 주요한 품질특성인 CTQ를 확인할 수 있었다. 후에 이 CTQ들은 통계 분석되었다.

농협은 식스 시그마를 전사적으로 실시하기로 결정하였다. 이것은 식스 시그마를 부분적으로 실시하였을 때 식스 시그마가 일회성 이벤트로 끝날 수 있다는 점을 우려하였기 때문이었다. 그래서 전사적으로 식스 시그마 경영마인드를 제고하는 차원으로 식스 시그마 과정 통신연수, 경영혁신관련 책자 발간, 아리오피스(하나로시스템)의 식스 시그마 경영혁신 자료 게시, 그 외에도 식스 시그마 교육 수료자를 대상으로 한 동호회 활동, 학습조직 구성, e-mail club 구성을 적극 지원함으로써 전사홍보와 바텀업(Bottom Up) 활동도 중시하였다.

13.2 서비스 식스 시그마 도입 단계

세계에서 가장 큰 차량 리스회사 중 하나인 GE Fleet Service는 서비스 회사로는 처음으로 식스 시그마를 도입하였다. GE Fleet Service가 식스 시그마를 도입한 과정은 다음과 같다.

- 고객의 욕구를 결정한다
- 기업 내부에 있어서 개선할 수 있는 가능성을 확인한다
- 고객의 기대치를 파악하고 실행계획을 수립하기 위해 고객과 접촉한다
- 서비스를 개선하기 위해 식스 시그마 프로젝트를 설계하고 실행에 옮긴다
- 개선이 되고 있는지를 파악하기 위해 고객과 정기적으로 의사소통을 실시한다
- 고객의 기대를 충족시킨다

시티은행 서울지점은 식스 시그마를 도입하기 위한 여섯 가지 단계를 다음처럼 규정하였다.

- 당신의 제품과 서비스를 규정한다
- 당신의 고객을 확인한다(그들이 중요하게 고려하는 것과 그들의 요구사항을 파악한다)
- 당신의 고객 욕구를 잘 평가하고 개선기회를 확인하고 분류한다
- 당신이 일하는 동안 그 과정을 잘 정의하고 측정한다
- 데이터를 분석하고 가치 없는 활동과 증명된 과정상의 실수를 제거한다
- 지속적으로 개선한다

여기에서는 이미 앞에서 설명한 서비스의 특성과 서비스 프로세스의 특성을 감안하여 식스 시그마를 도입하는 단계를 다음처럼 제시한다.

1. 식스 시그마 도입에 대한 계획을 수립한다.

- 식스 시그마를 왜 도입하는가?
- 식스 시그마를 어떻게 도입할 것인가?
- 식스 시그마를 어떻게 실행할 것인가?
- 식스 시그마 연도별 계획은 무엇인가?
- 식스 시그마 도입 장기계획을 수립한다
- 식스 시그마 장기계획에 의거하여 단기 실행계획을 수립한다
- 누가 식스 시그마 활동에 참여하는가?
- 언제 식스 시그마 활동을 시작할 것인가?
- 언제까지 식스 시그마 활동을 수행할 것인가?

2. 식스 시그마에 대한 홍보와 식스 시그마의 개념을 분명하게 이해한다.

- 서비스업체에서 식스 시그마를 도입하는 이유를 명확하게 인지한다
- 식스 시그마 비전과 도입 타당성을 명확히 한다
- 조직 내에 식스 시그마를 도입할 수 있는 우호적인 분위기를 조성한다
- 포스터, 현수막, 인터넷 등을 통해 식스 시그마의 도입을 홍보한다
- 식스 시그마의 개념을 구성원들에게 전달할 커뮤니케이션 계획 대상, 내용, 시각, 방법(편지, 메모, 홍보책자, 비디오, 웹, 이메일, 일대일 등)을 수립한다

3. 최고경영자의 적극적인 관심과 열정이 필요하다.

- 식스 시그마에 대한 교육을 받는다
- 식스 시그마를 확실한 이해하고 관심을 갖는다
- 식스 시그마의 도입 의사를 확실하게 회사에 공포한다
- 식스 시그마가 회사 전략의 기본임을 천명한다
- 모든 구성원들에게 편지를 보낸다
- 식스 시그마의 목적과 전략을 확실하게 설정한다

4. 식스 시그마 추진 조직을 수립한다.

- 식스 시그마 운영위원회를 구성한다
- 식스 시그마 추진국을 설정한다
- 식스 시그마 목표를 수립한다
- 식스 시그마 예산을 설정한다
- 식스 시그마 성과에 대한 보상 계획을 수립한다
- 식스 시그마 교육 및 훈련 계획을 수립한다
- 식스 시그마 감사 계획을 수립한다
- 식스 시그마 방법론은 무엇인가?

5. 챔피언 훈련 프로그램을 계획하고 실행에 옮긴다.

- 챔피언 자격에 대한 기준을 설정한다
- 챔피언을 선정한다
- 챔피언 교육 및 훈련을 실시한다

6. 마스터 블랙벨트 훈련 프로그램을 계획하고 실행에 옮긴다.

- 마스터 블랙벨트 자격에 대한 기준을 설정한다
- 마스터 블랙벨트를 선정한다
- 교육과 훈련을 통해 식스 시그마에 대한 개념을 분명히 하고, 책임과 권한을 명확히 한다

7. 블랙벨트를 훈련 프로그램을 계획하고 실행에 옮긴다.

- 블랙벨트 자격에 대한 기준을 설정한다
- 블랙벨트를 선정한다
- 블랙벨트가 될 사람을 교육시킨다
- 초기에 너무 통계를 강조하지 않는다. 이것은 통계에 익숙하지 않은 서비스업체의 구성원들에게 너무 통계에 대한 부담감을 주어 식스 시그마가 실패할 가능성이 크기 때문이다
- 블랙벨트가 식스 시그마의 개념을 완전히 파악하도록 한다
- 기본 통계를 가르친다

8. 고객의 욕구를 분명하고 정확하게 파악한다.

- 고객의 욕구를 단지 어림잡아 파악하거나 또는 추측에 의해 결정하지 않는다
- 서비스업체에 있어서 고객의 욕구는 상당히 개성적이고 다양하다. 그러므로 기업은 이런 다양한 고객의 욕구를 전부 확실하게 파악하여야 한다. 그리고 그 중에서 기업의 성과에 가장 영향을 많이 끼치는 고객의 욕구를 결정하여야 한다
- 고객의 욕구가 어느 정도 만족되고 있는지를 파악하고, 또 고객의 기대치와의 차이를 파악한다
- 이 차이가 기업이 개선할 대상이 된다

9. 서비스 프로세스에 대한 흐름도표를 작성한다.

- 프로세스를 파악하는 것은 상당히 중요하다. 왜냐하면 서비스 프로세스는 눈으로 즉각 볼 수 없는 경우가 대부분이기 때문이다
- 흐름도표를 이용하여 서비스를 제공하는 모든 프로세스를 파악한다
- 서비스 프로세스를 수행하는 사이클 타임을 파악한다
- 서비스를 제공하는 사람들의 외모와 복장, 언어에 대해서도 매뉴얼을 작성한다. 특히 제일 먼저 소비자를 접촉하는 사람들의 언어와 태도, 복장은 상당히 중요하다. 고객은 경험에 의해 서비스를 선택한다. 불쾌한 경험을 가진 서비스를 소비자가 결코 구입하지 않을 것이다
- 고객에게 좋은 인상을 심어 주도록 가장 먼저 고객을 접촉하는 사람들에 대한 교육과 훈련이 대단히 중요하다. 그러므로 이들에 대한 훈련 없이는 좋은 서비스를 기대할 수 없다

10. 프로젝트를 선정한다.

- 프로젝트 선정 기준을 정한다
- 전략과 연계시킨다
- 수익성을 크게 향상시켜야 한다

- 고객 가치를 창출하여야 한다

11. DMAIC를 적용한다.

- 문제를 정의한다
- Pareto 도표 등을 이용하여 문제를 파악하고 정의한다
- 개선할 CTQ를 결정한다
- 현재의 문제점을 계량적으로 측정하고, 기준을 설정한다
- 식스 시그마 프로젝트들을 수행하고, 분석하고, 개선한다. 여기에서의 CTQ는 구성원의 외모와 복장, 그리고 태도도 포함시켜야 한다
- 서비스 프로세스를 분석한다
- 과연 모든 프로세스의 과정이 고객 서비스와 연계되어 있고, 부가가치를 향상시키는가? 제거할 프로세스는 없는가? 개선할 프로세스는 없는가? 아니면 꼭 이 프로세스를 이용하여야 하는가? 사실 여기에서는 리엔지니어링 개념을 이용하여 서비스 프로세스를 전반적으로 재검토하고 분석하여야 한다. 특히 서비스 프로세스에 있어서는 시간관리가 상당히 중요하다. 위에서 언급한 접촉시간, 대기시간, 서비스시간 모두를 전부 감소하여야 한다. 그래서 고객 서비스 사이클 타임을 감소하여야 한다. 또 여기에서 각 서비스 프로세스와 연계된 비용을 측정하도록 한다. 그래야 비용 감소를 관리할 수 있다

12. 품질코스트를 측정한다.

- 품질코스트를 분류한다
- 품질코스트를 측정한다
- 품질코스트와 식스 시그마 지수를 연계시킨다
- 품질코스트의 추세를 작성한다

13. 표준화시킨다.

- 개선된 것을 일상화시킨다
- 일상화된 것을 시스템 내에 정착시킨다

14. 일상화된 것을 조직의 문화로 만든다.

- 지속적으로 개선하는 습관을 들인다
- 수익성의 중요성을 인식하고, 지속적으로 수익성을 향상시키는 방법을 찾는다
- 지속적으로 프로세스 변동의 원인을 파악하고 감소시킨다
- 모든 의사결정은 항상 객관적인 자료에 의거해 실시한다
- 프로세스적 사고를 갖는다
- 식스 시그마를 프로세스 경영과 통합시킨다
- 지속적으로 프로세스를 정기적으로 점검한다

15. 감사를 행하고 성과에 대해 보상한다.

- 공식적인 감사를 행한다
- 감사는 개개 프로젝트의 성과를 구체적으로 확인하고, 이 성과가 재무제표상에 어떤 영향을 끼치는지를 확인한다
- 성과는 반드시 유형효과만 고려한다
- 프로세스를 공식적으로 평가하는 것은 프로세스가 종료된 후 어떤 시점이 지난 후가 적절하다. 이것은 특히 서비스업체에 있어서 성과가 즉시 발생하지 않고 시간이 경과된 후에 발생하기 때문이다
- 개선이 미미하거나 없는 사람에게는 여러 가지 벌을 준다

사례 GE Capital Service의 식스 시그마

특수금융, 특수보험, 장비관리 등 28개의 사업부로 구성된 GE Capital Service는 세계의 우수한 금융서비스 회사가 되기 위해 1997년 식스 시그마를 도입하였다. 또 GE Capital Service는 제조, 설계 이외의 분야에도 식스 시그마가 적용될 것이라고 확신하였다. 그래서 부사장인 Ruth Fattori를 식스 시그마 총괄책임자로 임명하고, 원가절감, 고객서비스 향상, 수익 증대 식스 시그마 팀을 구성하였다. 고객과의 전화통화가 상당히 많은 GE Capital Services에서는 하나의 사업장이 다른 사업장들에 비해 상당히 서비스수

준이 우수하다는 사실을 파악하였다. 그래서 이 사업장의 시스템, 좌석배치, 프로세스 등을 면밀히 분석하여 전 사업장에 보급한 결과 고객 서비스 수준이 상당히 향상되었다. 이렇게 해서 1회 통화율을 24%에서 99%로 끌어올렸다.

그 결과 1998년 GE Capital Service는 1997년의 2배인 3억 달러 이상의 순이익을 달성하였다.

사례 철도청의 식스 시그마 도입 단계

철도청은 식스 시그마 마스터 계획에 의거하여 식스 시그마를 순차적으로 도입하였다. 그래서 도입기(2000년), 확산기(2001년), 성숙기(2002년), 정착기(2003년)를 거쳐 식스 시그마를 구축하였다. 도입기에서는 식스 시그마의 도입을 선포하고, 식스 시그마 전담 추진 조직을 구성하고, 블랙벨트 16명, 그린벨트 16명 등 개선 전문가를 양성하고, 시범 개선 과제를 수행하고, 그리고 철도청 프로세스 개선 표준 방법론을 개발하였다. 확산기에서는 본청 추진팀을 조직화하고, 발표대회 및 최우수 사례 등을 통하여 커뮤니케이션을 활성화하였고, 개선전문가를 블랙벨트 30명과 그린벨트 90명으로 확산하였으며, 표준방법론을 보완하였다. 성숙기에서는 전사 추진팀을 조직화하였고, 개선전문가를 블랙벨트 60명, 그린벨트 236명으로 확대하였고, 성공 사례를 전사적으로 공유하였다. 정착기에서는 식스 시그마 문화를 조성하였으며, 자회사와 협력업체에까지 식스 시그마를 확대하였고, 개선전문가를 블랙벨트 200명, 그린벨트 472명으로 확대하였으며, 지속적인 개선활동을 수행하였다.

사례 신한은행의 '업무혁신 S&S 운동'

신한은행은 2006년 4월 20일부터 '업무혁신 S&S(slim and simple) 운동'을 3단계로 구분하여 전개하였다. 먼저 1단계는 2006년 4월 20일부터 5월 20일까지 한 달 동안 사내 EI시스템인 '골드윙시스템'을 통해 업무혁신

제안을 접수하는 것이었다. 제안은 주로 고객을 기쁘게 하는 것, 수익을 창출하는 것, 그리고 불필요한 일을 파악하는 것에 중점을 두었다. 2006년 5월 21일부터 6월 30일까지 약 한 달 이상 실시한 2단계에서는 1단계에서 수집한 제안 내용을 심사하고, 과제를 선정하는 것이었다. 여기에서는 즉시 해결할 수 있는 과제 또는 3개월 이내에 개선 가능한 과제를 'Quick Fix 개선 과제'로 선정하여 즉시 해결하였다. 3단계는 식스 시그마 프로젝트를 통한 해결 및 개선이다. 그래서 즉시 해결할 수 없는 중장기적인 해결과제를 식스 시그마 프로젝트로 정하고 후에 해결 및 개선을 하였다. 특히 3개월 이상 소요될 것으로 예상되는 제안 내용은 장기 개선 과제로 선정하였다.

신한은행이 직원들에게 제안한 '업무혁신 S&S 운동'은 다음과 같다.

- 낭비라고 판단되는 일을 제거하자
- 투입대비 생산성이 떨어지는 일을 제거하자
- 왜 하는지 모르는 일(의미 없는 일)을 제거하자
- 고객 만족 및 가치창출에 관계가 적은 일을 제거하자
- 과거부터 관행적으로 해오던 일을 제거하자
- 실제 사용 용도가 불분명한 일을 제거하자
- 상사의 개인적 성향에 의한 일을 제거하자
- NB(New Bank)에 적합하지 않은 일을 제거하자

그 결과 'Quick Fix 개선과제' 77건, '관행 개선과제' 98건, 그리고 '장기 개선과제' 126건을 선정하였다.

출처: 홍성훈, "Slim & Simple 업무 혁신 캠페인," 신한 FSB 리뷰, 2006.

13.3 서비스 식스 시그마 성과

서비스 식스 시그마는 엄청난 성과를 기업에 가져다 준다. 식스 시그마가 이렇게 성공을 가져다 주는 원인은 많이 있다. 특히 식스 시그마는 이름

에 품질이나 통계라는 단어를 가지고 있지 않다. 이것도 식스 시그마가 성공한 원인 중 하나일 것이다. 만약 이런 이름이 붙어 있으면 식스 시그마는 자재소요계획(MRP: Material Requirements Planning)처럼 문제가 있었을지도 모른다. 이제 여기에서는 서비스 식스 시그마가 기업에 제공하는 성과에 대해 논하기로 한다.

13.3.1 수익성 향상

식스 시그마의 가장 큰 매력은 무엇보다도 수익성의 개선이다. 이것은 업종의 유형에 관계없이 전부 적용된다.

철도청은 2000년에 24개의 과제를 해결하여 약 535억 원, 2001년도에 90개의 과제를 해결하여 292억 원, 그리고 2002년에는 98개의 과제를 해결하여 350억 원의 경영 개선 효과를 거두었다. LG유통은 3년 동안 42개의 과제를 해결하여 96억 원의 경영 기여 효과가 발생하였다. LG투자증권은 1999년에 6천만 원, 그리고 2000년에 42억 원의 수익성을 향상시켰다. 2002년도에 식스 시그마를 도입한 삼성네트웍스에서는 1년간 37건의 과제를 해결하여 약 20억 원 가량의 재무성과를 달성하였다. 2002년에 식스 시그마를 도입한 삼성카드는 2004년 한 해에 346건의 프로젝트를 수행하여 1,327억 원의 재무성과를 달성하였다. 2003년에 식스 시그마를 도입한 KT는 1차 웨이브를 통하여 총 452개의 과제를 성공시켜 총 410억 원의 재무성과를 달성하였다(머니투데이, 2004). 신한은행은 2006년 식스 시그마 경영혁신 운동을 벌여 1년 동안 130억 원 가량의 재무개선 효과를 거두었다(아시아경제, 2007). 또 신한은행은 2차 웨이브를 통하여 전 본부 부서에서 총 56개의 과제를 수행해 약 200억 원의 재무개선 효과를 달성했다(문화일보, 2007).

13.3.2 서비스 품질 개선

서비스 기업은 품질개선을 달성하도록 조직이 잘 구성되어 있지 않다.

그러나 제조업체에서 사용하는 기법을 이용하면 좋은 결과를 달성할 수 있다. 예를 들어 Howard Johnson 모텔은 조리 프로세스를 집중화하고 프랜차이즈 식당을 소유 식당으로 전환하여 큰 성공을 거두었다. 또 설비업자와 공급업자와 관계 개선을 통해 품질을 개선할 수 있다. 그리고 설비를 다루는 전문가들의 노력에 따라 생산성을 크게 개선할 수도 있다. LG 투자증권에서는 콜센터 접속률을 향상시켜 서비스 품질을 향상시켰다.

사례 Alton 기념 병원의 식스 시그마

미국 Illinois주에 소재한 Alton 기념 병원에서는 의료 오류를 감소하기 위하여 식스 시그마를 도입하였다. 사실 Alton 병원의 의료 오류율은 전국 평균에 비하면 0.02%로 낮은 편이었다. 그러나 오류율을 더 감소하고자 하는 것은 이 수치에서 조금이라도 오류율을 낮추면 ADE(adverse drug event)의 개선으로 인하여 획득할 수 있는 비용의 감소가 만만치 않았기 때문이었다. 병원의 위험관리 데이터베이스에 의하면, 의료 오류의 43%는 의사의 처방을 옮기면서 발생하였다. 이 오류는 의사의 처방을 잘못 복사하거나 또는 일부를 빼먹고 복사하는 경우에 발생한다.

이 목적을 달성하기 위하여 제약, 간호, 정보시스템, 성과개선, 안전 등의 부서 사람들로 다기능팀을 구성하였다. 그리고 기존의 블랙벨트에게 지원을 청하였다.

기본적으로 이 팀이 사용한 방법론은 DMAIC이었다. D단계에서 현재 프로젝트의 2가지 목적을 다음처럼 설정하였다. 첫째, 신속하게 기존 프로세스의 불량률을 감소한다. 둘째, 응급실을 제외한 병원의 모든 부서에 적용할 수 있는 표준화된 프로세스를 개발한다. 그리고 보다 구체적으로 오류율을 50% 향상시키기로 하였다.

M단계에서 먼저 현재 프로세스를 도표화하였다. 그리고 각각의 부서에서 서로 다른 프로세스를 사용하고 있는 사실을 발견하게 되었다. 그러나 공통점은 모든 부서가 중앙관리용기록(MAR: medication administration record)과 간호사만이 사용하는 차트 2가지를 이중으로 체크하기 위해 사용한다는 점이다. 그리고 의사 처방을 다른 문서로 옮기는 것은 거의 수작업

이었다. 이 과정을 검토한 결과 팀은 간호사들만이 사용하는 차트를 제거하기로 하였다. 왜냐하면 이 차트는 전혀 부가가치를 창출하지 않기 때문이었다. 이 제거로 하루에 한 명의 환자에 걸리는 시간을 평균 7분 단축할 수 있었다.

A단계에서는 문제점들을 분석하였다. 여기에서는 약사들에게 발생하는 오류, 읽기 힘든 의사의 처방, 그리고 팩스 문제점들을 파악할 수 있었다. 읽기 힘든 의사 처방은 주로 좁은 용지 때문에 발생하는 것으로 확인되었다. 이러한 발견은 D의 첫 번째 목적을 달성하게 하였다.

이제 팀은 두 번째 목적에 집중하였다. 이 목적을 달성하기 위하여 팀은 DFSS와 QFD를 사용하였다. 그래서 고객과 간호사들의 소리를 반영하고, 기존의 간호사들이 사용하는 차트를 제거하고 이것을 기존의 PCAR(patient care activity record)로 대체하였다. 이렇게 해서 오류율을 50% 이상 감소하는 효과를 거두었다.

출처: Yanira Benitez, Leslie Forrester, Carolyn Hurst, and Debra Turpin, "Hospital Reduces Medication Errors Using DMAIC and QFD," Quality Progress, ASQ, January 2007, 39-45.

13.3.3 비용 감소

Lockheed Martin에서는 식스 시그마를 구매부서에 도입하여 구매비용을 50% 절감하였다. LG투자증권은 식스 시그마를 도입하여 직접비용과 기회비용을 포함하여 17억원의 비용을 절감하였다.

13.3.4 의식의 변화

식스 시그마의 강점은 단순히 유형효과만 제공하는 것이 아니라, 무형효과도 상당히 크다는 점이다. 우선 식스 시그마는 서비스업체에서 소홀히 하기 쉬운 구성원의 의식에 큰 변화를 가져다 준다. 그래서 현상 또는 문제를 보는 구성원의 의식에 변화를 제공한다. 그래서 과거에는 보지 못했던 문제를 새롭게 보는 눈을 가지게 된다. 이것은 더 나아가 구성원의 동기를 크게 향상시켜 자긍심을 갖게 하고, 개인과 기업의 성과를 지속적으로 향상시키는 효과를 가져다 준다.

13.3.5 일하는 방법 개선

서비스 식스 시그마는 과거에는 그냥 넘어 갈 수 있는 문제들을 먼저 보게 하여 준다. 그리고 모든 문제들을 처음부터 제대로 실행하도록 하여 준다. 그리고 과거의 경험과 느낌에 의하여 수행되어 오던 일을 사실과 자료에 의해서 과학적으로 해결하도록 하여 준다. 또 계량적인 문제로 전환하여 해결책을 제시하도록 하여 준다. 물론 모든 문제들을 전부 계량적으로 전환할 수는 없다. 그러나 추상적이고 비계량적인 문제는 관리할 수도 없고, 해결 또는 개선할 수도 없다. 그래서 문제를 파악하고 개선하려면 문제를 계량적인 문제로 전환하여야 한다. 식스 시그마는 서비스업체의 이런 문제들을 해결하여 준다.

국내 통신업계 중 가장 먼저 식스 시그마를 도입한 KT는 4차 Wave 발대식을 통해 올해는 식스 시그마의 가속화와 질적 충실화를 위해 총력을 다할 것이라고 밝혔다. 특히 이날 발대식에서 KT는 '조직의 변화', '사람의 변화', '일하는 방식의 변화'를 이뤄낼 수 있도록 핵심과제를 도출, 추진할 계획이라고 하였다(연합뉴스, 2005). 이렇게 식스 시그마는 일하는 방법을 개선하는 것이다.

13.3.6 시간 감소

식스 시그마는 고객에게 서비스를 제공하는 시간을 획기적으로 감소한다. 사실 서비스를 제공하는 시간은 고객 만족도를 결정하는 중요한 요소이다.

국민카드는 신규 회원 심사 기일에 대한 프로젝트를 수행하여 심사 기간을 2일이나 단축하였다. LG투자증권은 창구에서의 고객 대기 시간을 크게 단축시켰다. Lockheed Martin에서는 서비스 식스 시그마를 구매부서에 도입하여 구매주문 프로세스 시간을 40% 감소하였다. 신한은행은 고객대기시간의 경우 블루데스크, 가변형 빠른 상담창구 운영 등 8개의 식스 시그마 프로젝트를 통하여 개선안을 도출했고, 현재 평균 소요시간인 9.95분에서 약 50% 이상의 시간을 단축하였다(아시아경제, 2007). 우리투자증권은 고객의 영업점 창구대기시간을 단축하였다.

13.3.7 고객만족 향상

식스 시그마는 철저히 고객의 관점에서 문제를 보고 해결하기 때문에 고객만족도를 향상시킨다. 그리고 고객의 관점에서 기업 내부를 본다. 그래서 고객의 요구 사항을 정확히 파악할 수 있다. 이것은 고객의 만족도를 급격히 향상시키게 된다.

철도청은 전국 각 역의 안내 전화를 하나의 콜센터(call-center)로 통합하여 고객만족도를 크게 향상시켰다. 그 결과 철도 회원이 1996년도의 32만 명에서 2002년 11월에 158만 명으로 증가하였다. 우리투자증권은 고객의 영업점 창구대기시간을 단축하여, 즉 대기시간의 산포를 축소하여 고객만족도를 향상시켰다. 즉, 계좌개설 부문에서 고객만족도가 64.8%에서 72.2%로 7.4% 개선되었고, 입출금 부문에서는 54.2%에서 63.9%로 9.7% 향상되었다.

13.3.8 인재 양성

식스 시그마는 프로젝트를 통해 성과를 직접 향상시키는 실질적인 도구이다. 그리고 오랜 기간의 교육과 훈련을 통해 입증된 실적을 가진 사람에게 식스 시그마 인증을 부여함으로써, 미래에 기업을 이끌 우수한 경영자를 양성한다. 식스 시그마 인증을 받은 사람은 문제해결, 인간관계, 그리고 통계적 기법 등에 대한 지식을 구축하고 많은 실무적인 경험을 쌓은 사람들이다. 또 기업의 문제를 품질, 비용, 그리고 공급의 측면에서 볼 수 있는 능력을 갖추고 있다. 그래서 인증을 받은 사람만이 기업의 경영자가 될 자격을 주는 서비스 기업이 점차로 증가하고 있는 실정이다.

KT는 식스 시그마에 있어서 우수한 성과를 달성한 사람에 대해 발탁승

진제도를 도입하였다. 그래서 식스 시그마를 인재를 양성하는 주도구로 사용하고 있다. 또 전 직원의 0.2%에게 마스터 블랙벨트 교육을, 3%에게 블랙벨트 교육을, 21%에게 그린벨트 교육을, 0.5%에 FEB(재무평가원) 교육을 실시하여 전 직원의 25% 이상이 식스 시그마 교육을 이수하도록 하였다.

13.3.9 직접 체험

서비스 식스 시그마는 모든 사람들로 하여금 직접 체험을 하게 한다. 즉, 모든 팀원들이 그들의 지혜를 모아 문제를 파악하고, 분석하고, 해결하는 일련의 과정을 통하여 직접 문제해결 프로세스를 체험하도록 한다. 그래서 강의실에서의 이론에 그치지 않고 현장에 직접 들어가 문제를 체험하게 하여 자긍심을 갖게 하고 경험을 쌓게 하여 혁신의 전문가를 만든다.

13.4 서비스 식스 시그마 평가 시스템

식스 시그마 경영혁신을 지속적으로 유지하고 발전하기 위해서는 식스 시그마 평가시스템이 필요하다. 평가를 하지 않으면 개선이 정착화되지 않고, 올바른 경영을 할 수 없다. 그래서 식스 시그마 시스템을 올바르게 평가함으로써 기업의 경쟁력을 지속적으로 강화해 나갈 수 있다.

식스 시그마에 대한 평가는 다음처럼 이루어져야 한다. 첫째, 평가는 고객의 관점에서 실시되어야 한다. 그래서 평가의 기준을 고객의 가치 창출에 두어 고객의 종합적인 만족도를 높여야 한다. 둘째, 평가는 반드시 재무적 수치와 연계되어야 한다. 식스 시그마는 구체적인 재무성과에 의해서 평가받는다. 식스 시그마는 단순히 고객의 만족을 증진시킬 뿐 아니라, 기업의 수익성을 향상시킨다. 식스 시그마는 각 프로젝트에 대한 우선순위를 결정하여 준다. 그리고 블랙벨트와 챔피언은 각자 수행하는 프로젝트의 성과를 예측할 수 있다. 물론 비재무적인 평가도 필요한 경우에는 할 수 있다.

예를 들어, 보험회사와 같은 서비스 기업에서는 일부 성과가 바로 발생하지 않고, 일정 기간이 경과한 후에 발생하는 경우가 있다. 이런 경우에는 즉각적으로 금전적인 성과를 파악하기가 곤란하다. 그러나 그렇지 않은 경우에는 재무적인 성과와 연계시키는 것이 바람직하다. 셋째, 재무적인 성과는 각 팀이 자체적으로 하게 해서는 안 되고, 반드시 표준화된 재무 시스템에 의해 공식적으로 그리고 객관적으로 평가되어야 한다. 그래서 모든 사람과 팀이 성과를 신뢰하도록 하여야 한다. 넷째, 공식적으로 그리고 정기적으로 평가를 하여야 한다. 그래서 프로젝트가 기업이 추구하는 목표와 일치하도록 주기적으로 점검하여야 한다. 다섯째, 평가를 한 후에는 달성한 성과에 대하여 보상을 해 주어야 한다. 보상은 또 다른 성과를 창출하는 효과를 가져온다. 그래서 식스 시그마를 도입하는 대부분의 회사에서는 인사고과에 반영하거나, 또는 인센티브를 주는 형식으로 보상을 하여 주고 있다.

철도청은 PMS(Project Management System)를 이용하여 식스 시그마를 관리하고 있다. 그리고 전국 소속장과 간부급의 영상회의를 통하여 각 프로젝트의 현황을 담당자가 직접 발표하도록 함으로써 식스 시그마의 활성화와 관리를 유도하고 있다. 그리고 완료된 과제는 각 본부별 평가 회의 및 발표회, 그리고 전사 발표회를 거쳐 평가된다. 그리고 결과에 따라 실적 가점을 부여하거나, 특별 승진을 추천하거나 또는 시상금을 지급하고 있다. LG투자증권도 식스 시그마 PTS(Project Tracking System)를 이용하여 식스 시그마 프로젝트를 평가하고 있다. LG투자증권의 PTS는 경영차원과 프로젝트 차원으로 범주를 분류하여 부문별, 개별 프로젝트 현황, 시그마 수준 및 재무성과 그리고 그래프 정보를 제공한다.

식스 시그마 평가시스템은 다양한 평가 도구와 연계되어 사용된다. 즉, BSC, COPQ, CTQ, PTS 등과 연계되어 사용된다.

그리고 한국능률협회컨설팅(2001)에서는 식스 시그마 평가시스템 확인사항으로 다음과 같은 요소들을 제시하였다.

- 전략적 비전 리뷰
- 사장 및 임원 목표관리 항목 진단/평가
- 팀별 목표관리 항목 진단/평가

- 문제점 도출 및 성과 측정지표 개발 및 설정
- 현 수준의 평가 및 목표 설정
- 부문별 지도 및 향상도 평가
- 장기 전략방안 설정

13.4.1 주기적 검토

프로젝트는 챔피언 또는 마스터 블랙벨트 등에 의해 주기적으로 검토되고 평가되어야 한다. 그래서 각 프로젝트는 매주 또는 매월 챔피언 또는 마스터 블랙벨트 등에 의해 검토되고, 분기별로는 모든 프로젝트를 종합적으로 최고경영자에 의해 검토하고 평가되어야 한다. 이것은 미리 문제점을 발견하여 사전에 문제의 확대를 방지하고, 식스 시그마 운동을 올바른 방향으로 이끌기 위해서이다. 특히 최고경영자의 검토는 식스 시그마의 활성화에 극도로 중요하다. 최고경영자는 식스 시그마 시스템과 프로세스의 전반적인 활동 수준과 방향을 점검하고, 목적이 어느 정도 달성되고 있는지를 판단하고 대책을 수립하도록 하여야 한다. 그래서 최고경영자, 챔피언 또는 마스터 블랙벨트는 각 프로젝트의 활동 상황, 문제점 등을 파악하고, 올바른 계획을 수립하도록 도와 주어야 한다.

그러나 주기적 검토는 비공식적인 활동이어서 시간이 그리 많이 소요되지 않는다. 그래서 비교적 짧은 시간 내에 프로젝트의 진행 상황과 잘못된 점을 발견하고 시정조치를 취할 수 있다.

주기적인 검토에서 체크하여야 할 목록은 대개 다음과 같다.

- 기업의 목적과 전략과의 연계성
- 교육 및 훈련
- 프로젝트 선정 및 진행 상황 검토
- 감사
- 커뮤니케이션 시스템
- 보상 및 인지 시스템
- 예산

13.4.2 Project Tracking System

PTS(Project Tracking System)는 프로젝트의 현황과 진척 상황, 그리고 성과를 종합적으로 추적하고, 검토하는 공식적인 시스템이다. 많은 기업들은 식스 시그마 프로젝트의 진행상황과 성과를 평가하기 위해서 PTS를 많이 사용하고 있다. PTS는 현재까지 이루어지고 있는 식스 시그마 프로젝트와 관련된 자료를 전부 기록하고 있다. 그래서 각 프로젝트에 대해 시작시간, 종료시간, 재무 및 비재무적 성과, 책임자를 비롯한 팀원 명단 등을 전부 기록한다. 또 종합적으로 지금까지 완성한 프로젝트 수, 프로젝트당 달성한 평균 성과, 한 명의 블랙벨트(또는 그린벨트)가 수행하는 평균 프로젝트 수, 프로젝트를 완수하는 평균 시간 등을 기록한다. 그래서 일목요연하게 식스 시그마 활동의 모든 상황을 간단히 볼 수 있도록 한다.

PTS는 각 프로젝트 상황에 대해 간단한 요약 보고서를 작성한다. 각 프로젝트의 요약 보고서는 간단하게 문제점이 무엇이고, 무엇을 어떻게 수행하였고, 무슨 결과가 발생하였는지를 기록한다. 또 필요한 경우에는 도표 등을 사용한다. 그리고 이 중에서 특히 중요한 것은 재무적 성과이다.

기업은 PTS를 각 부서, 지역, 국가별로 작성하여 비교할 수 있다. 그래서 가장 잘 하고 있는 부서 및 지역과 가장 부진한 부서 및 지역을 금방 파악할 수 있다.

LG 투자증권은 식스 시그마를 PTS를 이용하여 관리하고 있다. LG 투자증권에서는 PTS를 경영 차원과 프로젝트 차원으로 범주를 분류하여 부문별, 개별 프로젝트 현황, 시그마 수준 및 재무 성과에 대한 추이를 그래픽을 이용하여 정보를 제공하고 있다.

13.4.3 Balanced Scorecard

1990년 Kaplan과 Norton에 의해 개발된 BSC(balanced scorecard)가 기업의 성과를 평가하기 위한 도구로써 많이 사용되고 있다. 과거에 기업은 대부분 재무, 판매, 생산 등 어떤 하나의 평가 기준에 의하여 기업을 평가하였다. 그러나 이러한 평가는 기업의 종합적인 성과를 제대로 잘 반영하지 못하고, 오직 하나의 부문을 가지고 기업 전체를 평가하는 우를 범하게 만들었다. Kaplan과 Norton은 이런 점에 의문을 가지고 미국에서 우수한 평가시스템을 운영하고 있는 12개 기업을 연구하였다. 여기에서 이들은 과거 기업들이 가장 많이 사용하는 재무 측정치만으로는 기업의 종합적인 성과를 올바르게 측정하는 것이 불가능하다고 생각하였다. 그래서 이들은 재무 이외의 다른 요소들을 같이 측정하는 BSC를 개발하게 되었다.

APQC(American Productivity and Quality Center: www.apqc.org)는 BSC를 핵심적인 비재무에 관련된 성과치를 조직의 기본적인 경영틀로 통합하기 위한 도구라고 정의하였다. 그리고 BSC는 미래 성공의 가장 효과적인 지표를 정의하고 관리하며, 조직을 핵심적인 활동에 집중시킨다고 하였다. 또 BSC는 재무 측정치 위주로 구성되어 있는 전통적인 성과평가시스템의 취약점을 보완하여 기업의 상태를 종합적이고 체계적으로 표현할 수 있도록 고안된 새로운 성과평가시스템이라고 하였다(안영진 등, 2000).

이미 BSC는 GE, Mobil Oil, Intel, 3M, AT&T와 같은 초우량 기업에서 많은 성과를 거두었다. 또 병원처럼 영리를 목적으로 하지 않는 비영리 조직에서도 큰 성과를 거두고 있다(Meliones, 2000).

잘 설정된 BSC는 기업의 사명, 전략, 가치 등과 연계되어 있다. 그래서 BSC는 최고경영자로 하여금 어떤 점에서 기업이 잘하고 있고, 어떤 점에서 기업이 잘하고 있지 못하고 있는지를 파악하도록 해 준다. 그래서 BSC는 경영자에게 기업이 달성한 성과의 큰 그림을 보여 준다. 또 BSC는 고객의 우선순위를 반영하여야 한다. 그래서 BSC는 반드시 고객의 가치를 측정할 수 있는 항목을 포함하여야 한다. 그래서 고객의 가치를 전혀 향상시키지 않고, 단순히 프로세스를 개선하는 우를 범하여서는 안 된다. 그리고 BSC는 기업이 성공 여부를 확실히 알 수 있도록 명백하게 수치에 의한 목표를 설정하여야 한다. 결론적으로 좋은 BSC는 기업의 가치와 고객의 가치를 균형적으로 동시에 향상시키도록 하여야 한다.

BSC의 개념은 이론적으로는 단순하지만, 실제로 도입하는 것은 그리 쉽지 않다. 이것은 기업의 전략과 각 요소들이 논리적으로 잘 연결되어야 하는데 실제로는 그것이 그리 쉽지 않기 때문이다. 또 BSC는 구성원들의 합의로 결정을 하기 때문에 많은 시간이 요구된다. 또 팀 조직처럼 조직을 재구성하고, 적합한 정보시스템을 구축하고, 그리고 직무를 체계적으로 다시 설계하여야 한다.

그래서 효과적인 BSC는 고객서비스를 개선하고, 조직을 변화시키고, 비용을 감소하고, 의사소통을 활성화하고, 기업의 신뢰도를 확보하여 수익성을 향상시킨다.

13.5 공급업자의 중요성

식스 시그마는 다른 품질기법들과 마찬가지로 공급업자들의 협조가 필수적이다. 서비스업체에도 공급업자는 존재한다. 고객에게 제공하는 최종 서비스의 품질은 당연히 공급업자에 의해 크게 좌우된다. 아무리 프로젝트를 잘 개선하여도, 공급업자가 공급하는 부품과 원자재의 품질이 좋지 않으면, 최종 서비스의 품질도 좋지 않게 된다. 일반적으로 기업들은 가격만 보고 협력업체를 선정하는 경향이 있다. 이것은 최저 원가 생산자가 최고 품질의 생산자라는 식스 시그마 철학과 배치된다.

신문사 보도의 오류는 출처의 잘못된 정보로부터 발생한다. 음식점의 상한 음식은 원재료의 신선함의 상실로부터 발생한다. 잘못된 의사결정은 잘못된 정보로부터 나온다. 그러므로 서비스업체도 공급업자가 제공하는 원자재의 품질에 당연히 신경을 써야 한다.

이렇게 협력업체는 회사의 수익성뿐만 아니라, 불량으로 인해 기업의 자원을 소모하게 한다. 그러므로 기업은 주요 공급업자를 훈련시켜야 한다. 물론 모든 공급업자를 전부 훈련시킬 필요는 없다. 그래서 기업과 공급업자가 식스 시그마로 의사 소통하여야 한다.

공급업자는 대체로 식스 시그마 철학 및 전략 그리고 도구의 실행을 열

망한다. 그리고 공급업자의 훈련된 블랙벨트들 역시 자신들의 서비스가 고객만족에 중점을 두어야 한다는 사실을 이해한다. 그러나 공급업자를 훈련시키기 전에 기업이 먼저 자신들의 서비스 프로세스를 개선하여야 함은 말할 필요가 없다.

사례 병원에서의 식스 시그마

미국의 Stanford 병원에서는 사실 전에서부터 식스 시그마의 기본적인 이론을 적용하여 왔다. 기술의 발전과 수익성의 감소, 그리고 California 주의 극심한 경쟁으로 Stanford 병원은 운영 방법을 재고하여야 했다. 그래서 1980년대 중반에 SI(Service Improvement)를 도입하였으나 단기간에 실패하였다. 이유는 아이디어나 접근방법이 스탭진에게 너무나도 생소하였기 때문이었다. 다음으로 TQM을 도입하였는데 SI보다는 팀제도를 도입한 탓으로 진전이 있었다. 또 TQM은 많은 의료진들을 참여하게 함으로써 의료진들의 동의를 얻기가 쉬웠다. 그러나 TQM도 기대에 못 미쳤다. 그래서 1980년대 말 OI(Operations Improvement)를 실시하였다. OI의 특징은 개선을 예산과 연간 계획과 연계시켰다. 그리고 품질향상을 문화로 만들고, 병원의 목표와 개선책을 통합하고자 하였다. 그래서 초기에는 단일 부서 독자적으로 행하였던 개선을 부서를 통합한 개선책으로 전환시켰다. 그리고 앞으로 리더로 키울 의료진들을 선정하여 3일간의 TQM 교육을 시켰다. 처음에는 100명을 선정하였고, 후에는 전체 직원의 30%인 1,500명을 교육시켰다. 브레인스토밍 등의 기법을 통해 아이디어를 수집하였고, 이러한 아이디어에 기초하여 임원회에서 병원의 계획을 수립하였다.

1990년대 말 경쟁의 심화로 Stanford 병원에서는 OI를 식스 시그마에 연계시켰다. 그리고 식스 시그마 기법을 이용하여 많은 성과를 거두었다. 특히 성과에 기인하여 인센티브를 실시하였다. 그리고 부서간의 회합을 통하여 프로젝트를 선정하고 해결하였다. 또 새로운 프로세스를 설계하였고, 인간의 오류를 제거하기 위하여 실수예방장치를 설치하였다. 또 전산화의 도입으로 간호사의 업무량을 감소하여 환자를 보다 더 간호하도록 하였다.

식스 시그마의 도입으로 Stanford 병원은 다음과 같은 교훈을 얻었다. 첫째, 여러 부서의 사람들로 팀을 구성하여 일을 한다. 둘째, 데이터를 사용한다. 셋째, 스탭의 욕구에 맞도록 프로세스를 개선한다. 넷째, 벤치마킹을 적극적으로 이용한다.

출처: Michael L. George, Lean Six Sigma for Service: How to Use Lean Speed and Six Sigma Quality to Improve Services and Transactions, McGraw-Hill, 2003, 169-178.

참고문헌

문화일보, "신한銀 6시그마 통해 200억원 재무개선 효과," 2007.06.27.

머니투데이, "KT 식스 시그마 활동으로 410억 재무적 성과," 2004.03.28.

아시아경제, "신한銀, 6시그마 혁신으로 130억 절감," 2007년 2월 7일.

안영진 외, 글로벌 경쟁시대의 22가지 경영혁신 기법과 사례, 경문사, 2000.

연합뉴스, "KT, 올해 경영혁신에 올인!!" 2005.01.24.

한국능률협회컨설팅, 6 시그마 비전 달성을 위한 전략 세미나 컨퍼런스, 2001.

홍성훈, "Slim & Simple 업무 혁신 캠페인," 신한 FSB 리뷰, 2006.

Benitez, Yanira, Leslie Forrester, Carolyn Hurst, and Debra Turpin, "Hospital Reduces Medication Errors Using DMAIC and QFD," Quality Progress, ASQ, January 2007, 39-45.

Blakeslee, Jr., Jerome A., "Implementing the Six Sigma Solution," Quality Progress, July 1999, 77-85.

George, Michael L., Lean Six Sigma: Combining Six Sigma Quality with Lean Speed, McGraw-Hill, 2002.

Hahn, G. J., W. J. Hill, and R. W. Hoerl, "The Impact of Six Sigma Improvement ? A Glimpse into the Future of Statistics," The American Statistician, August 1999, 208-215.

Kaplan, R. S. and David P. Norton, The Balanced Scorecard, Harvard Business School Press, 1996.

Lawton, Robin, "Balance Your Balanced Scorecard," Quality Progress, March 2002, 66-71.

Meliones, Jon, "Saving Money, Saving Lives," Harvard Business Review, November-December 2000, 57-64.

Snee, Ronald D. and A. N. Parikh, "Implementing Six Sigma in Small and Medium Sized Companies," presented at the ASQ Six Sigma Conference 2001, San Diego, CA., 2001.

Snee, Ronald D. and Roger W. Hoerl, Leading Six Sigma: A Step-by-Step Guide Based on Experience With GE and Other Six Sigma Companies, Prentice Hall, 2003.

제14장

서비스 린 식스 시그마

第14장 서비스 린 식스 시그마

자원은 기업에게 항상 부족하다. 그러므로 기업은 제한된 자원을 가장 효과적으로 사용하도록 하여야 한다. 이런 점에서 식스 시그마와 린 개념의 통합은 바람직한 현상이라고 할 수 있다. 그래서 최근 식스 시그마는 린 시스템의 장점과 결합하여 린 식스 시그마라는 새로운 개념을 만들었다. 그리고 린 개념과 식스 시그마 모두 제조업체에서 나왔지만, 린 식스 시그마는 제조업체뿐만 아니라 서비스업체에도 많이 도입되고 적용되고 있다. 예로, GE Capital, Apple, Dell, Wal Mart와 같은 글로벌 초일류 기업들에서 사용되고 있다. 우리나라에서도 이미 KT와 한국전력공사와 같은 우량 조직에서 린 식스 시그마를 도입하여 상당한 성과를 거두고 있다.

GE의 소비자금융사업부에서는 린 식스 시그마를 적용하여 과거 2개월 정도 걸리던 특정 서비스의 총 사이클타임을 단 하루로 단축시켰다. 다시 말하면 고객이 금융서비스를 신청한 후 실제로 이 서비스를 사용하기까지 걸리는 시간이 과거에는 2개월 정도 걸렸는데 지금은 하루면 해결된다는 것이다(George, 2007).

제14장에서는 서비스 분야에서의 린 식스 시그마를 논하고자 한다. 특히 여기에서는 다음과 같은 주제들을 설명하고자 한다.

- 린 시스템
- 서비스 린 식스 시그마
- 식스 시그마 + 린 + BPM

14.1 린 시스템

린 시스템은 린 생산이라고도 하는데 일종의 경영 철학이라고 볼 수 있다. 린 시스템은 원래 일본의 Toyota 자동차에서 나온 개념이다. 물론 Toyota 자동차에서는 린이라는 단어는 사용하지 않고, Toyota 자동차 생산시스템인 TPS(Toyota Production System)라고 하였다. TPS는 Toyota 자동차 현장에서 지속적인 개선을 추구하는 방법론이다. Shibata와 Kaneda(2001)는 포드 방식은 대량생산을 통하여 제품을 싸게 만드는 방법인데 비하여, TPS는 다품종 소량생산 시스템으로서, 생산비용을 최소화하는 방식이라고 하였다. 다시 말하면, TPS는 고객의 관점에서 프로세스에서 부가가치를 창출하지 않는 비효율적인 낭비를 파악하여 낭비의 근원적인 원인을 제거하는 것이다.

린 시스템은 Toyota 자동차의 Taiichi Ohno의 공헌이 크다. 1949년 미국의 자동차 공장을 방문하였던 Ohno는 자동차를 생산하는 일에 직접적으로 관련이 없는 사람들이 공장에 너무나 많은 사실에 충격을 받았다. 일본으로 돌아온 Ohno는 생산과 관련되어 직접적으로 공헌하지 않는 사람들을 많이 제거하려고 노력하였다. 즉 부가가치를 창출하지 않는 과업들을 제거하고자 하였다. 그렇게 하기 위해서 Ohno는 교육과 훈련, 표준화, 그리고 창의력이 중요하다고 하였다. 물론 당시 Toyota 자동차는 자본이 없었고, 생산량도 상당히 적었다. 그래서 미국의 자동차 공장과 같은 대량생산 시스템을 구비할 수 없었다. 더구나 일본은 미국에 비해 시장이 작았고, 소비자들이 다양한 자동차 모델을 원하였기 때문에 소품종 대량생산보다는 다품종 소량생산에 치중하여야 하였다. 또 자원의 부족으로 가급적 원가를 절감하여야 하였다. 그래서 불량품의 발생을 방지하는 시스템과 신속하게 생산하는 시스템이 중요하게 되었다. 그래서 고품질과 저비용으로 신속하게 제품을 생산하는 유연한 시스템이 필요하게 되었다. 유연한 시스템은 작업자들의 다기능화를 촉진하였다. 이렇게 해서 TPS가 나오게 되었다.

이렇게 볼 때 TPS는 다음과 같은 요소들을 중시한다고 볼 수 있다. 첫째, 고객이 원하는 제품을 생산한다. 고객이 원하지 않는 제품은 생산하지 않는다. 그래서 설비나 기계의 가동률을 중시하지 않고, 고객의 현실적인 수요를 중시한다. 생산성이 물론 중요하지만, 고객이 원하는 제품 생산에 대한 생산성이 중요하지, 무조건적인 생산성은 중요하지 않다. 여기에서 생산성에 대한 새로운 시각을 가져야 하는 것을 제기하고 있다. 둘째, 고객이 원하는 수량만큼 생산한다. 즉 유연한 생산시스템이어야 한다. 이것은 말은 쉽지만 현실화하기에는 엄청난 노력과 시간이 필요하다. 왜냐하면 고정된 요소들을 지속적으로 감소하여야 하기 때문이다. 이것은 지속적인 노력 이외에 가끔 새로운 테크놀로지도 필요로 한다. 또 다양한 제품을 동시에 생산하는 유연한 시스템이다. 셋째, 품질이 상당히 중요하다. 사실 이것은 수량과 밀접한 관계가 있다. 고객이 원하는 수량만큼 생산한다는 것은 불량이 절대적으로 있어서는 안 된다는 것을 의미한다. 그래서 그 동안 당연시되어 왔던 안전재고를 과감하게 배격한다. 안전재고는 공정 흐름의 안전을 보장하는 것이 아니라, 비능률을 위장한다고 보는 것이다. 품질을 중요시하는 이러한 요소는 일본의 생산시스템이 미국의 생산시스템을 1980년대 압도하는 중요한 원인이 되었다. 넷째, 속도를 중요시한다. 전체 생산흐름의 속도를 감소하기 위해서는 전체 공정의 흐름의 관점에서 보는 것이 중요하다. 일부 공정의 최적화가 중요한 것이 아니고, 전체 공정의 최적화가 중요한 것이다. 그래서 TPS는 전체 공정을 보는 관점을 갖게 한다.

린(lean)은 사전에서 보면 '마른', '군더더기 없는'이라고 설명되어 있다. 그러나 전문적인 용어인 린이라는 용어는 MIT의 Womack, Jones 그리고 Roos 교수가 1990년 공급사슬에서 서구 기업들에 비해 엄청난 속도의 경쟁우위를 지니고 있는 Toyota 자동차의 생산시스템을 일컬으면서 나오게 되었다.

린 시스템은 1990년대 들어서면서부터 세계의 많은 기업들에 의해서 도입되기 시작하였다. 처음에는 주로 제조업체에서 문제를 해결하는 기법으로 사용되었다. 그러나 그 성과가 좋은 것으로 알려지자 점차로 제조업체의 사무간접부문과 서비스업체로 확산되었다. 그리고 병원과 같은 비영리조직에도 적용되었다.

그러면 린 시스템이란 어떤 시스템인가? 린 시스템은 상당히 단순한 개념이다. 미국 ASQ(2007)에서는 린 시스템을 다음처럼 정의하고 있다. 린 시스템은 제조 또는 서비스업체를 운영하는 기법과 활동 시스템으로서, 비즈니스에서 부가가치를 창출하지 않는 활동과 낭비를 제거하는 시스템이다.

린 시스템의 목적은 무엇인가? Ehrlich(2002)는 린 시스템의 목적을 제품을 생산하는 모든 과정에 있어서 발생하는 모든 유형의 낭비를 제거하는 것이라고 하였다. Hayler와 Nichols(2006)는 린 시스템의 목적을 낭비와 사이클타임을 감소하는 것이라고 하였다. 그리고 린 시스템의 핵심적인 개념을 가치, 흐름, 풀, 그리고 완벽의 네 가지 관점에서 설명하였다. 첫째, 가치(value)이다. 린 시스템은 각 활동의 가치를 파악하고, 부가가치를 창출하지 않는 활동을 제거하고, 부가가치를 창출하는 활동을 최적화한다. 둘째, 흐름(flow)이다. 수요와 생산능력을 정열화하여 제품 또는 서비스 흐름의 속도를 올바르게 한다. 셋째, 풀(pull)이다. 예측이 아닌 실제 고객 주문으로 생산이 시작되도록 정보와 주문 프로세스를 설계한다. 사실 풀은 고객의 수요에 따라 유연한 일체형 흐름 생산 시스템을 말한다. 마지막으로 완벽(perfection)이다. 최적의 고객 가치를 공급하기 위하여 협력업체부터 완제품 생산에 이르기까지 모든 프로세스 경영을 시스템화한다.

Tischler(2006)는 린 시스템의 목적을 낭비와 비용을 감소하는 동시에 보다 많은 가치를 창출하는 것이라고 하였다. 그리고 린 시스템은 이러한 목적을 다음과 같은 세 가지 원칙을 통하여 달성한다고 하였다. 첫째, 고객에게 가치 있는 것들을 고객으로 하여금 말하도록 한다. 둘째, 시스템 내에서 부가가치를 창출하지 않는 활동들을 제거하여 프로세스 속도를 증가시킨다. 셋째, 빨라진 프로세스 속도는 낭비, 비용, 재공품, 복잡성을 감소하고, 품질을 향상시키고, 그리고 고객을 만족시킨다.

이렇게 린 시스템은 프로세스의 흐름과 속도에 관심을 갖는다. 특히 부가가치를 창출하지 않는 과업들을 색출하여 사이클타임을 감소한다. 그리고 낮은 가격에 높은 품질의 제품을 제공한다.

여기에서 중요한 것은 린 시스템이 낭비에 관심이 많다는 것이다. 그러면 낭비란 무엇인가? 낭비(waste)는 부가가치를 창출하지 않는 모든 유형의 과업을 말한다. 낭비에는 다음처럼 여러 유형이 있다.

1. 과잉생산(over-production): 수요가 없는 제품을 생산할 때 발생하며, 작업자, 원자재, 설비, 기계, 공간, 운송, 재고 등에 낭비가 발생한다.
2. 사람 또는 기계의 대기시간(waiting for machine or operators): 자동화된 기계, 부품 부족, 설비 고장, 병목 현상 등으로 지연되는 작업자 시간이다.
3. 과잉 운송시간(excess transportation): 장거리 운송, 비능률적인 운송 업무, 불필요한 창고 업무 등으로 발생하는 시간이다.
4. 과잉재고(excess inventory): 모든 유형의 재고에 발생하는 필요 이상의 재고를 말하며, 프로세스의 비효율성을 감추게 한다.
5. 불필요한 또는 필요 이상의 사람의 동작(excess motion): 가치를 창출하지 않는 작업자의 걷기와 같은 동작을 말한다.
6. 불량으로 인해 발생하는 재작업(rework): 재작업은 작업자, 기계, 설비, 부품, 원자재 등의 낭비를 가져온다.
7. 폐품(obsolescence): 폐품은 수리, 교체 등으로 많은 낭비를 초래한다.
8. 과잉 프로세스(excess processing): 고객의 가치를 창출하지 않는 프로세스를 말한다.
9. 검사(excess inspection): 제품과 서비스의 가치에 기여하지 않는 검사이다.

지금까지 많은 린 모형이 있다. 여기에서는 이 중에서 가장 잘 알려진 Womack과 Jones(2003)의 모형을 설명한다. Womack과 Jones의 린 모형에는 다음처럼 다섯 개의 요소들로 구성되어 있다.

1. 가치(value): 고객들이 원하고 가치를 두는 것들을 고객에게 지속적으로 물어본다.
2. 가치 흐름 도표(value stream): 과업의 흐름을 도표화한다. 흐름을 빠르게 하거나 또는 비용, 낭비, 재공품, 복잡성을 감소하는 방법을 찾

는다.

3. 흐름(flow): 프로세스를 자연스럽고 방해받지 않도록 과업을 수행한다. 재공품과 실수를 제거하고, 일을 쉽게 하고, 또 쉽게 모니터하도록 한다.
4. 풀(pull): 고객이 원하는 것만을 원하는 시기에 생산한다.
5. 완벽(perfection): 지속적으로 개선한다.

그러면 린 시스템은 어떤 효과가 있는가? 린 시스템은 다음과 같은 성과를 제공한다.

- 고객에게 보다 높은 가치를 제공한다
- 비용을 감소한다
- 사이클타임을 감소한다
- 낭비를 감소한다
- 가치관을 공유한다
- 조직의 목적을 효과적으로 달성하게 한다
- 기업의 지속가능성을 증가한다

린 개념은 전적으로 서비스 환경에서도 적용될 수 있다. 하나의 예로 병원을 들 수 있다. 그런데 병원은 제조업체와는 다르다. 우선 병원 조직은 기업처럼 수직적이 아니고, 수익성을 추구하지도 않으며, 가치 창출도 제조업체의 고객과는 달리 치료 또는 예방을 추구한다. 그러나 린 개념을 적용할 수 있다. 위에서 언급한 낭비의 유형도 병원에서 다음처럼 규정할 수 있다(Manos, Sattler and Alukal, 2006).

1. 과잉생산: 배치 규모로 존재하며, 필요한 시기보다 미리 완성된 검사, 서류작업, 클레임 등.
2. 사람 또는 기계의 대기시간(waiting for machine or operators): 자동화된 기계, 부품 부족, 설비 고장, 병목 현상 등으로 지연되는 작업자 시간이다.
3. 과잉 운송시간(excess transportation): 장거리 운송, 비능률적인 운송

업무, 불필요한 창고 업무 등으로 발생하는 시간이다.

4. 과잉재고: 창고에 있는 불필요한, 폐기처분되는, 또는 잘못된 품목.
5. 불필요한 또는 필요 이상의 사람의 동작(excess motion): 가치를 창출하지 않는 작업자의 걷기와 같은 동작을 말한다.
6. 불량으로 인해 발생하는 재작업(rework): 재작업은 작업자, 기계, 설비, 부품, 원자재 등의 낭비를 가져온다.
7. 폐품(obsolescence): 폐품은 수리, 교체 등으로 많은 낭비를 초래한다.
8. 과잉 프로세스(excess processing): 고객의 가치를 창출하지 않는 프로세스를 말한다.
9. 검사(excess inspection): 제품과 서비스의 가치에 기여하지 않는 검사이다.

사례 대학교 외부인 질의 응답 프로세스

대학교의 중요한 행정업무 중 하나는 대학교에 대한 외부 질의에 대한 응답 프로세스이다. 외부 질의의 약 90% 정도는 학교에 관심을 갖고 있는 미래의 신입생들이며, 외부 질의에 기본적으로 응답하는 사람들은 교직원들이다. 외부인 질의 응답 프로세스의 중요한 목적은 신속하게 응답하고, 유익한 정보를 제공하며, 질의자에 대한 신상을 파악하고, 마지막으로 추가 질문에 잘 대답할 수 있는 부서로 신속하게 이전하는 것이다.

현재 외부인 질의 응답 프로세스를 파악해 보니, 13개의 단계로 구성되어 있었다. 이 중에서 가치를 창출하는 단계를 조사해보니 겨우 3개 밖에 되지 않았다. 이러한 문제를 해결하기 위하여 가장 먼저 생각한 것은 진정한 고객의 가치를 정의하는 것이었다. 고객의 가치는 원하는 정보를 가급적이면 저녁에 신속하게 받는 것이었다. 왜냐하면 대부분의 질의를 하는 사람은 고등학생들이기 때문이다. 또 하나 문제는 프로세스에 걸리는 긴 시간이었다.

그래서 이런 문제점들을 개선하기 위하여 린 시스템을 도입하였다. 그 결과 프로세스에 걸리는 긴 시간을 크게 단축할 수 있었다. 일주일 이상의 시간을 단 하루에 할 수 있게 되었다. 또 시간 당 7-8달러를 주고 전문적으로 전화를 거는 사람들을 고용하였고, 훈련을 시켰다. 그래서 교수들로 하여금 전화에 얽매이지 않게 하고 대신 연구와 교육에 전념하게 하여 대학교의 이미지를 크게 개선할 수 있었다.

출처: Len Tischler, "Bringing Lean to the Office," Quality Progress, ASQ, July 2006, 32-38..

사례 병원에서의 린 시스템

Manos, Sattler, 그리고 Alukal은 제조기업과 마찬가지로 병원에서도 린 시스템에 있어서 18개의 기초적 요소들이 있다고 하였다. 이 14개의 요소들은 다음과 같다(그림 14-1 참조). TPM, JIT, 셀루라 흐름, 풀시스템과 간반, 포카요케, 자율검사, 자동화, POUS, BSR, QCO, VSM, 배치, 표준화 작업, 가시화, 그리고 5S 등이다.

5S는 깨끗하고 정돈된 일터를 만들기 위한 방법이다. 그래서 5S는 "모든 것을 전부 한 곳에, 그리고 한 장소에 모든 것을"이라고 요약할 수 있다. 가시화는 가시화한 작업 시스템(visual workplace system)으로 추측을

그림 14-1 병원 린 시스템에서의 14개 요소

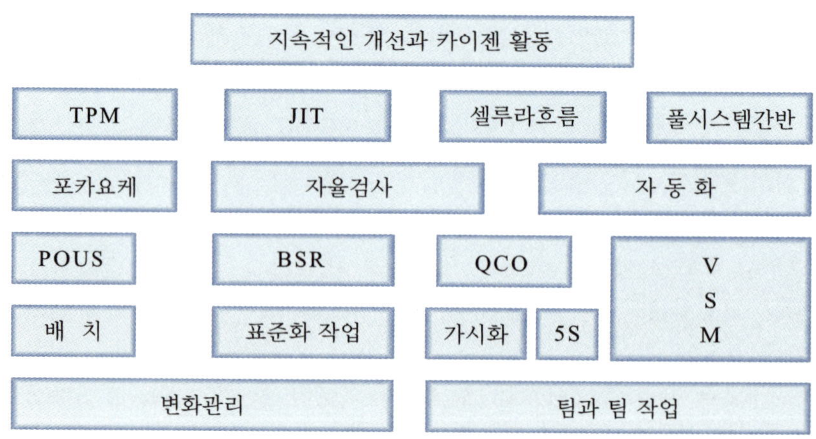

없애고 표지, 선, 라벨, 또는 색깔을 사용하여 직접 눈으로 볼 수 있도록 하는 방법이다. 예를 들어, 아동병원에서 승강기까지 가는 방향을 철도 선로 표시를 하여 어린아이들에게 즐거움과 길을 안내하는 것이다. 배치(layout)는 불필요한 동작과 운송과 같은 낭비를 없애는 중요한 방법이다. 표준화 작업(standardized work)은 보통의 작업 표준화뿐만 아니라 작업의 표준화까지 포함한다. POUS(point of usage storage)는 어떤 품목을 그 품목이 가장 빈번하게 사용되는 장소에 보관하는 것이다. 또 이러한 품목들을 공급업자로 하여금 직접 보관되는 장소로 직접 운반하도록 한다. BSR(batch size reduction)은 검사나 컴퓨터 기록과 같은 작업을 일정 규모 이상으로 처리하는 것이다.

QCO(quick changeover)는 수술실, 응급실, 또는 검사실에서 신속하게 다음 업무로 전환하는 능력을 말한다. 그렇게 하여 생산성을 향상시킬 수 있다. 특히 응급실에서의 QCO는 환자의 생명을 살리는 것으로서 상당히 중요하다. 포카요케(pokayoke)는 실수를 방지하는 기법이다. 그래서 병원에서는 모든 사람들에게 엄청난 교육과 훈련을 시킨다. 자율검사(self-inspection)는 스스로 자기가 한 일을 검사하게 하는 것이다. 그렇게 하기 위해서는 무엇을 어떻게 검사하는 것에 대해 훈련을 받아야 하고, 표준화가 필요하고, 검사 기기가 필요하고, 또 검사시간을 규정하여야 한다. 자동화(automation)는 무엇인가 잘못 될 때 사람을 요구하는 제도이다. 혈압이 갑자기 올라가면 자동적으로 경보음이 울리게 되어 간호사를 부르는 제도이다. 풀시스템(pull system)과 간반(kanban)은 필요한 때 필요한 품목을 보충하는 제도이다. 셀루라 흐름(celluar flow)은 업무 흐름을 원활하게 하는 것이다. JIT(just-in time)는 환자들이 검사를 받는데 기다리지 않도록 하는 제도이다. TPM(total productive maintenance)은 항상 사용하기 좋도록 기계 상태를 유지하는 것이다. VSM(value stream mapping)은 낭비를 파악하고 프로세스를 개선하는 계획을 수립하는 도구이다. VSM을 사용하기 위해서는 먼저 모든 프로세스를 결정하고, 현재의 프로세스를 도표화하고, 미래의 바라는 프로세스를 도표화하고, 그리고 미래의 도표화를 달성할 계획을 수립하여야 한다.

출처: Anthony Manos, Mark Sattler and George Alukal, "Make Healthcare Lean," Quality Progress, ASQ, July 2006, 24-30.

14.2 서비스 린 식스 시그마

그러면 식스 시그마와 린 시스템을 결합하여 사용하는 목적은 무엇인가? 이것은 두 개의 시스템을 통합적으로 사용하면 훨씬 더 강력한 경쟁력을 기업이 구축할 수 있기 때문이다. George(2002)도 식스 시그마와 린이 개별적으로 사용되었을 때 각각의 단점에 의하여 제약을 받기 때문에 통합하여 사용하면 훨씬 강력한 방법이 된다고 하였다. 린 시스템은 프로세스를 통제하는 관리 능력이 결여되어 있고, 식스 시그마는 독립적으로 프로세스 속도를 감소할 수 없다. 일반적으로 식스 시그마는 시간에 관심을 두지 않는다. 이 시간은 린의 개념을 이용하면 해결할 수 있다.

그러면 서비스 린 식스 시그마란 무엇인가? George(2003)는 서비스 린 식스 시그마를 고객만족, 비용, 품질, 프로세스, 속도, 그리고 투자한 자본에 있어서 보다 빠르게 성과를 달성하여 주주의 가치를 극대화하는 비즈니스를 개선하는 방법이라고 정의하였다. 그리고 다음과 같이 3가지 이유로 린 시스템과 식스 시그마를 결합한 방법이 필요하다고 하였다. 첫째, 린은 프로세스를 통계적으로 안정되게 하지 못한다. 둘째, 식스 시그마 단독으로 프로세스 속도를 극적으로 단축하거나 또는 투자한 자본을 극적으로 감소하지 못한다. 셋째, 두 개를 합하면 비용을 크게 감소할 수 있다.

특히 서비스 분야에서 린 식스 시그마가 필요한 이유를 다음처럼 말하였다. 첫째, 서비스 프로세스는 일반적으로 속도가 느려 운영하기에 비싸다. 속도가 느리면 당연히 비용이 많이 소요된다. 둘째, 서비스 프로세스는 서비스 또는 제품을 제공함에 있어 불필요하게 복잡하여 속도가 느리다. 예를 들어, 서비스 프로세스의 약 90%는 대기시간이다. 셋째, 속도가 느린 프로세스에 있어서 대기하는 시간의 약 80%는 실제 업무의 20%보다 적은 업무에 의해 발생한다. 이것은 서비스 분야에 있어서 대부분의 프로세스는 부가가치를 창출하지 않는 활동과 연관된다고 볼 수 있다. 이것은 서비스 활동이 얼마나 개선할 요소들이 많은지 보여주는 예이다.

식스 시그마는 린 시스템이 간과하는 고객의 욕구와 프로세스의 변동에 관심을 갖고, 데이터에 근거한 다양한 통계기법을 사용하여 문제를 과학적으로 해결한다. 그래서 고객이 요구하는 품질수준의 제품과 서비스를 제공한다. 이 강점과 위에서 언급한 린 시스템의 프로세스의 속도를 빠르게 하는 강점을 결합하여 시너지 효과를 얻고자 한다. 그래서 Hayler와 Nichols(2005)는 린 식스 시그마는 기업의 효율성과 능률성, 즉 기업의 가치를 증대시킨다고 하였다.

린과 식스 시그마의 결합은 로지스틱스 분야에서도 적용된다. Goldsby와 Martichenko(2005)는 이 분야에 대한 효과적인 적용과 사례를 들었다. 이들은 물류와 식스 시그마, 그리고 린의 핵심을 다음처럼 요약하였다. 물류의 핵심은 재고의 관리이고, 린의 핵심은 속도, 흐름 및 낭비의 제거에 있고, 식스 시그마의 핵심은 변동을 이해하고 축소하는 데 있다고 하였다. 그런 다음 린 식스 시그마의 물류 전략을 "변동을 이해하고 축소하기 위한 규칙화된 노력을 통하여 낭비를 제거하는 한편 공급사슬의 속도와 흐름을 증진하는 활동"이라고 정의하였다. 그리고 이러한 통합된 개념을 물류 환경에 적용하기 위해 LBM을 제시하였다. LBM(Logistics Bridge Model)은 물류 문제를 해결하기 위한 방향과 안목을 제공하고, 동시에 성공의 경로를 설정하는 도구이다.

KT는 오랫동안 경영혁신으로 식스 시그마와 Malcolm Baldrige를 활용하여 큰 성과를 거두었다. 그리고 Toyota 자동차의 린 개념을 통합하여 린 식스 시그마 플러스(Lean Six Sigma Plus)라는 새로운 개념을 창안하였다. KT에서는 린 식스 시그마를 다음처럼 정의하고 있다(www.kt.com). 린 식스 시그마는 식스 시그마와 린을 결합한 것으로 식스 시그마를 통해 프로세스를 통계적 관리 상태로 유지하며, 린 활동을 통해 고객 가치 중심으로 비본질적인 업무를 제거하여 빠른 업무 처리와 정확도를 높여 완벽에 가까운 품질을 제공하는 방법론이다.

한국전력공사에서는 린 식스 시그마를 다음처럼 정의하고 있다(www.kepco.co.kr). 린 식스 시그마는 전 직원이 참여하여 회사의 모든 영역에서 체계적이고 효율적이며 창의적인 방법을 통해 낭비 및 비부가가치 활동을 줄이고 고객을 위한 가치를 창출하는 한전의 경영혁신 운동이다. 한국

그림 14-2 한국전력공사 린 식스 시그마 3대 사상

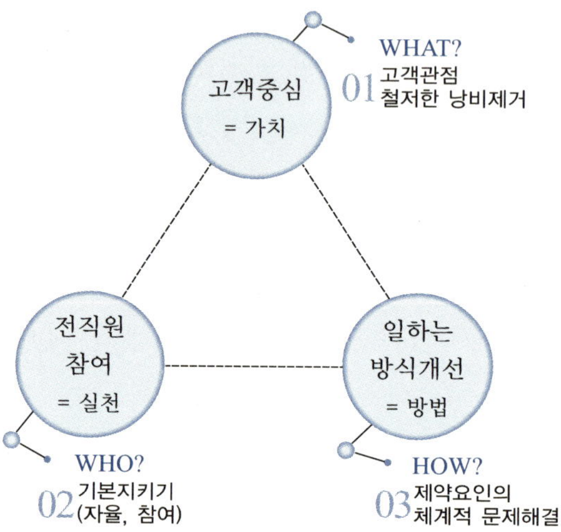

출처: www.kepco.co.kr

전력공사 린 식스 시그마 경영혁신 운동 3대 사상은 〈그림 14-2〉와 같다. 즉, 고객중심과 전 직원 참여 그리고 일하는 방식 개선이다. 그래서 모든 일을 고객 관점에서 검토하고, 가치 창출 여부를 판단하여 문제점을 인식한다. 또 낭비가 되는 일을 찾아 줄이고, 고치고, 버리고, 유지하는 현업 중심의 개선활동을 수행한다. 그리고 문제점을 체계적이고 효율적으로 해결하는 일하는 방법의 내재화 활동을 추구한다.

그리고 식스 시그마 추진 목표를 2011년까지 약 1,655억 원의 재무성과와 제지도팀장(MBB) 124명, 과제수행리더(BB) 995명의 개선전문가 양성으로 하고 있다. 보다 자세한 것은 〈표 14-1〉과 〈그림 14-3〉을 참조하기 바란다.

표 14-1 한국전력공사 린 식스 시그마 추진 목표

인증기준	과제수행 리더(BB)				과제지도 팀장(MBB)		
과제수행건수	BB과제 수행 1건						
인증시험	인증시험통과				심화과정 수료		
인증율(%)	수행과제 대비 90%				심화과정 수료 후 100%		
인력양성	도입기		확산기		정착기	계	4직급 대비 점유율(3,300명기준)
	1차 ('08)	2차 ('08)	3차 ('09)	4차 ('10)	5차 ('11)		
과제지도팀장(MBB)	양성교육		20	47	57	124	4%
과제수행리더(BB)	27	50	202	310	406	995	30%
BB과제 수	30	54	224	344	451	1,103	–

출처: www.kepco.co.kr

그림 14-3 한국전력공사 2011년 혁신 목표

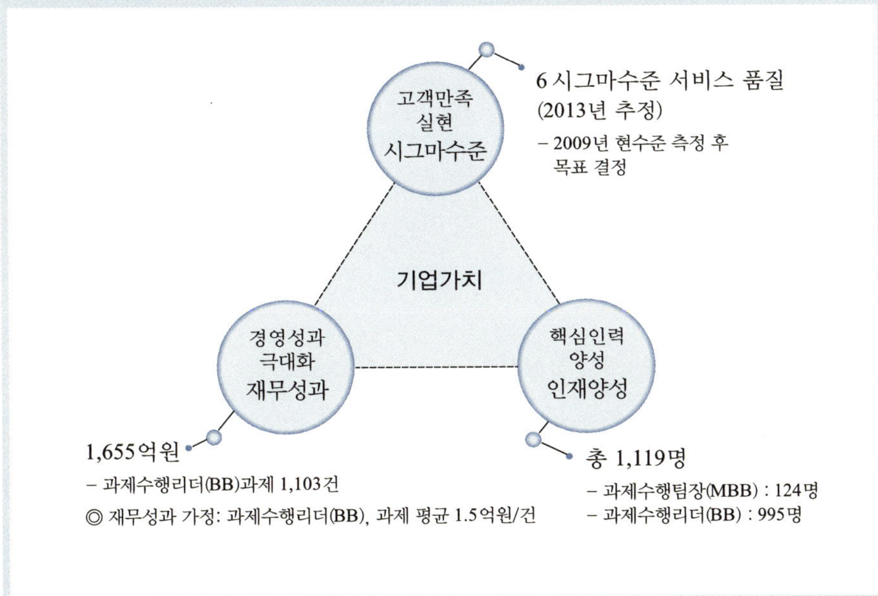

출처: www.kepco.co.kr

사례 KT 린 식스 시그마 플러스

KT는 식스 시그마와 린 개념을 통합한 린 식스 시그마 플러스를 시작하였다. 린 식스 시그마 플러스는 식스시그마, Malcom Baldrige 경영품질, 그리고 Toyota 방식을 효과적으로 결합한 KT만의 경영혁신 모델이다. 린 식스 시그마 플러스 모델은 국내에서는 전무하며, 특히 KT와 유사한 특성을 가지고 있는 분야에서는 벤치마킹이 가능하다고 본다.

린 식스 시그마 플러스 모델은 우선 글로벌 스탠더드인 경영품질시스템으로 경영을 진단한다. 그리고 근본 원인을 분석하고 개선한다. 이렇게 해서 프로세스의 품질을 향상하고, 개선 속도를 가속화한다. 그래서 궁극적으로 기본에 충실한 변화와 혁신을 추진함으로써 'KT Way'를 구현하고자 한다(그림 14-4 참조).

그림 14-4 KT의 린 식스 시그마 플러스

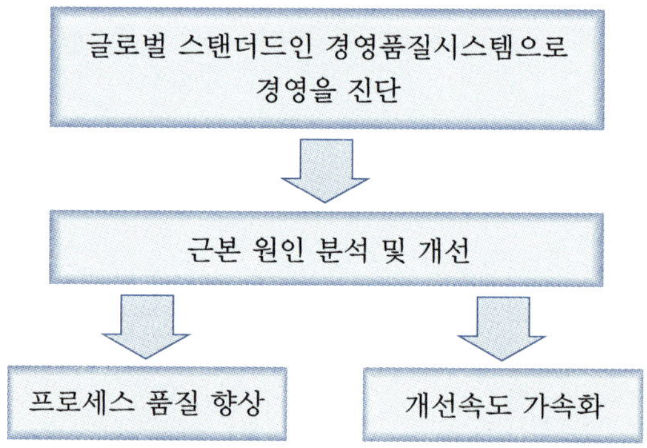

사례 Stanford 병원에서의 린 식스 시그마

Stanford 병원(Stanford Hospital and Clinics)에서는 사실 1980년대 중반부터 린 식스 시그마의 가장 기본적인 요소들을 이용하여 왔다. 이것은 HMO의 출현과 새로운 보상 제도로 인하여 병원의 기본적인 직무인 높은 의료 서비스와 이에 따르는 비용과의 균형점을 찾아야 하기 때문이었다. California주에서의 의료산업은 대단히 경쟁이 심하였다. 그리고 의료산업은 기술의 발전으로 점차로 자본집약적이 되어 갔다. 그래서 이 때 처음으로 TQM(Total Quality Management)을 도입하였다. 그러나 계속되는 경쟁으로 환자의 수는 점차로 줄고, 수익도 지속적으로 감소하였다.

의료산업은 다른 조직과 달리 고정비를 통제하기가 상당히 어려웠다. California주 법은 간호사 수를 엄격하게 규정하고 있다. 예로, 심장수술을 받은 환자의 수가 26명이면, 간호원의 수는 반드시 8명이 되어야 한다. 그래서 설령 Stanford 병원에서 6명으로도 충분히 높은 의료 서비스를 환자들에게 제공할 수 있다 하더라도 그렇게 할 수 없다.

1980년대 중반 이들은 '서비스 개선'이라는 단기적인 방법을 사용하였으나 실패하였다. 왜냐하면 사용하는 방법들이 스태프들에게 너무 익숙하지 않았기 때문이었다. 그래서 바로 다음으로 TQM을 도입하게 되었다. 팀워크를 강조하는 TQM은 '서비스 개선'에 비해 호응도가 높았다. 그러나 TQM 역시 조직의 기대를 충족시키지 못하였다. 그래서 1980년대 말 예산 프로세스까지 포함시켜 OI(Operation Improvement)라는 방법을 개발하였다. 이 방법이 앞의 방법들과 다른 점은 낭비를 고려한다는 점이다.

OI의 2가지 특성은 다음과 같다. 첫째, 품질 활동을 조직 문화로 동화시켰다. 둘째, 개선과 비즈니스 목표를 통합하였다. 다시 말하면, 환자의 욕구를 충족시키면서 비용을 감소하였다. OI는 초기에 개별 부서의 활동에 국한되었지만, 점차로 모든 부서로 확대되었다. 다음으로 유능한 사람들을 선발하고 훈련시켜 전문가집단을 양성하였다. 이들은 처음에는 낭비를 찾아 비용을 감소하였고, 다음으로는 수익을 개선하였다.

그래서 다음과 같은 성과를 획득하였다. 환자에 대한 ICU 시간이 지속적으로 감소하였다. 1980년대 29.6시간에서 1995년 20.5시간으로, 다시 2001

년에 19시간으로 감소하였다. 자재비가 연 2천5백만 달러씩 감소되었다.

출처: Michael L. George, Lean Six Sigma for Service: How to use lean speed & six sigma quality to improve services and transactions, McGraw-Hill, 2003.

사례 의료 오류 감소와 린 식스 시그마

병원에서 발생하는 오류는 사람의 건강에 심각한 위협이 된다. 한 중규모의 병원에서 이러한 오류를 감소하기 위하여 린 식스 시그마를 도입하였다. 린 식스 시그마는 병원의 정책과 실무를 바꾸어 병원 오류를 감소하고자 하였다.

이 병원은 먼저 프로젝트 팀과 이 프로젝트 팀을 감독하는 운영위원회를 만들었다. 운영위원회는 최고경영자와 각 부서의 장들로 구성되었다. 프로젝트 팀은 프로세스의 각 부문에서 일하는 사람들로 구성되었다. 즉 MARs(medication administration records)의 오류에 영향을 끼치는 모든 단계에 있는 사람들로 구성되었다. 그리고 프로젝트 팀은 정기적으로 운영위원회에 보고하게 되어 있었다.

병원 MA 프로세스는 다음처럼 6단계로 구성되어 있다. 선정 및 구매, 보관, 처방 및 옮김, 준비 및 방출, 관리, 후 관리 등이다. 시간이 짧아 운영위원회는 병원 MAR의 원인을 모르는 오류를 가장 시급한 문제로 삼았다. 그리고 프로젝트의 범위를 우선 OE(order entry)에 국한하였다.

프로젝트 팀을 구성하기 이전에 병원의 품질개선부서에서는 먼저 OE와 MAR 기록을 옮기는 프로세스를 도표화하였다. 이 도표를 현재 운영하고 있는 것과 비교하여 프로젝트 팀은 다음처럼 몇 가지 문제점들을 발견할 수 있었다. 원래 기록에 없는 의사의 추가 지시, 잘못된 투여량, 잘못된 투약명, 없어짐, 다른 환자에게 잘못 기록됨 등이다. 팀은 파레토 도표를 이용하여 각 문제점의 빈도수를 확인하였다. 그리고 초기에 병원의 오류율은 0.33%인 것을 알았다.

분석단계에서 팀은 각 문제점의 원인을 파악하였다. 즉, 팩스의 문제, 의사 글씨의 난이도, 의사 처방에 관한 간호사와 약사의 이견 등이 발견되었다.

문제를 개선하기 위해 팀은 린 방법과 식스 시그마 기법을 사용하였다. 린 방법은 낭비를 파악하고 서서히 그 낭비를 제거한다. 식스 시그마는 통계적인 기법과 DMAIC를 이용하여 수익성을 향상시킨다. 이러한 기법을 이용하여 팀은 개선책으로 지시와 감독에 있어서 높은 성과를 창출하는 표준을 설정하였고, 의사 처방 관리를 전산화하였고, 약사와 간호사와의 정기적인 모임을 만들었고, 외부 전화만 받는 약사를 두었다.

그 결과 오류는 급속하게 감소되었고, 인건비도 감소하였고, 환자 만족도는 향상되었고, 약사와 간호사의 사기는 올라갔다.

출처: Grace Esimai, "Lean Six Sigma Reduces Medication Errors," Quality Progress, ASQ, April 2005, 51-57.

사례 우정사업본부의 린 식스 시그마

우정사업본부에서는 린 식스 시그마를 DMAIC를 이용하여 총 14개의 단계로 구성하여 활용하고 있다. 우선 D에서는 (1) 과제 기술을 정의하고, (2) 과제를 승인한다. M에서는 (3) 운용을 정의하고, (4) VSM을 작성하고, (5) 현수준과 목표를 재설정한다. A에서는 (6) 잠재원인들을 파악하고, (7) 주요 잠재원인을 분석하고, (8) 중요한 소수 원인을 선정한다. I에서는 (9) 개선안을 선정하고, (10) 구체적으로 개선안을 정의하고, (11) 시험 적용한다. 그리고 마지막 C에서는 (12) 실행계획을 실행에 옮기고, (13) 관리계획을 수립하고, (14) 과제를 종료하고 이관한다.

이렇게 14개의 단계를 이용하여 린 식스 시그마를 활용하고 있다.

14.3 식스 시그마 + 린 + BPM

Hayler와 Nichols(2005)는 식스 시그마와 BPM(Business Process Management)을 결합하여 SSPM이라는 새로운 용어를 제안하였다. SSPM(Six Sigma Process Management)은 프로세스 리더와 참가자들이 그들의 비즈니스에 관

한 다음과 같은 핵심적인 질문에 답하게 해주는 경영시스템이다.

(1) 우리 고객과 주요 이해관계자들에게 중요한 것이 무엇인가?
(2) 우리 프로세스는 고객과 주요 이해관계자들의 요구를 충분하게 반영하고 있는가?
(3) 어떤 프로젝트를 하여야 하고, 또 우선순위는 어떻게 되는가?
(4) 이러한 개선이 가시적이고 지속적인 가치를 창출한다고 어떻게 알 수 있는가?

그래서 SSPM의 목적은 비즈니스에서 가장 개선 기회가 많은 부문을 파악하여 개선하는 것이다. SSPM에서 사용하는 방법론은 린 식스 시그마에서 사용하는 기법들과 도구들을 활용한다.

Hayler와 Nichols(2006)는 서비스, 특히 다양한 금융 분야에 식스 시그마, 린, 그리고 프로세스 경영을 통합한 개념을 적용하여 놀랄만한 성과를 가져온다고 하였다. 보다 구체적으로 이들은 실제로 이들은 American Express, Bank of America, 그리고 Wachovia 등에 이 개념을 적용하여 상당한 성과를 거두었다고 하였다.

참고문헌

Breyfogle, Forrest and Arvind Salvekar, Lean Six Sigma in Sickness and in Health, Smarter Solutions, Inc., 2004.

Ehrlich, Betsi Harris, Transactional Six Sigma and Lean Servicing, St. Lucie Press, 2002.

Esimai, Grace, "Lean Six Sigma Reduces Medication Errors," Quality Progress, ASQ, April 2005, 51-57.

George, Michael L., Lean Six Sigma for Service: How to use lean speed & six sigma quality to improve services and transactions, McGraw-Hill, 2003.

George, Michael L., Lean Six Sigma(린6시그마), AT 커니 코리아 옮김, McGraw-Hill Korea, 2007.

Goldsby, Thomas J. and Robert Martichenko, Lean Six Sigma Logistics: Strategic Development to Operational Success(린 6시그마 로지스틱스), 동북아물류혁신클러스터 역, 범한, 2005.

Hayler, Rowland and Michael Nichols, What is Six Sigma Process Management?, McGraw-Hill, 2005.

Hayler, Rowland and Michael Nichols, Six Sigma for Financial Services: How Leading Companies Are Driving Results Using Lean, Six Sigma, and Process Management, McGraw Hill, 2006.

Manos, Anthony, Mark Sattler and George Alukal, "Make Healthcare Lean," Quality Progress, ASQ, July 2006, 24-30.

Ohno, Taiichi,Toyota Production System, Cambridge, MA, Productivity Press, 1988.

Shibata Masaharu and Kaneda Hideharu, 도요타 최강경영, 고정아 옮김, 일송미디어, 2001.

Schonberger, Richard J., Best Practices in Lean Six Sigma Process Improvement, Wiley, 2007.

Tischler, Len, "Bringing Lean to the Office," Quality Progress, ASQ, July 2006, 32-38.

Womack, James P., Jones, Daniel T., and Roos, Daniel, The Machine that Changed the World: The Story of Lean Production, HarperPerennial, New York, 1990.

Womack James P. and Daniel T. Jones, Lean Thinking: Banish Waste and Create Wealth in Your Corporation, second edition, Free Press, 2003.

www.asq.org

www.kepco.co.kr

기업명 색인

한국

ㄱ

경희의료원 71
교보생명 71
국민은행 71
국민카드 69, 71, 119, 177, 234, 288

ㄴ

농협중앙회 71, 112-113, 173, 202, 277

ㄷ

대검찰청 72, 74-75
대우증권 71
DACOM 71
동부화재 71
동서발전 72
동양화재 71

ㄹ

롯데백화점 12

ㅁ

Mr.Pizza 72

ㅂ

부산은행 71

ㅅ

삼성 30
삼성네트웍스 69, 71, 286
삼성물산 72
삼성생명 71
삼성에버랜드 71, 77-78, 92, 98, 162, 164, 172, 252-255
삼성SDS 71
삼성의료원 71
삼성전기 261
삼성전자 18
삼성종합기술원 72
삼성증권 71
삼성카드 71, 286
삼성캐피탈 71
삼성화재 68-69, 71, 81, 92, 120-121, 234, 247
삼성SDI 261
서울대병원 71
서울도시철도공사 72
세브란스병원 71
CJ홈쇼핑 72
시티은행 69, 71, 73-74, 123, 127, 133, 179, 189, 196-197, 233, 235, 242, 247-248, 250, 251, 278

신한은행 69, 71, 284-285, 286, 289-290
신한카드 71

ㅇ

에너지관리공단 72
LG CNS 71
LG유통 234, 286
LG전자 34, 35, 261
LG캐피탈 71
LG텔레콤 71
LG투자증권 71, 92, 165, 188-189, 286, 294
LG화재 71
LG화학 59
SKT 71, 78
STX엔진 30
우리투자증권 71, 290
외환은행 71

ㅈ

정보통신부 72
제일기획 72
중앙일보 72
GE Korea 174-175, 233, 249-250
GS리테일 71

ㅊ

충남도청 72

ㅋ

KT 70, 71, 117-118, 148, 164, 165-166, 179, 204, 234, 242-243, 248, 250, 252, 286, 291, 303, 313, 316
KTF 71, 78
KTH 72

ㅌ

특허청 72

ㅍ

포스코 30

ㅎ

하나로통신 71
하나은행 71
한국능률협회컨설팅 292
한국마사회 72
한국우정사업본부 72, 319
한국은행 45
한국전력공사 72, 303, 311-313
한국철도공사 68, 72, 92, 98, 115-117, 139, 169, 235, 284, 286, 290, 292
한국철도시설공단 72
현대아산병원 71
현대캐피탈 71
현대해상 71

외국

A

Acme 191-194
Adelpia 266
Allstate Insurance 63
AIG 3, 63
AlliedSignal 22, 96, 263

Alton Memorial Hospital 287
Amazon 63
American Express 57, 63, 229, 320
Americo Life 63
APQC 295
Apple 303
AT&T 295
Automotive Systems 261

B

Bank of America 3, 63, 80, 320
Bank One 63, 69, 190-191, 197-199
Bankers Life and Insurance 63
Bear Stearns 3
Bergstorm Hotels 5
Bloomingdales 133
British Airways 92, 134, 136, 137-139, 145-146

C

Capital One 63
Caterpillar 263
Charles Schwab Corporation 5, 51, 52
Chick-Fit-A 5
Cigna 63
Citi Bank 63, 133, 173
CNH Capital 63
Container Stores 5
Custom Research Inc. 5, 92

D

Dana Commercial Credit 5
DCH 109
Delphi 261
Dell 303
Dial-A-Mattress 5
Diamond Sis Sigma Research 79
Dow Chemical 261

E

Enron 266
Enterprise Rent-A-Car 5

F

FedEx 11, 63, 110-112, 119, 121
Financial Times 77
Fort Wayne City 63, 65-66, 243-244

G

GE Capital 27, 57, 62, 63, 177-178, 276, 283-284, 303
GE Fleet Service 278
GE Korea 159
GE Medical System 22, 266
General Electric 21-25, 29, 42, 43, 58, 59, 92, 94, 96, 100, 261, 263, 264, 266, 295, 303
Goldsmart Products 62

H

Home Depot 63, 121-122
Honeywell 96
Howard Johnson 287

I

IBM 21, 43
Intel 295

J

JP Morgan Chase 3, 57, 63

L

Lehman Brothers 3
Lockheed Martin 235-236, 240-241, 288

M

Marriott Hotel 63
MBNA America 144-145
Merrill Lynch 3, 63
Midwest Express Airlines 5
Miller SQA 5
Mobil Oil 295
Motorola 18-20, 26, 82, 96, 261
Mt. Camel Hospital 63

N

NAICS 45

O

On Line Bank 170-171

Q

Quest Diagnostics Incorporated 45

R

Ritz-Carlton Hotel 80, 109, 119, 123, 128, 136-137, 140-141

S

SAS 118
SAVIC(전 GE Plastics) 59
Scott 82
Sears and Roebuck 63
SIA 107-108, 118
Six Sigma Qualtec 27, 30
South West Airline 10, 11
Southside Hospital 63, 236-238, 245, 248, 250, 252
Special Expeditions 5
St. Paul Saints 5
Starbucks 105
Starwood Hotels 63
Stanford Hospital 297-298, 317-318

T

Texas Instruments 59
3M 295
Toyota 155, 157, 304

U

Ukrop's Super Markets 5
United Health Group 63
United States Postal Service 63
USAA 5

W

Wachovia 320
Wal-Mart 63, 201-202, 303
Walt Disney 10, 11, 51, 52, 120
WorldCom 266

Y

Yahoo 128-129

영문 색인

A

Analyze(A)　245-248

B

BC system　129-130
Black Belts　167-170, 175, 176, 277, 280
BPM　319
brainstorming　221-222
brainwriting　222
brand　8
BSC　27, 292, 294-296

C

CAP　100
cause and effect diagram　215-217
Champion　159-164, 280
Control(C)　251-252
control chart　58, 251
control planning　251
Commercial Quality　24
CRM　27
CTQ　36, 69, 232, 234-235, 243, 277
customer　9-12
　— loyal —　127
　— needs　131-133, 133-134, 281
　— retention　141-144
　— satisfaction　136, 188
　— value　147
cycle time　188

D

Define(D)　231-238
Deming cycle　225, 229
DOE(design of experiments)　176, 223-224, 265
DFSS　23, 24, 27, 59, 167, 261-271
DMADV　265, 266-268
DMAIC　50, 163, 230, 265, 266-268, 282
DMAIE　229
DMAICL　229

E

e-business　24
EVA　27

F

5 why　217
FMEA　176, 219-220, 247
focus group　133-134

G

Green Belts 24, 171-172, 277

H

hidden factory 20, 163
HOQ 218

I

IDDOV 268-270
Improve(I) 249-250
interview 133
ITIL 62

J

JIT 311

K

Kanban 311

L

LBM 313
lean 27, 68, 305
lean six sigma 69
lean system 304-309

M

Master Black Belts 166-167, 176, 280
MBNQA 20, 21, 109, 111, 311
Measure(M) 238-245
MOT 11, 68, 79, 105, 118-119, 247
Muiti-generation plan 213
multi-vari analysis 220, 247

O

OC System 129-130

P

Pareto chart 211-213, 241
Pareto principle 211
PDCA cycle 224-225, 229
PMS 292
PPDDCA cycle 225
Pokayoke 311
ppm 34
preliminary process chart 232-233
process 58, 79
  hidden — 27, 59
  service — 58
process centered organization 194-196
process map 213-214
process score card 251
project
  — culture 92, 96
  — selection 161-162, 281-282
PTAR 175
PTS 292, 294
Pull 308, 311

Q

QFD 176, 217-219
quality cost 282

R

regression analysis 176, 247
reliability analysis 176
respect for people 99-100
robust quality 29
RTY(rolled throughput yield) 20

S

self management 8
service
— definition 44-45
— industry 41-44
— management 50-51
— process 186-190, 281, 312
— quality 51-52, 58, 80, 106-109, 114
Service Lean Six Sigma 312-315
service quality costs 122-123
Service Six Sigma Model 75-77
sigma 35-36, 58
SIPOC 199-201, 233
Six Sigma
— principles 25-26
SMART 231
society loss 26
SSPM 319
statistics 230
statistical thinking 210-211
Supply Chain Management 63
survey 133

T

team-work 100
3C analysis 164
time series analysis 176
time strategy 119-120
TPM 310, 311
TPS 304
TQM 10, 18
transactional six sigma 27
TRIZ 270-271

V

value 4
value-driven leadership 6
value stream 307-308
variation 48, 79-80, 211
VOC 31, 127, 134-135
VSM 311

W

waste 306-307
wave 70
White Belts 172
Work-Out 94

Z

zero defect 33
zero defect movement 33, 58

국문 색인

ㄱ

가치 4, 90, 307
가치 지향의 리더십 6
가치흐름도표 307, 308
간반 311
개선(I) 249, 250
경영철학 34
고객 9-12, 24
— 가치 147
— 만족 136, 188
— 욕구 129, 131-133, 133-134, 281
— 유지 141-144
— 중심 127, 129
고객 접점 79, 105, 118-119, 247
고객의 소리 31, 127, 134-135
공급사슬관리 63
공정관리도 58, 251
관리(C) 251-252
관리계획 251
그린벨트 24, 171-172, 277
기업문화 91-93

ㄴ

낭비 306-307
누적수율 20

ㄹ

로바스트 품질 29
린 27, 68, 305
린 식스 시그마 69
린 시스템 304-309

ㅁ

마스터 블랙벨트 166-167, 176, 280
말콤볼드리지상 20, 21, 311
면담 133
무결점 33
무결점운동 33, 58

ㅂ

변동 48, 79-80, 211
분석(A) 245-248
블랙벨트 22, 167-170, 175, 277, 280
브랜드 8
브레인라이팅 222
브레인스토밍 221-222

ㅅ

사무간접부문 6 시그마 27
사이클타임 188
사회손실 26
3C분석 164

서비스
— 경영 50-51
— 분류 45-46
— 산업 41-44
— 정의 44-45
— 품질 51-52, 58, 80, 106-109, 114
— 프로세스 186-190, 281, 312
서비스 린 식스 시그마 312-315
서비스 식스 시그마 모형 75-77
서비스 품질코스트 122-123
설문조사 133
성과균형표 27, 292, 294-296
셀프 경영 8
숨은 공장 20, 163
시간전략 119-121
시계열분석 176
시그마 35-36, 58
식스 시그마
— 도입 275-285
— 설계 23, 24, 27, 59, 167, 261-271
— 원리 25-26
— 정의 28-32
신뢰성분석 176
실험계획 176, 223-224, 265

ㅇ

예비 프로세스 도표 232-233
5왜 방법 217
웨이브 70
워크아웃 94
인간존중 99-100
1:10:100의 법칙 108-109

ㅈ

전략적 집중 6-7
접점관리 68
정의(D) 231-238
주기적 검토 293-294
주요품질특성 36, 69, 232, 234-235, 243, 277
지식 156
지식인 156
진실의 순간 11

ㅊ

챔피언 159-164, 280
측정(M) 238-245

ㅌ

통계 230
통계적 사고력 210-211
특성요인도 215-217
팀워크 100

ㅍ

파레토 도표 211-213, 241
파레토 법칙 211
포카요케 311
포커스그룹 133-134
풀 308, 311
품질기능전개 176, 217-219
품질실패코스트 24, 282
품질의 집 218
프로세스 58, 79
서비스 — 68

프로세스 도표 213-214
프로세스 스코어 카드 251
프로세스 중심 조직 194-196
프로젝트
— 문화 92, 96
— 선정 161-162, 281-282

ㅎ

화이트벨트 172
혁신 76, 140
회귀분석 176, 247
흐름도표 241

저자소개

연세대학교 경영학과에서 학사를, 그리고 미국 미시간 주립대학에서 경영학 석사와 박사를 수여받았습니다. 현재 단국대학교 교수로서 경영품질, 생산운영관리, 변화와 혁신, 글로벌 초일류 기업, 6 시그마 등을 학부와 대학원에서 강의하고 있습니다. 그리고 한국경영학회, 한국생산관리학회, 한국품질경영학회, 미국품질학회, 미국생산재고학회, 미국의 사결정학회의 회원이며, CPIM(Certified Production and Inventory Manager) 자격증을 가지고 있습니다.

이 책에 대해 의문점이 있거나 또는 상의하실 용건이 있으신 분은 단국대학교로 연락하시거나 또는 저의 전자우편주소인 yjahn@dankook.ac.kr로 연락주시기 바랍니다.

개정판
서비스 식스 시그마

2004年 3月 5日 初版發行
2009年 2月 1日 改訂版印刷
2009年 2月 10日 改訂版發行

著 者 안 영 진
發行人 安 鍾 萬
發行處 博 英 社
서울特別市 鍾路區 平洞 13-31番地
電話 (733)6771 FAX (736)4818
登錄 1952. 11. 18. 제1-171호(倫)

www.pakyoungsa.co.kr e-mail: pys@pakyoungsa.co.kr

定 價 23,000원 ISBN 978-89-10-30668-9